明清时期的山西望族

以阳城白巷里为中心

张文广 著

山西省社会科学院（山西省人民政府发展研究中心）创新工程资助出版项目

山西出版传媒集团
SHANXI PUBLISHING MEDIA GROUP
山西经济出版社

·太原·

**图书在版编目（CIP）数据**

明清时期的山西望族：以阳城白巷里为中心/
张文广著. -- 太原：山西经济出版社，2025.5. -- ISBN
978-7-5577-1484-0

Ⅰ. K820.9

中国国家版本馆CIP数据核字第2025V1H337号

# 明清时期的山西望族：以阳城白巷里为中心
MINGQING SHIQI DE SHANXI WANGZU YI YANGCHENG BAIXIANGLI WEI ZHONGXIN

| | | |
|---|---|---|
| 著　　者： | 张文广 | |
| 出 版 人： | 贺　权 | |
| 选题策划： | 李春梅 | |
| 责任编辑： | 岳子璇 | |
| 封面设计： | 郑　奕 | |
| 内文设计： | 华胜文化 | |

出 版 者：山西出版传媒集团·山西经济出版社

地　　址：太原市建设南路21号

邮　　编：030012

电　　话：0351-4922133（市场部）
　　　　　0351-4922142（总编室）

E-mail：scb@sxjjcb.com（市场部）
　　　　　zbs@sxjjcb.com（总编室）

经 销 者：山西出版传媒集团·山西经济出版社

承 印 者：山西出版传媒集团·山西人民印刷有限责任公司

开　　本：787mm×1092mm　1/16

印　　张：20.25

字　　数：282千字

版　　次：2025年5月　第1版

印　　次：2025年5月　第1次印刷

书　　号：ISBN 978-7-5577-1484-0

定　　价：98.00元

# 前　言

　　沁河是一条自北向南流的河流，是黄河的一级支流，也是晋东南、豫之北的母亲河。沁河流域中游主要指现在的山西省晋城市，这片区域在明清时期被称为泽州，分布着很多大姓望族。白巷里地处沁河流域中游，是明清时期山西省阳城县润城镇上、中、下三庄的总称。明清时期，白巷里的王、曹、杨、李氏涌现出了一大批的科举入仕之人，这四大宗族也逐渐成为当地的望族。本项研究以白巷里为中心，来研究沁河流域中游望族的形成、组织化建设、婚姻与交游、对地方社会的影响等，以促进北方宗族研究向纵深发展。

　　论文的主要内容分为五章。第一章：白巷里望族的生存环境。白巷里的自然环境、物产资源、经济发展、姓氏构成、民间信仰等构成了当地望族的生存环境。白巷里地处山地，土地资源匮乏，但铁矿和煤炭资源却非常丰富，在明清时期有利的社会环境中，冶铁业得以迅速发展。在此基础上，白巷里在清代成为规模较大的商业市镇。白巷里还是典型的杂姓村，除上庄王氏、中庄曹氏、下庄杨氏和李氏四大姓之外，还存在着众多的姓氏。白巷里的大小庙宇有数十座之多。村民的祭祀活动也很频繁。第二章：白巷里望族的科举成就。明清时期，科举成为望族形成和发展最主要的途径。明清时期白巷里姓氏众多，但只有上庄王氏、中庄曹氏、下庄杨氏和李氏四大宗族在科举上取得了成功，并依靠科举成为当地望族。值得一提的是，在四大望族内部的不同分支里，科举成就的分布也极不均衡。四大望族的科举成就主要集中在明嘉靖到清康熙年间。康熙年间之后，四大望族的科举成就逐渐低落，它们也随之走向衰落。第三章：白巷里望族的组织化建设。白巷里望族在形成之后，为了保证本宗族在当地长盛不衰，纷纷采取修家谱、建祠堂、订家规、重祖茔等方式进行宗族建设。从中我们可以看到，修谱者均为望族中的精英人士，考证宗族的世系源流和续谱是修谱的主要内容；望族均建有祠堂，祠堂是家族的象征和中心；望族的有序运行和稳定发展离不开族规，族规平抑缓和了宗族内部的诸多矛盾，维护了宗族正常秩序；望族宗族建设的关键要素是祖坟的选址、修建及保护。第四章：白巷里望族的婚姻与交游。婚姻与交游是望族与外部的互动。望族通过联姻建立姻亲集团是宗族组织扩大化的标志。白巷里望族的通婚有以下特点：具有浓厚的地域性色彩；注重与科举望族的联姻；与一些科举世家形成"世婚"。广泛的社会交往是望族生存和发展的基础。白巷里望族交往的主要对象是地方官吏和本地士人。与地方官吏交往，可以提升家族地位，为家族谋取利益。与士人交往、结社可以丰富家族生活内容，扩大家族在文化上的影响力。第五章：白巷里望族与地方社会。望族在形成之后，为了扩大本宗族的影响力，会积极投身地方社会。白巷里望族凭借其累世不绝的宦望以及所占有的各种资源，积极投身地方社会事务。我们可以看到，望族是地方基层组织的领导者，是地方利益的保护者，是修建公共设施的重要力量，是地方民间传说流行的背后动力。可以说望族在地方社会中发挥着重要作用。

本项研究以一个村庄为切入点，从长时段的视角，在明清数百年的时间维度里对沁河流域中游望族进行研究。在具体研究中运用了历史文献和田野调查相结合的方法。深入村庄开展田野考察，搜集家谱、碑刻，同时查阅大量相关的地方志、乡土志、碑文集等历史文献，将历史文献和田野调查结果相结合，对选题进行深入分析。微观（个案）研究与宏观研究相结合的方法。微观（个案）研究一方面可以展现一个完整的村落世界，另一方面可以折射出大的社会历史的沧桑变迁。村落就像一个"小宇宙"，它可以折射出"大宇宙"的形态。通过对白巷里望族的细微探求，折射出沁河流域中游望族的沧桑变迁。比较研究。有比较才有鉴别，将沁河流域中游宗族与东南、徽州等南方地区宗族进行比较，找出双方的差异性和共同性，勾勒出沁河流域宗族的总体特征。

研究表明，南方有宗族，沁河流域中游也有宗族，只是不同时代不同区域，宗族有不同的表现形态。过去有些学者把宗族功能当成了宗族本身，并以此来衡量沁河流域中游宗族，从而得出该地区宗族弱小或者残缺，甚至无宗族的结论。沁河流域中游地区创建宗族，并不是为了让宗族具有南方宗族的救济、调解、仲裁等功能，而是为了拜祖祭祖，为了"慎终追远，敬宗收族"，为了"严尊卑之等，序长幼之节，述宗子之法，明远近之亲，纪品秩之实，辨同异之分"。沁河流域中游宗族与南方宗族的差异性，是由多方面原因造成的。沁河流域中游由于战乱频仍，少数民族大量迁入，宗族基础遭到严重破坏，再加上靠近中央政权，国家对基层社会治理的根系比较发达，代表国家政权的社、会、里甲、乡约、地方、里老等基层组织发展充分，宗族组织发展受到压制，导致这里的宗族组织更注重文化表达性和意识形态性，而不是南方宗族的实际性和功能性。

# 目 录

# 绪　论

本书以沁河流域中游的山西阳城白巷里为中心，运用新发现和原有的家谱、碑刻资料，研究沁河流域中游的望族。

## 一、选题缘由及选题价值

### （一）选题缘由

在山西省阳城县，有一句尽人皆知的俗语——"郭峪三庄上下伏，秀才举人两千五"，这里的三庄指的是阳城县润城镇的上庄、中庄、下庄。明清时期，上、中、下三庄统称为"白巷里"。我从小就生长在这个地方，熟悉三庄的一草一木、一砖一瓦、一街一巷。三庄最有名的历史人物是明代吏部尚书王国光，最有名的建筑是王国光的府邸——尚书第。尚书第位于上庄村西南角，分为前院和后院。前院为"达尊堂"，是王国光招待客人之所；后院为"听泉居"，是王国光一家人休息之地。"听泉居"所听的泉是上庄村的滚水泉。滚水泉是古人生活中不可缺少的一部分，不仅可以满足人们的用水、洗衣之需，还是休闲娱乐的好去处，为人们增添了生活的乐趣。滚水泉距离听泉居仅有百米之遥。在夜深人静之时，从听泉居里能听到叮咚的泉水声。自我记事起，姥姥就一直住在听泉居里，我小时候也常在这里玩耍。在这里，听老人讲王国光给阳城崦山白龙爷讨封，白龙爷为报恩给王国光送泉水（滚水泉）的故事，还有"王国光翼城选皇妃""王国光避难仙人洞""王国光智戏巡抚"等故事。可以说，有关王国光的传说成了我成长过程中挥之不去的记忆。

事实上，王国光只是白巷里众多杰出历史人物中的一员。明清时期的白巷里共诞生了16名进士，17名举人，还有数百位贡生、廪生、增生、秀才。在这些杰出人物中，有的身为按察使、御史、大理寺丞，能不畏权势，令奸佞闻风丧胆，如明代河南按察使杨枢、陕西按察司副使杨植、四川川南道按察司佥事李可久、湖广按察司副使李养蒙、都察院右都御史李春茂；有的任职地方，能为官一任、造福一方，如明代山东左布政使李豸、湖广布政司右参政王淑陵、河南布政司右参政王徵俊、清代陕西庆阳知府杨荣胤；有的在六部中担任主事，能勤于政务，造福百姓，如清代户部主事王润身、吏部考功司主事曹恒吉；有的为县令，能担纲县治、颇有政声，如明代浙江会稽知县杨鹏翼、陕西朝邑知县李蕃、清代山东阳谷知县王兰彰。这些杰出人物分属白巷里的王、曹、杨、李四大望族。从小我就听着这些杰出人物的故事长大，产生了研究这些望族的想法。

白巷里地处沁河流域中游。沁河是一条自北向南流的河流，是黄河的一级支流，也是晋东南、豫之北的母亲河。在沁河流域中游，像白巷里四大家族这样的望族很多，如沁水窦庄窦氏和张氏、郭壁韩氏、湘峪孙氏、西文兴柳氏，阳城屯城郑氏、下交原氏、皇城陈氏、郭峪张氏，高平良户田氏、北庄郭氏，陵川东关武氏、西溪秦氏，等等。可以说，白巷里既提供了山西宗族研究的历史空间，也提供了中国宗族研究区域比较的可能。以白巷里为中心，来研究沁河流域中游望族的兴衰、组织化建设、婚姻、交游、对地方社会的影响，以及与南方宗族的异同，这就是本书研究的缘由。

（二）选题价值

学术价值。北方宗族与闽粤、江南宗族有所差异，这种差异表现在多方面，既有外在标志物的差异，也有宗族组织形态、理念、运作方式及管理模式等方面的差异。大多数学者对北方宗族的研究方法和思路与江南、闽粤趋同，在研究中存在着以南方宗族为基准来审视北方宗族的倾向，对北方宗族自身特点研究得还不够。北方宗族与闽粤、江南宗族在不同之外，还存在着共同之处，而目前学界对这一方面的研究还不多。以白巷里为中心，对沁河流域中游宗族进行研究，可以促进北方宗族研究向纵深发展。

应用价值。沁河是晋东南、豫之北的母亲河。行龙先生在《"沁河风韵"系列丛书》的总序中说道："沁河流域有其特有的风尚和韵致：这里是中华传统文明的孵化器；这里是草原文化与中原文化交流的过渡带；这里有闻名于世的"北方城堡"；这里有相当丰厚的煤铁资源；这里有山水环绕的地理环境；这里更有那独特而丰厚的历史文化风貌。但是对沁河流域的研究却似乎是'养在深闺人未识'"①。本研究有助于深入挖掘沁河流域丰厚的历史文化资源，促进沁河流域文化旅游业的发展。

## 二、学术史回顾

（一）人类学视阈中的汉人宗族研究

汉人宗族社会研究是人类学研究的重要组成部分，被看作了解汉人社会、汉人文化的途径。在西方学者当中，美国社会学家丹尼尔·哈里

---

① 行龙：《"沁河风韵"系列丛书 流风余韵沁两岸》，山西人民出版社，2016，第2页。

森·葛学溥是最早以规范的人类学民族志方法和社区研究方法，对华南乡村生活进行研究的学者。他于1925年出版的英文著作《华南的乡村生活——广东凤凰村的家族主义社会学》，在对广东省潮州市凤凰村进行田野调查的基础上，分析了凤凰村的经济、婚姻与家庭、宗教、人口及社区组织的情况。该书是社会学、人类学对中国村落的第一次全面田野调查，是汉人宗族研究的开山之作。

1936年，费孝通在英国出版了《江村经济——中国农民的生活》一书。该书以对江苏省吴江县开弦弓村的调查为基础而写成，在书中，费孝通对开弦弓村的地理环境、村民的家庭结构、经济生产方式、财产分配与继承等进行了细致描述，意在通过人类学的描绘展现中国传统农村社会的深层结构和功能。在该书中，宗族/家族作为社会文化的一个方面被考察。作者聚焦于最小分析单位，也即社会基本单位——"家庭"，从描述该村存在的几种婚姻关系类型为起点，过渡到家庭内的财产权、继承权、赡养义务等，再到日常生活中发生的经济活动、家庭之间的经济往来状况，全面展示了家庭（族）里、外的传统与经济关系。马林诺夫斯基在该书的序言中写道："没有其他作品能够如此深入地理解并以第一手材料描述了中国乡村社区的全部生活……通过熟悉一个村落的生活，我们犹如在显微镜下看到了整个中国的缩影。"①

林耀华的汉人宗族研究被视为认知中国的窗口。1944年和1948年，林耀华在美国和英国先后出版了《金翼——中国家族制度的社会学研究》一书。该书是林耀华以对福建省玉田县黄村的调查为基础而写成的小说体人类学著作，它展现了黄村两个家族不同的命运。这两家是亲

---

① 费孝通：《江村经济——中国农民的生活》，商务印书馆，2001，第16页。

戚，还曾在一起做过生意，其中一家发展得非常好，另一家则逐渐走向衰落。林耀华试图用平衡论的观点解释两个家族的兴衰，"人类社会的平衡，也是由类似这种人际关系的网络所组成，每一个点都代表一个单一的个体，而每个个体的变动都在这个体系中发生影响，反之他也受其他个体变动的影响。"①

　　1945年，杨懋春在美国出版了《一个中国村庄：山东台头》一书。山东省胶州市台头村是杨懋春的家乡，他首先研究了台头村家庭中个体之间的关系，进而研究台头村内家庭间的关系，最后研究了台头村与周边村的村际关系。他的研究为我们呈现出了一个中国村庄的整体画面。1948年，人类学家许烺光发表了《祖荫下：中国的亲属·人格与社会流动》一书，该书对云南省大理市喜洲镇的农民家庭生活习俗、宗教活动进行了详细说明与分析，探讨了影响中国人生活方式和文化模式的因素。许烺光认为，每一个人都生在祖荫下，长在祖荫下，并通过延续祖荫的努力而赋予短暂的生命以永恒的意义。

　　莫里斯·弗里德曼在汉人宗族研究中，是一位非常重要的人物，他的理论被称为中国宗族研究范式。弗里德曼汉人宗族研究的代表性著作是《中国东南的宗族组织》。弗里德曼提出，中国的东南属于中国的边陲地区，而边陲地区是宗族组织发达的前提条件。首先，边陲地区远离中央集权，比其他地方更需自治，宗族组织能得以全面发展。其次，在边陲地区，人们为了生存下去，需要团结起来开发土地和资源，也需要携手共同抵御外来宗族或者组织的侵害，于是宗族得以发展。再次，稻作的生产是中国东南地区形成发达宗族组织的重要原因。随着稻作生

①林耀华著，庄孔韶、林宗成译：《金翼——中国家族制度的社会学研究》，生活·读书·新知三联书店，1989，第209页。

产不断发展进步，剩余劳动成果得以产生而有了共同财产，共同财产则有利于宗族社区的形成。最后，在边陲地区，修建水利网络需要共同劳动合作，这也是产生共同财产和宗族的因素。①弗里德曼对于汉人宗族的分析总结，在许多田野调查中得到了证实。但与此同时，学者们也从不同角度来指出其理论的不足之处。帕斯特奈克对于台湾屏东乡的研究证明，边陲地区未必是宗族组织发达的前提条件，水利组织和水稻生产与宗族组织的形成也没有必然关系，在台湾屏东乡形成的不是宗族组织而是地域化组织，②由此否定了弗里德曼关于边陲地区与大型宗族形成有关的论点。弗里德曼坚持共同财产是汉人宗族的基础。而美国学者莫顿·弗里德认为区别宗族与氏族的根本点在于系谱的证明，而不是共同财产。③

### （二）明清时期的北方宗族研究

东南地区是明清时期中国宗族组织最为活跃的地区，留下了丰富的研究资料，这里也成为中国宗族研究科学化、规范化的起点。明清时期的北方地区，宗族组织的规模、实力都较弱，族谱、宗祠不发达，保留下来的宗族资料也不充分，导致对北方宗族的研究较少。21世纪以来，不断有专家、学者研究明清时期的北方宗族，并取得了不小的成绩，"令人欣喜的是北方宗族研究进展很大，尤其山西、山东、河北、河南等省区研究成果较为明显，许多研究不仅寻找南北方的差异性，更看到南北方宗族的相同性以及与历史潮流的相关性。"④常建华、刘巧、张

---

①莫里斯·弗里德曼著，刘小春译，王铭铭校：《中国东南的宗族组织》，上海人民出版社，2000。

②王铭铭：《社会人类学与中国研究》，生活·读书·新知三联书店，1997，第78—83页。

③Morton Fried. Clans and Lineage：How to Them Apartand Why，With Special Reference to Chinese Society，Bulletin of the Institute of Ethnology. Academic Sinica，1970（29）。

④常建华：《近年来明清宗族研究综述》，《安徽史学》2016年第1期。

瑜都对北方宗族研究进行过综述。①在明清时期北方宗族的研究中，北方宗族与南方宗族的差异性与相同性、北方宗族与地方社会的关系受到很多研究者的关注。

其一，北方宗族与南方宗族的差异性。中国宗族曾被看作东南地区社会发展的特殊现象，结构形态完备、功能作用齐全的宗族才能成为学者研究的主要对象。学界普遍认为，南方宗族形态较为典型，宗族构成要件较为充足，特征明显。而北方宗族物质基础不雄厚，没有大规模的族田，祠堂的建立也不普遍，因而被认为组织形态不完备，"甚至有人认为北方无宗族"。兰林友认为，与南方宗族相比，华北宗族是一种不完备的宗族，缺乏祠堂、族田，缺少单姓村庄，但是在祖先崇拜、辈分字、红白喜事的聚合、谱书等方面呈现出文化表达性的特征，具有显著的意识形态性。②有学者针对"北方无宗族"的观点，提出不同意见。冯尔康提出从祖坟的角度去看，北方宗族的存在是确定无疑的。"对于北方宗族而言，祖坟更显其重要性，因为北方宗族公有经济不足，难于建立祠堂，缺少祠堂和祀产，似乎宗族并不存在。如若认识到祖坟就是宗族载体的一种，有了祖坟的前提，如果再有相应的祭祖扫墓活动和组织形式，宗族的存在则是毫无疑问了。"③常建华提出，墓祭祖先是宗族制度的基础，山西洪洞宗族从明中后期开始和南方一样，修族谱、置祭田、建祠堂、设族长、定族约，发生组织化。④还有些学者分析了北

①常建华：《近十年明清宗族研究综述》，《安徽史学》2010年第1期；《近年来明清宗族研究综述》，《安徽史学》2016年第1期；《明清北方宗族的新探索（2015—2019年）》，《安徽史学》2020年第5期。刘巧莉：《近十年明清时期华北宗族研究综述》，《中国史研究动态》2015年第5期；张瑜：《北方宗族史研究述评》，《社会史研究》2018年第2期。

②兰林友：《论华北宗族的典型特征》，《中央民族大学学报》2004年第1期。

③冯尔康：《清代宗族祖坟述略》，《安徽史学》2009年第1期。

④常建华：《宋以后宗族形态的形成及地域比较》，人民出版社，2013。

方宗族的特点，申红星在考察了豫北地区的族谱后，提出豫北族谱的修订者十分看重宗族字辈，族谱内都有对本族字辈的说明，同一宗族的人在起名时，通常以辈分字作为名字的一部分。①

其二，北方宗族与南方宗族的相同性。常建华提出了"宗族乡约化"②的观点，又以"宗族乡约化"理论为指导，写了《明清时期的山西洪洞韩氏——以洪洞韩氏家谱为中心》《明清时期华北宗族的发展——以山西洪洞刘氏为例》《明清时期华北宗族的组织化——以山西洪洞晋氏为例》三篇文章。③钱杭认为"宗族可以有也可以没有完善的组织形态和各种功能；决定宗族存在与否，支撑宗族架构的基本要素，既不是血缘关系，也不是组织和功能，而是世系关系。"④钱杭在考察了山西沁县族谱中的"门"后提出，"'门'及'门'型系谱，可以构成与'房'型系谱不同的另一种世系学实践类型"⑤。按照钱杭的观点，北方宗族与南方宗族都有世系，都有宗族。申红星分析了新乡郭氏家谱后指出，郭氏宗族通过建祠堂、设祭田、立家规等完成了宗族的组织化建设，建立了相对完善的宗族制度，从宗族制度上看，郭氏宗族同南方宗族具有相同的特点。⑥申红星对明清时期豫北地区历朝大儒邵雍、姚枢、孙奇逢等名人专祠进行了研究。他发现，明清时期这些名人专祠出现了向宗族祠堂转变的趋势，这一趋势反映了豫北当地文人加强

---

① 申红星：《明清以来豫北族谱修撰问题研究》，《新乡学院学报》2016年第5期。

② 常建华：《明代徽州的宗族组织化》，《中国史研究》2003年第3期。

③ 常建华：《明清时期的山西洪洞韩氏——以洪洞韩氏家谱为中心》，《安徽史学》2006年第1期；《明清时期华北宗族的发展——以山西洪洞刘氏为例》，《求是学刊》2010年第2期；《明清时期华北宗族的组织化——以山西洪洞晋氏为例》，《明代宗族组织化研究》，紫禁城出版社，2012。

④ 钱杭：《宗族构建过程中的血缘与世系》，《历史研究》2009年第4期。

⑤ 钱杭：《沁县族谱中的"门"与"门"型系谱——兼论中国宗族世系学的两种实践类型》，《历史研究》2016年第6期。

⑥ 申红星：《明清北方宗族的组织化建设》，《兰台世界》2015年第13期。

本宗族组织化建设的努力。①

　　其三，北方宗族与地方社会的关系。李永菊通过对河南归德沈氏家族的个案分析指出，沈氏家族依靠科举的成功由军户移民转为乡绅望族后，致力于当地的文教事业与乡村建设，对地方社会的发展产生了深远影响。②常建华对山东青州邢玠家族进行了研究，他指出，邢玠利用宗族制度推行教化，承担起了移风易俗的责任，体现出宗族组织对改良社会风气、稳定社会秩序发挥了重要作用。③吴欣对明清时期运河沿岸的东昌府聊城县两个同为傅姓的大族进行了研究，她指出繁荣的运河经济为二傅家族的发展奠定了基础。④申红星考察了新乡小宋佛村的张氏望族后指出，张氏宗族在发展起来后，积极投身地方社会，如充当乡民纠纷的调节者、治病救人、维护和修葺庙宇、带领乡人抵御外人入侵、兴办教育等，对地方社会产生了重要影响。⑤申红星还运用长时段的研究方法，对明清以来的豫北宗族与地方社会进行了全面研究，力图揭示豫北地方社会的历史变迁，呈现国家与地方社会的复杂关系。⑥在华北，山西洪洞大槐树移民传说大量流传。赵世瑜指出，大槐树移民的传说体现了对祖先历史的集体记忆，反映了移民的生活境

---

　　①申红星：《试述北方宗族祠堂的演变与发展——以豫北地区为中心》，《中国社会历史评论》第21卷，天津古籍出版社，2018。

　　②李永菊：《从军户移民到乡绅望族——对明代河南归德沈氏家族的考察》，《中国社会经济史研究》2008年第1期。

　　③常建华：《明后期社会风气与士大夫家族移风易俗——以山东青州邢玠家族为例》，《安徽大学学报》2012年第4期。

　　④吴欣：《明清京杭运河区域仕宦宗族的社会变迁——以聊城"阁老傅、御史傅"为中心》，《东岳论丛》2009年第5期。

　　⑤申红星：《明清时期的北方宗族与地方社会——以河南新乡张氏宗族为中心》，《中国社会历史评论》2008年第9卷，天津古籍出版社，2018。

　　⑥申红星：《明清以来的豫北宗族与地方社会》，光明日报出版社，2019。

遇、北方族群关系变化、卫所制度对基层社会的影响。[1]申红星在对明清时期迁至豫北地区的移民进行考察后提出，山西洪洞大槐树移民传说的流传，除了是移民们对其祖先历史集体记忆的反映外，更多的是移民宗族基于现实利益的考虑。移民宗族说自己祖先是明初奉诏自山西洪洞迁来，是为了确立自己的合法身份，在居住地获得更多生存资料。[2]

### （三）沁河流域宗族研究

有关沁河流域宗族的研究，主要集中于以下几方面。

宗族的实践形态。张俊峰通过梳理山西阳城白巷里李氏宗族各门世系创修与合族历程，呈现出北方一个宗族的发展脉络。文章指出，"对于李氏族人而言，宗族存在的标志，一个是族谱和世系，另一个是祖宗的坟地。纵观李氏修谱的实践不难发现，李氏各门世系之所以能够顺利创修完成，乃是得益于对历代祖先坟茔的维护和重视。因此，对于北方宗族而言，祖坟和谱系便成为宗族存续的充要条件。"[3]张俊峰、张瑜在考察了阳城县润城镇张氏宗族后指出，12世纪以来沁河流域的宗族有其自身的发展规律和区域特性，祖坟、墓碑和族谱是理解这一区域宗族的关键。[4]

宗族与移民传说。李留文以河南怀庆府为中心，分析了宗族在文化建构过程中面临的文化困境。他认为在宗族文化普及于乡村社会时，人们必须得弄清楚祖先的来历，才能够构建起宗族。而广大底层民众在构

①赵世瑜：《祖先记忆、家园象征与族群历史——山西洪洞大槐树传说解析》，《历史研究》2006年第1期。

②申红星：《明清时期豫北地区移民问题探析——以山西洪洞大槐树移民传说为中心》，《求是学刊》2010年第2期。

③张俊峰：《北方宗族的世系创修与合族历程——基于山西阳城白巷李氏的考察》，《南京社会科学》2017年第4期。

④张俊峰、张瑜：《结构与建构：沁河流域的宗族实践——以山西阳城县张氏家谱为中心》，《青海民族研究》2020年第1期。

建宗族过程中大多面临先祖资料缺乏的困境，为了解决这一困境，大槐树移民的传说才广泛流传。①

宗族与民间信仰。申茜茜、段建宏在考察了晋东南区域的宗族与民间信仰后发现，晋东南宗族与民间信仰密切相关，宗族对民间信仰有推动作用，民间信仰也在影响着宗族的方方面面。作者进而提出，华北宗族所呈现出来的最大特点是"以依托民间信仰为主，能合一族之力去组织活动，呈多元化形态，具有强烈的宗族认同感和归属感"②。陈华、秦利国也考察了明清时期晋东南宗族与民间信仰，他们同样看到了晋东南的宗族与民间信仰的密切关系，即宗族往往利用民间信仰来凝聚和教化族人，宗族也对民间信仰有重要影响。③

宗族与士绅。赵世瑜以明末清初的山西阳城陈氏家族为例，考察了在明末清初的社会动荡中，陈氏家族在保护乡里、维护地方安定等方面发挥的作用。一方面说明晚明以来士大夫致力于维护本社区的稳定，另一方面说明在乡绅的主持下，这种地方社会"小共同体"有相当的自我维系和调适能力。④

宗族与地方社会。杜正贞在对山西阳城上庄、中庄、下庄进行田野调查后指出："宗族在白巷里并不是一种得到普遍认同的社会组织，在乡村生活中并没有什么实质性的作用。"⑤之后，她进一步提出："与华南、江南地区相比，华北宗族力量的薄弱几乎已经成为定论；……

①李留文：《宗族大众化与洪洞移民的传说——以怀庆府为中心》，《北方论丛》2005年第6期。

②申茜茜、段建宏：《明清以来晋东南区域的宗族与民间信仰：兼论华北宗族的完整性》，《农业考古》2018年第6期。

③陈华、秦利国：《明清时期上党宗族与民间信仰》，《长治学院学报》2016年第3期。

④赵世瑜：《社会动荡与地方士绅——以明末清初的山西阳城陈氏为例》，《清史研究》1999年第2期。

⑤杜正贞：《村社传统与明清士绅：山西泽州乡土社会的制度变迁》，上海辞书出版社，2007，第185页。

泽州的地方社会在金元以后就已经建立了以村社为核心的社会秩序和权力网络，宗族无法在此之外为乡村提供更多的、地方需要的制度设计，因此也就无法为普通人所接受。"①姚春敏认为，宗族没有登上泽州基层统治舞台的根本原因是力量较为薄弱，宗族式微也直接导致了以村落为单元的地缘组织——社的勃兴。②段建宏的看法与杜正贞、姚春敏不同，他认为，在晋东南区域，里甲长、乡约、族长有时甚至是重合的，直接起着管理与控制地方的作用。即使不是重合，如果家族力量过于强大，里甲长也难以独立行使职权。在广大的乡村社会，那些与官府有千丝万缕联系的士绅、族长掌握着实际支配权。③李留文以河南济源为中心，探讨了宗族在乡村社会变迁中所起的作用，以及宗族同村社的关系。④吴逸飞研究了河南怀庆寨卜昌村王氏宗族，他指出王氏于明清之际因商而兴，接着采取了一系列措施来强化宗族建设，随后在灾荒、民变等危机面前，利用自身优势整合地方社会资源积极应对，而进入国家权威体系。⑤

此外，行龙先生主编的《"沁河风韵"系列丛书（31册）》从历史学、考古学、社会学、地理学、语言学、民俗学、生态学、建筑学、体育学、教育学等十余个学科着眼，全方位展示了沁河流域的社会发展与变迁，多角度展现了沁河流域的风韵。⑥其中，张俊峰著的《繁华落

①杜正贞：《村社传统与明清士绅：山西泽州乡土社会的制度变迁》，上海辞书出版社，2007，第6—7页。

②姚春敏：《清代华北乡村庙宇与社会组织》，人民出版社，2013。

③段建宏：《明清时期晋东南基层社会组织与社会控制》，中国社会科学出版社，2016。

④李留文：《村社与宗族：明清时期中原乡村社会组织的演变》，赵世瑜主编：《大河上下：10世纪以来的北方城乡与民众生活》，山西人民出版社，2010。

⑤吴逸飞：《明清时期家族兴衰与地方社会的整合——以寨卜昌村王氏家族为典型个案》，《中国文化研究》2008年第4期。

⑥行龙：《"沁河风韵"系列丛书（31册）》，山西人民出版社，2016。

尽：十二世纪以来沁河流域的大姓望族》一书，论述了自金元到明清沁河流域的13个宗族。[1]

目前有关沁河流域宗族的研究取得了很大进展，但仍存在着以下问题。一是缺乏对沁河流域宗族特征的整体性把握。沁河流域作为区域社会，其宗族特征的呈现不同于其他区域的特征。该地的宗族是区域的政治、经济、文化、风俗、传统所造就的，其鲜明个性应从整体上加以把握。二是缺乏与南方宗族的比较性研究。沁河流域宗族与闽粤、江南宗族有不同之处，其原因既有客观方面的，如经济社会结构、文化发展水平、传统习俗的差异；也有主观方面的，如宗族人文观念和历史传承。对沁河流域宗族与南方宗族进行比较研究是一个有价值的研究方向，但目前学者对此的关注还不够。

### 三、研究思路、资料及框架

#### （一）研究思路

本研究从长时段的研究视角，运用历史文献和田野调查相结合、微观（个案）研究与宏观研究相结合、比较研究等方法，以山西阳城白巷里为中心，来研究明清时期沁河流域中游的望族。

#### 1.长时段的研究视角

20世纪，法国年鉴学派代表人物布罗代尔提出了"历史时段理论"。他认为历史由三种时段组成，政治、军事、外交等历史"事件"，是历史发展的"短时段"；以十年至一百年范围内的时间构成的社会经济发展的"情势"，是历史发展的"中时段"；地理结构、社会组织结构、经济结构、思想文化结构等"结构"，是历史发展

---

①张俊峰：《繁华落尽：十二世纪以来沁河流域的大姓望族》，山西人民出版社，2016。

的"长时段"。布罗代尔指出，对于历史发展影响最大的是"长时段"。本书就是以长时段的视角，在明清数百年的时间维度里对沁河流域中游望族进行研究。

2.历史文献和田野调查相结合的方法

通过数年的田野考察，阳城县上庄、中庄、下庄均发现了数量可观且具有学术价值的家谱和碑刻，这些资料部分曾被研究者使用过，部分属于新的发现。另外，笔者还搜集了近20万字的口述资料。同时通过查阅大量与白巷里相关的地方志、乡土志、碑文集等历史文献，在借鉴和学习已有研究成果的基础上，努力把历史文献和田野调查结果相结合，以求进行深入分析。

3.微观（个案）研究与宏观研究相结合的方法

微观（个案）研究一方面可以展现一个完整的村落世界，另一方面可以折射出大的社会历史沧桑变迁。村落就像一个"小宇宙"，可以折射出"大宇宙"的形态。马林诺夫斯基在为《江村经济》所作序言中，曾经预言费孝通及其同事的努力将"为我们展示一幅描绘中国文化、宗教和政治体系的全面画面"[1]。村落的微观（个案）研究不能仅限于村落自身，而应与大的历史语境和国家语境相结合。通过对白巷里望族的细微探求，可以展现出沁河流域中游望族的沧桑变迁。

比较研究。有比较才有鉴别，将沁河流域中游宗族与东南、徽州等南方地区宗族相比较，找出双方的差异性和共同性，勾勒出沁河流域宗族的总体特征。

（二）资料情况

本书以家谱、碑刻为核心史料。这些材料内容丰富翔实、类型多

---

①布·马林诺夫斯基：《序》/费孝通：《江村经济——中国农民的生活》，商务印书馆，2001，第16-17页。

样、叙述完整，保证了研究的客观性。

家谱资料。主要搜集和整理了《白巷杨氏族谱》《上庄王氏家谱》《白巷李氏族谱》《白巷曹氏族谱》。

碑刻资料。下庄的碑刻资料有三类，分别为：存于下庄五帝庙的万历二十四年（1596）《白巷里下庄金妆三元大帝像碑记》，崇祯四年（1631）《崇祯四年菊月吉旦重修五帝殿记》，康熙十六年（1677）《整饬金妆五帝殿碑记》，康熙五十年（1711）《五帝庙增建廊庑记》，乾隆三十一年（1766）《下庄大庙重修碑记》，道光六年（1826）《重修社庙记》，道光三十年（1850）《补葺正殿前檐小记》，光绪十六年（1890）《重修葺社庙碑记》，宣统三年（1911）《下庄大庙重修碑记》。存放于下庄杨家大院的嘉庆十五年（1810）《杨氏祖茔禁窑碑记》，道光二十九年（1849）《县公刘太老爷再禁大坪山水坪开窑告示碑》。存放于下庄慈泉庵的康熙二年（1663）《创建慈泉庵碑记》，嘉庆十九年（1814）《补修慈泉庵记》，道光六年（1826）《补修菩萨阁并庙内后门栅记》。

中庄的碑刻资料主要存放于中庄汤帝庙，分别为：顺治十年（1653）《创建拜亭碑记》，顺治十年（1653）《拜亭赋》，康熙十四年（1675）《金妆高禖祠记》，康熙三十一年（1692）《油画舞庭记》，雍正十三年（1735）《王公保全磐石寨城垣窑楼永禁拆毁墙碑》，乾隆四十三年（1778）《重妆高禖殿神像记》，乾隆四十六年（1781）《金妆正殿油画各拜亭记》，嘉庆元年（1796）《白巷里黄丝碑记》，嘉庆元年（1796）《重记阳城县白巷里免修城役碑记》，嘉庆二十一年（1816）《重修东西客房看楼钟鼓楼山门门外市房补葺一切碑记》，嘉庆二十一年（1816）《大学生张学礼施银碑》，道光四年（1824）《采买黄丝归社办理并裁里长记》，中华民国三年（1914）《重修馆庙各神殿暨拜亭、舞楼、钟楼施财芳名碑》。此外还有存放在中庄丁字巷之南口菩萨阁下的雍正三年（1725）《张仙祠新置田产暨修巽峰塔碑记》和曹氏祠堂的道光四年（1824）《曹氏宗祠置产栽树碑记》。

上庄的碑刻资料较为分散，分别有：载于《王氏宗谱》的万历十一年（1583）《王国光诗刻》，万历十八年（1590）《明故寿官爱莲居士曾祖王公墓表》，康熙十六年（1677）《可乐山茔地西山修塔志》，康熙十六年（1677）《重修水泉记》。存放于上庄炉峰庵的《创建高禖神祠记》（万历年间），万历十八年（1590）《重修三教堂记》，顺治十六年（1659）《新修关圣贤庙序》，康熙十五年（1676）《可乐山碑记》，道光十一年（1831）《炉峰庵碑记》，崇祯十七年（1644）《祚启公自撰之墓志铭》。存放于上庄村塑钢门窗厂的康熙七年（1668）《陈廷敬为岳父祚启公补撰并书之墓志铭》。存放于上庄村委会大院的万历二十二年（1594）《重修药王庙碑记》。存放于上庄崇仙庵的万历四十二年（1614）《金妆太清诸神圣像并修补二卧碑记》。

（三）研究框架

在章节安排上，本书的主体部分共有五章。

第一章是明清时期白巷里望族的生存环境。白巷里地区的自然环境、物产资源、社会经济发展等对当地望族的产生和发展有深刻影响。白巷里虽然土地资源匮乏，但铁矿蕴藏量大、埋藏浅，还有炼铁所需的优质煤炭和木材资源，在明清时期有利的社会环境中，冶铁业得以迅速发展。在冶铁业迅速发展的基础上，白巷里形成了数量庞大的商人阶层。这些都为望族的产生奠定了厚实的物质基础。中国南方存在大量的单姓村，北方则大多为杂姓村，白巷里就是典型的杂姓村。白巷里存在着几十种姓氏，上庄王氏、中庄曹氏、下庄杨氏和李氏只是其中的一部分。

第二章是白巷里望族的科举成就。明清时期，科举成为望族形成和发展最主要的途径。明清时期的沁河流域中游，人才济济，科甲连绵，成为中国古代人才成长的密集之地。白巷里为文化之乡，明清时期，共产生了16位进士，17位举人，数百位贡生、廪生、增生、秀才等。持续地获取高等级的科举功名是白巷里四大望族形成的关键。明清时期白巷里姓氏众多，但只有王、曹、杨、李四大宗族在科举上取得了成功，并依靠科举成为地方望族。经济条件优越和重视文化教育是四大望族能够在科举上取得成功的重要原因。

第三章是白巷里望族的组织化建设。宗族在白巷里是得到普遍认同的组织，白巷里宗族的组织化建设是持续进行的，绝不仅是一种"附庸风雅"之举。与南方宗族相比，白巷里宗族虽然没有大规模的族田，但宗族的建设者们采取了修家谱、建祠堂、订家规、护祖茔等方式对宗族进行管理和整合，从而维护了宗族秩序，增强了宗族内部的团结和凝聚力，也为其在地方社会中发挥作用提供了可能。

第四章是白巷里望族的婚姻与交游。婚姻网络将白巷里望族与附近的各个大家族紧密地联系在一起，他们在经济上相互支持、政治上相互提携、文化上相互交往，从而保证了望族世家家风、门风的发展和持续。望族与外部的互动，除了通婚外，交游也占了很大的比重。广泛的社会交往，是白巷里望族生存和发展的基础。广泛的社会交往扩大了望族在社会上的影响，提升了家族的社会地位，丰富了这些家族的生活内容。

第五章是白巷里望族与地方社会。望族在形成之后，为巩固和扩大影响力，会积极投身地方事务中，地方的社会进程也深深打上了这些强宗大族的烙印。王、曹、杨、李四大望族凭借其累世不绝的宦望以及所

绪
论

017

占有的各种资源，积极投身地方社会事务。从中我们可以看到，望族是社首、里甲、乡约、地方、里老等基层组织管理者的重要来源，是地方利益的保护者，是修建寺庙、水利等公共设施的重要力量，是地方民间传说流行的背后动力。可以说，望族在地方社会中发挥着重要作用。

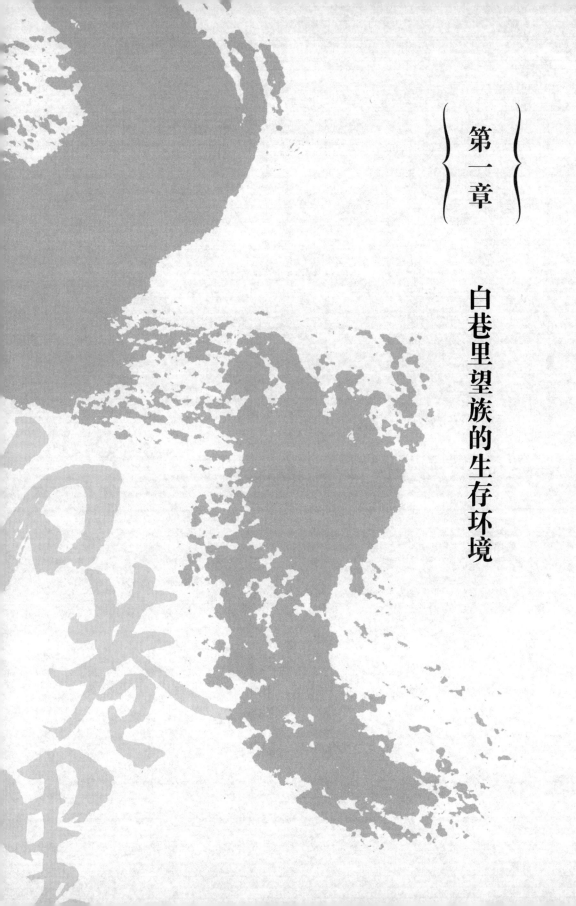

第一章

白巷里望族的生存环境

布罗代尔的长时段理论把自然、生态、物质、文明和社会心态的长时段历史放在历史的最深层次，认为它对历史的发展起决定作用。[①]中国俗语"一方水土养一方人"，也说明了自然环境对人类生活有着重大影响。白巷里的自然环境、物产资源、经济发展、姓氏构成、民间信仰等构成了当地望族的生存环境。

# 第一节
## 白巷里的自然环境与物产资源

白巷里始建于何时，昔无记载可查。万历四十二年（1614）十二月，由进士王徵俊撰写的《金妆太清诸神圣像并修补诸王阁碑记》中记载："吾邑崇仙庵代不可溯，元道士夷然子实重建之，迄今上丁未几三百祀。"[②]从这块碑文可知，白巷里的崇仙庵在元代由夷然子重建，既然是重建，那白巷里有人居住的时间肯定在此之前。再从现存中庄三教堂屋顶琉璃脊刹上"前大唐太和元年本里建佛堂三间，镇风水，后至大明弘治十年重

图1.1　琉璃题记

①孙晶：《布罗代尔的长时段理论及其评价》，《广西大学学报（哲学社会科学版）》2002年第3期。

②万历四十二年（1614）《金妆太清诸神圣像并修补诸王阁碑记》，碑存阳城县上庄崇仙庵。

修"的题记可知，白巷里至迟在唐代已有人居住。

北宋时期和金代前期，这里黑松遍地，因此叫"黑松沟"。金末元初，北方战乱，为避祸害，陆续有外地人来到黑松沟，伐树修房、开林为田，子孙繁衍，聚族而居，逐步形成沿沟上下相距不远的三个庄子。元朝时期，黑松沟的居民渐多，在伐树修房、开林为田的过程中，发现了浅藏的煤矿和铁矿，于是采煤刨矿、冶铁、铸铁等手工业开始兴起。黑松沟经金、元百余年的创建与发展，至元末已成相当规模的大村。原满沟遍岭的黑松林，因修房大部被砍伐，岭坡也大部开垦为梯田。黑松沟原来的面貌大为改观，所余树林已不连片，丛、簇不复为一望无际之"林湖"。

明继元兴，上级官吏到黑松沟编订里甲时，只见白皓皓满沟房屋绵延数里，沟内黑松已不多见，遂命名为"白巷里"。明代实行里甲制，白巷里除三庄外，还曾包括过史家庄、披甲坨、大安头、沟西、小章沟五个小村，但三庄始终是白巷里的核心区域。清代实行"都里甲"制，以十户为甲，设甲长，十甲为里，设里董，若干里为一"都"。白巷里属润城都。里庙初设于下庄南神庙，清中期易于中庄汤帝庙。随着清朝被推翻，里甲制被取消。民国六年（1917），白巷里的名字也被废除。

## 一、自然环境

白巷里地处沁河流域中游。沁河，又名沁水，古称涅水，是一条自北而南流向的河流，也是黄河的一级支流。《水经注》记载："沁水即涅水也，或言出谷远县羊头山世靡谷，三源奇注，经泻一隍，又南会三水，历落出，左右近溪，参差翼注之也。"[①]沁河源于山西省长治市沁

---

①郦道元：《水经注》卷九，清武英殿聚珍版丛书本，第144页。

源县二郎神沟，流经沁源、安泽、沁水、阳城、泽州等县，自泽州县拴驴泉村流入河南省，经济源市、沁阳市、博爱县、温县，于武陟县南流入黄河。沁河最大支流为丹河。丹河主要发源于山西省晋城市高平市赵庄丹朱岭，流经晋城市城区、泽州县和河南省博爱县、沁阳市，在博爱县磨头镇陈庄村汇入沁河。

沁河流域中游主要包含现在的晋城市城区、泽州县、高平市、阳城县、沁水县和陵川县。这片区域在明清时期称为泽州。洪武二年（1369），泽州为直隶州，下辖高平、阳城、陵川、沁水四县。雍正六年（1728），泽州升格为府，下辖凤台、高平、阳城、陵川、沁水五县。

晋城全境四面环山，西依中条山与临汾、运城接壤，北依丹朱岭、羊头山与长治衔接，东、南依太行、王屋二山与河南省新乡、济源、焦作交界。晋城控扼晋豫咽喉，俯视千里中原，历来是兵家必争之地。战国军事家吴起称之为"夏桀之国，左天门之阴，右天溪之阳，卢睾在其北，伊洛出其南，有此险也"[1]。全市平面轮廓略呈卵形，地势呈北高，中、南部低的簸箕状，山地和丘陵约占全市面积的87%。大部分地区属于暖温带大陆性季风气候区，仅有太行山、太岳山和中条山的局部山区为温带气候类型。当地春季温暖多风，夏季炎热多雨，秋季秋高气爽，冬季寒冷干燥。

阳城县地处晋城市西南，北与沁水县为邻，西南与垣曲县接壤，南与河南省济源市相连。县境之内山峦起伏，河流交织，地势由西南向东北倾斜，南北高而中间低。太行山西支伸入县境南部，中条山东支伸入县境西南端，太岳山从北延伸至县境中南部。全县属暖温带大陆性气候，春夏秋冬四季分明。境内河流均属黄河水系。

---

① 《魏武侯与诸大夫浮于西河》，刘向编，颜兴林译注：《战国策》卷二十二《魏策一》，二十一世纪出版社，2015，第237页。

　　白巷里即现在的阳城县润城镇上庄、中庄、下庄三村，三村互相连接，长约1.5公里，总称"三庄"。三庄东与史家庄、东山搭界，北与许街、上伏两村为邻，西邻南湾，隔沁河与下伏之坪上及王村相望，西南与润城村接壤，隔樊河（俗称东河）与北音村相对，南连小章沟、沟西，东南接大桥、郭峪，总面积约为5.25平方公里。

图1.2　三庄区位

　　樊山接西南山支脉滚滚而下，至披甲垞西南之猫圪脑顶端，分为左右两支，蜿蜒起伏，岭沟壅夹，迤逦西南，直抵樊河，为三庄南北两岭南山脉之主干（其右支折西，抵沁河），中夹河沟。三庄东枕樊山，南带樊河。有水至上庄村东之寨坡沟及三皇沟出，西流入上庄，汇滚水泉之水，顺河沟经中下两庄，俗称"庄河"，系季节河流。庄河至庄河口汇入樊河，再西流经润城至蔡家庄附近入沁河，属黄河水系。三庄海拔在450米—600米之间，地貌为低山丘陵。年降雨量分配不均，正常年份为400毫米—500毫米，有年年防天旱之说。作物生长期在260天左右，基本是一年两熟。

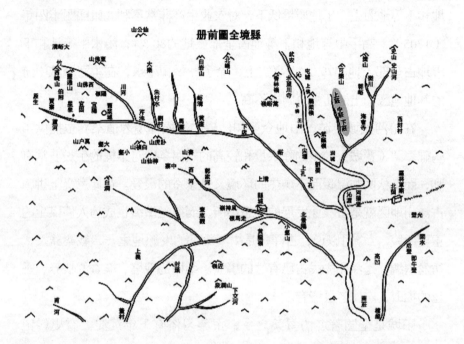

图1.3　清同治《阳城县志》"县境全图前册"中的上庄、中庄、下庄

## 二、物产资源

在沁河流域中游，地形以山地为主，人均土地资源占有量很小。历史上的泽州府"第其土不甚沃，高岗多而原隰少"①"州介万山中，枉得泽名，田故无多，虽丰年人日食不足二甫"②"高平四面皆山，中有平地，然土瘠民众，无可得食"③"沁境田土跷确，地瘠气寒"④"县

————————————

① 万历《泽州府志》卷七，香港大学图书馆藏胶片，第1页。
② 万历《泽州府志》，李维桢序，香港大学图书馆藏胶片，第5-6页。
③ 文战胜总点校：《高平县志（清·同治版）点校本》卷二《食货第四》，山西人民出版社，2010，第76页。
④ 田同旭、马艳主编：《沁水县志三种》，山西人民出版社，2009，第1088页。

居深山，民贫土瘠，稼穑尤难"①"陵为僻壤，山倍于地十九，地既跷确，……岁稍歉即贫乏不能自存"②。此外，沁河流域中游的土地以中等地和下等地为主，土地质量低下，对农业生产非常不利。康熙四十四年（1705），高平中等地和下等地占全部土地的80.3%；沁水中等地和下等地占全部土地的79.3%。事实上，除了高平和沁水，在沁河流域中游的其他地区，土地质量也同样不高。

在沁河流域中游，山地众多和优越的气候环境为植桑养蚕提供了基础。"（晋城）较多的降水量和较高的气温条件对桑树的生长非常有利，而春秋两季温暖而不燥热的环境又是家蚕的最爱。在此意义上讲，古泽州地区就是蚕桑业发展的理想场所，而缫丝织绸也成为人们谋生的重要手段。"③可以说，古泽州是中华桑蚕的发源地之一，栽桑养蚕、纺丝织绸，是泽州先民古已有之的事业。桑树的栽培、桑蚕的喂养、蚕丝的抽取，府属各县皆有。

阳城是全国著名的蚕桑之乡，蚕桑习俗有千年沉淀。有史料记载，阳城栽桑养蚕最早可上溯至商周时代。《竹书纪年》载："商汤二十四年大旱，王祷雨于桑林，雨。二十五年作大濩乐。"④《汲冢书·穆天子传》载："天子四日休于濩泽，以观桑者，乃饮于桑林。"⑤濩泽即今阳城县的旧称。桑林曾为阳城县的一个乡，2001年与台头乡合并为蟒河镇。商周时森林是蚕桑的集中产地。周穆王在森林之地大摆饮宴，并观赏当地采桑养蚕的盛况。明代吏部尚书王国光曾写

---

①赖昌期总修，卢廷莱、谭沄纂修，王伟点校：《阳城县志》（清·同治版点校版）卷五《赋役·风俗》，政协阳城县委员会编，2016，第117页。
②乾隆四十四年（1705）《陵川县志》卷十一《赋役一》，国家图片馆藏本，第344页。
③周亚：《沁河蚕事》，山西人民出版社，2016，第6页。
④王国维：《今本竹书纪年疏证》，辽宁教育出版社，1997，第63页。
⑤《穆天子传（丛书集成初编）》，商务印书馆，1937，第25页。

道，"山近无村水近楼，小桥烟火数家秋。客来笑迎烹鸡黍，一话桑麻夜未休"，生动描述了明代阳城蚕桑业的盛况。清代阳城的蚕桑业同样发达。"'缫户虽多，而邑中不织绸缎，皆鬻于外'。传统蚕丝输出路线，西经蒲坂、风陵渡至长安，北经杨（今洪洞）至秦，南经轵（今济源）至洛阳，销往长江以南及南洋各地。清末，阳城县每年销往外地蚕丝约2万斤（1斤=0.5千克），销出缫丝下脚料六七千斤。"[1]在沁河流域中游，虽然土地资源匮乏，但铁矿资源很丰富。如阳城"县地皆山，自前世已有矿穴，采铅、锡、铁"[2]，"史山，（阳城）县东北三十里，产铁矿"[3]。陵川牛金山"其山出铁矿煤炭"[4]。除了铁矿资源，沁河流域中游还蕴藏有丰富的硫磺和煤矿资源。阳城、沁水、泽州、陵川都产硫磺，但阳城产量最大、质量最好。沁河流域中游的煤炭资源更是丰富。在今晋城9490平方公里的面积上，含煤面积约为5350平方公里，占总面积的56.38%，煤田范围遍及全市六个县区，泽州、高平、阳城、沁水等地。[5]阳城县位于沁水煤田腹地，煤炭储量巨大，煤炭品质优良，有香煤净炭之称。同治《阳城县志》记载："石炭：户代薪爨，价贱而多用，近城产者无烟臭。"[6]《阳城乡土志》记载："煤炭有香臭之别，火石有黑白之分。山之石白，其炭香，山之石青，其炭臭。火石白者，其性柔，火石黑者，其性坚。"[7]

①山西省政协《晋商史料全览》编辑委员会、晋城市政协《晋商史料全览·晋城卷》编辑委员会编：《晋商史料全览·晋城卷》，山西人民出版社，2006，第193页。
②乾隆二十年（1755）《阳城县志》卷四《物产》，国家图书馆藏本，第8页。
③康熙二十六年（1687）《阳城县志》卷一，国家图书馆藏本，第13页。
④光绪八年（1882）《陵川县志》卷四《山川》，第9页。
⑤温小国等编：《走近沁河》，黄河水利出版社，2008，第63页。
⑥赖昌期总修，卢廷莱、谭沄纂修，王伟点校：《阳城县志》（清·同治版点校版）卷五《赋役·物产》，政协阳城县委员会，2016，第113页。
⑦杨念先、杨兰阶、田九德著，栗守田标点校注：《阳城县乡土志·阳城县金石记》，三晋出版社，2009，第92页。

　　和沁河流域中游的其他地方一样，白巷里耕地总面积小，土地质量不高，林业资源比较丰富。白巷里最早的名字叫"黑松沟"，这里松柏茂密，遍地黑松，中间夹有柿树、桑树等树木。村民们砍伐树木或修建房屋，或卖钱备用。桑树为白巷里的重要树种，人们采摘桑椹食用，摘下桑叶用以养蚕。白巷里栽桑养蚕，历史悠久，且数量远超周边村社。道光四年（1824）六月立的《采买黄丝归社办理并裁里长记》记载："谕以白巷以前办丝三斤，后又工房簿注加增之丝，每年共采办丝平秤六斤十三两。"[①]白巷里在嘉庆、道光年间，需要向官府交纳六斤十三两黄丝。阳城是产丝大县，白巷里的黄丝赋税又远重于阳城的其他地方，由此可看出白巷里蚕桑业的发达。

　　白巷里不仅多山多林，水资源也较丰富，整个村庄处于沁河和樊河两水之间，弯弯曲曲的庄河穿村而过，这些都为各种野生动物提供了天然繁衍和栖息场所，也为古代的渔猎业提供了必要的前提条件。白巷里的部分村民在河里捕鱼，在山上狩猎，来满足生活所需。

　　在阳城的村庄中，白巷里的铁矿蕴藏量大，且质量高、埋藏浅，还有炼铁所需的煤炭和木材资源，这些都给白巷里冶炼业的兴旺发达，奠定了很好的物质基础。当地开采过的煤窑窑口有三十多处，如在上庄境内的，有龙章沟、手帕场、老窑沟、东沟、瓦窑坪、西地后、干灰窑、杏树底、后窑沟等。在中庄境内的有青杨沟、张公庙、寨后、小狐沟、槲叶沟、玉皇沟、小道坡、上伏岭、龙王坪等。在下庄境内的有冬淋沟、饮牛沟、北岭口、桥沟、黑煤沟、池井沟、砂崖底、后坡、小后坡、青山崖、圪涝坡沟、庄河口等。各处窑口多少不等，以每处一二口

──────────

　　①道光四年（1824）《采买黄丝归社办理并裁里长记》，碑存阳城县中庄村汤帝庙。

为多，也有几处开口多的，如青山崖窑口就有二十余处。五六平方公里的面积，竟有这么多采煤点，足以证明煤藏遍地而丰腴了。

# 第二节
# 以冶铁业为基础的手工业和商业

沁河流域中游的冶铁业历史悠久。《隋书·百官志》记载，北齐在今天的阳城县固隆乡白涧村设有冶铁局，委有专门官吏，这里还是北齐的七大冶铁局之一。北宋时期，泽州为全国著名冶铁区之一，境内的"大广冶"为冶铁官炉，所铸"大观通宝"被誉为史上最美铁母（钱）。庆历六年（1046），泽州知州李昭遘因"阳城冶铸铁钱，民畏山险，输矿炭，苦其役，为奏罢铸铁"[1]。到了元代，元武宗至大元年（1308）设立河东提举司，掌管河东路的八处铁冶，其中之一为益国冶，就在泽州高平县西北十里的王降村。洪武、永乐年间，益国冶是全国十三个冶铁所之一，年产铁50万斤左右。在洪武年间对冶铁实行了短暂的官方控制以后，明政府最终允许民间自由冶炼，促进了民营制铁业的发展。[2]

明清时期，阳城在全国冶铁业中占有显著地位。洪武初年，阳城全县生铁产量为115万斤，居全国各省生铁产量第五位。到天顺年间，

---

① 脱脱，等：《宋史》，中华书局，1977，第9582页。
② 杜正贞、赵世瑜：《区域社会史视野下的明清泽潞商人》，《史学月刊》2006年第9期。

第一章　白巷里望族的生存环境

011

阳城"每年课铁不下五六十万斤"[1]。明成化版的《山西通志》中记载:"(铁)唯阳城尤广。"[2]明中叶,阳城冶铁业达到高峰:"在山西,仅阳城一县在天顺、成化年间(1457—1487年)的产量,就相当于明初山西全省每年铁产量的七八倍!"[3]。同治《阳城县志》载:"近县二十余里,山皆出矿,设炉熔造,冶人甚伙,又有铸为器者,外贩不绝。"[4]此时的润城"居民开炉鼓铸,以广货殖,商贾辐辏,遂成巨镇"[5]"铸为器者外贩不绝,从润城起始经周村、岸村、南坡、望头、南岭、冶底,至上犁川、东岭口、天水岭、天井关、晋庙铺、碗城,入河南"[6],商业、手工业十分繁盛。清代阳城著名诗人延君寿有一首题为《打铁花行》的诗歌,其中写道:"并州产铁人所知,吾州产铁贱于泥。""铁贱于泥"从侧面反映了阳城冶铁业的发达。

金末元初,白巷里村民在伐树修房、伐林为田的过程中,发现了浅层煤铁矿藏,冶铁业也由此发展起来。在明代,白巷里的人口大量增加,人多地少的矛盾逐渐尖锐。耕地不足体现出的人口压力也成为当地发展冶炼业的重要原因。明清两代是白巷里冶铁业的兴盛时期,白天铁炉相望,夜间火光烛天,因而又有"火龙沟"之称。下庄五帝庙内还有一间为"炉神殿",炉神为铁像。《阳城县乡土志》载:"明正德七年,霸州贼刘六、刘七,至阳城东白巷里等村。村多业冶,乃以大铁锅塞衢巷,登屋用瓦击之。贼被创引去。"[7]以大铁锅拒贼,可见这一带

---

①《明英宗实录》卷三二九,国家图书馆藏本,第6页。

②成化十二年(1476)《山西通志》卷六《土产》,国家图书馆藏本,第4页。

③白寿彝:《明代矿业的发展》,《北京师范大学学报》1965年第1期。

④赖昌期总修,卢廷莱、谭沄纂修,王伟点校:《阳城县志》(清·同治版点校版)卷五《赋役·物产》,政协阳城县委员会,2016,第113页。

⑤⑥据润城砥洎城小八宅居民资料整理。

⑦杨念先、杨兰阶、田九德著,栗守田标点校注:《阳城县乡土志·阳城县金石记》,三晋出版社,2009,第22页。

冶铁铸造业之盛。

白巷里的铸铁、制铁技术既高且精。这里不但能生产一般家庭日用杂件和工农业日用工具，而且大的如千斤以上的钟、鼎、香火盆、狮子、神佛肖像，小的如烟盒、蒜皿、砚台、笔架以及儿童玩具都能铸制和打造，且玲珑精巧，花纹细致。海会寺（位于白巷里东）塔院之睡佛像，下庄五帝庙之炉神像，还有周边寺庙之大钟，也均为白巷里打造。

在沁河流域中游，随着生产力的提高和地域分工，越来越多的人走上了经商的道路，逐渐形成了一个为数众多的商人团体。白巷里所产的铁和生熟铁器，远销河南、河北、山东等地。在铁货交易的过程中，各炉派人外出推销商品，外地商人来此订货的也很多。中庄汤帝庙开有招待顾客的饭店、客店。时间长了，人们就把它叫成"馆庙"，而把馆庙以西一大片院落称为"馆西"。现在下庄的"正兴号""东升号""三同号"都是当时"铁货炉"的字号沿叫至今的。

白巷里所产铁器，主要用于外销。为了推销本地产品，他们走南闯北，父带子，兄带弟，乡亲朋友，互相吸引，还有才十四五岁就外出学徒的。到清朝前期，白巷里的商人家庭竟然比农业家庭的数量还多。有些商人经营得法，发财致富，家资钜万。李国廉曾单独出资白银六百多两，重修张仙庙，修缮中庄汤帝庙、下庄五帝庙。李思孝则独出白银六千两创修海会寺十三层佛塔和塔院全部佛殿、僧房、客舍二三十间，自号"双塔主人"。

上庄永宁闸，位于村西，始建于明中期，由青砖碹成，下面是石砌的河道，上面建有永宁阁。其主拱跨度7.6米，纵深9.5米，上高4.5米，下高5.62米，为县内最大之砖拱券。正面券洞上有黑底金字的匾额"水绕云从"，北面匾额是"钟秀"。永宁阁东西二面皆有神像，西为关帝，东为观音，阁上南侧有阶梯可供上下。传说明末陕西起义军曾由中、下庄至孤魂滩欲犯上庄时，阁上关帝显灵，保全了上庄。永宁闸下的石板路为古上庄唯一入口，也是沁水、翼城一带通往泽州府的必经之路。清代永宁闸曾进行过五次大规模的维修，均有碑可稽。据嘉庆三年（1798）上庄修缮"永宁闸"碑记载，捐银的商号有：升源典、源裕典、恒茂典、恒盛黄、恒顺典、兴基典、致和典、聚魁典、庆成典、永成典、广发典、天成典、藤荫典、同本典、庆大典、广顺典、鸿庆典、元盛典、通顺典、统合典、翼盛典、义和行、聚兴行、盐行、长发号、永祥号、长兴号、魁兴号、永兴号、大有号、同茂号、顺兴号、新兴号、合兴号、公合号、公兴号、复兴号、魁太号、同顺号、兴盛号、魁盛号、同盛号、隆兴号、万顺号、公盛号、聚魁号、美盛号、双兴号、复祥号、成盛号、义合号、新大号、协兴号、隆太号、君兴号、口太号、祥茂号、开太号、大成号、永昌号、永盛号、义和号、复盛号、晋兴号、兴大号、益盛号、保合号、如盛号、三盛号、恒兴号、大和号、珍成号、同义号、祥瑞号、隆兴号、义隆号、晋魁号、恒盛号、全兴号、美合号、同兴号、永茂号、元兴号、永顺当、南双盛、北双盛、源荣增、西新兴、北德顺、西隆盛、北隆盛、和通珍、支升恒、南永瑞、东义和、东复盛、西义和、西美和、卫隆兴、岳美和、王魁兴、鲁合兴、北公正、韩同兴、柴太和、杜通兴、孔福顺、刘义利、陈恒隆、孙振兴、葛万利、葛和合、靳公裕、靳公茂、马恒盛、刘享升、孙聚盛、王万盛、郝义盛、崔新盛、宋兴盛、王兴盛、连全盛、师福盛、敬生店、同盛店、合成店、晋盛店、兴盛店、义久店、泰和店、丰盛店、合盛店、福盛店、德顺店、协太店、天成店、同心店、世兴店、盛诚店、义盛店、洪茂店、通德店，共有143户商号。

咸丰九年（1859）上庄又修缮"永宁闸"，捐银的商号有：万源典、永协号、文远合、万元永、新盛和、兴泰典、同兴号、聚兴和、元和泰、兰合壹、人和典、晋元号、程公盛、申永盛、董泰和、世德典、存诚号、吉大兴、昌泰贞、永和荣、天元典、生泰号、同人堂、祁合盛、丰盛元、敬盛典、正裕号、裕丰恒、恒盛昌、雷正兴、公茂典、成德号、丰裕魁、长盛泰、复兴德、广泰典、永泰号、久长兴、广和贞、忠信诚、晋昌典、恒盛同、聚义昌、裕吉福、人和德、会川典、通顺诚、久兴德、恒兴茂、庆顺生、隆泰行、广裕德、元亨永、大德玉、广顺隆、增盛号、福源坊、蕴懋德、三和麟、大来恒、元泰号、永裕远、元泰信、聚盛泰、正顺隆、永盛大、统顺合、双合和、仁义口、通义元、义合公、魁泰公、协泰公、昌泰恒、宝泉涌、德泰合、义和久、舒盛合、天兴合、积义坊、全顺坊、星源合、丰源合、和兴店、三和店、同义店、致和店、德盛店、荣盛店、四美店、同心店、天元店、聚兴店、三合店、后兴店、泰兴店、世德店、三义店、天兴店、生泰店、三立店、福豫店、司升店、保兴店、全发店、泰茂店、广义店、广聚店、广成店、天德店、顺平店、丰豫店、日升店、协裕店、昌泰店、德庆店，共有116户商号。

上庄炉峰庵，位于村之南坡香炉峰上，旧时为上庄村社所在地。庵门北开，进门分东西两边，各有阶梯十多级，上去就是庵的正院。正院依山而建，分上下两级，上面一级南面正中为关帝殿，原来悬有古匾，上书"此之谓大丈夫"，殿前有拜亭三间，供祭祀，为同治七年（1868）重修。拜亭之西有五瘟殿，拜亭之东为白衣殿。下面一级是戏台，为康熙三年（1664）建。戏台西与五瘟殿相连，建两层楼房10间，楼上为看楼，楼下为禅房等。正院之东北角向东开一门，从此进去为下院。下院大部分建筑为明代建筑，分为前后两部分，前院建有老君殿、佛祖殿、始祖殿、钟楼、社仓等，后院建有高禖祠、夫子殿、财神殿、文昌阁、观音阁等。道光十一年（1831），上庄扩建"炉峰庵"，捐银的商号有：聚隆行、隆盛行、增盛行、兴盛行、双兴号、公兴号、万顺号、万益号、永有号、福泰永、东协兴、双合义、柴义盛、永升兴、永

图1.4  炉峰庵全景

兴南、通珍和、恒裕永、东升兴、恒盛正、壮升顺、隆盛恒、隆盛享、万益兴、和新兴、盛兴店、信泰店、恒庆店、源泉店、恒来店、增胜店、临潼店、源生店、仁和店，共有33户商号。

修缮永宁闸和扩建炉峰庵，有如此多的商号捐款，白巷里商人的实力由此可见一斑。

从明末到清末的300多年间是白巷里居民外出经商最多的时期。从三庄现存碑文中，可以看到白巷里商人在外经商的情况。中庄汤帝庙位于村中央，坐北朝南，一进院落，南北长35.15米，东西宽43.87米，占地面积1542平方米。中轴线上由南而北建有舞台、拜亭、正殿，两侧有山门、钟鼓楼、看楼、配殿、耳殿。山门两所，均为门廊式，东门门匾书，"惠兹万物"；西门门匾书，"粒我蚕民"。汤帝庙创建年代不详，据现存碑记记载，此庙在顺治八年（1651）、康熙十四年（1675）、乾隆二十四年（1759）等多次补修，现存建筑为明清风格。庙内存明清碑碣14通（方）。

勒石于嘉庆二十一年（1816）三月，由庠生曹沏撰文，庠生曹成文书的《重修东西客房看楼钟鼓楼山门门外市房补葺一切碑记》记载

图1.5 汤帝庙拜亭

了嘉庆十九年（1814）秋至嘉庆二十年（1815）冬修葺汤帝庙的事情。碑文中记载：

"崔丽川，十两。德信厂，十两。明顺号，十两。景兴号，二两。大兴号，一两五钱。德兴典，一两。仁兴号，一两。丰泰号，一两。孙玉麟，一两。杨容，一两。六聚会，一两。永丰慎记，一两。天成花店，一两。致中和记，五钱。东益兴号，五钱。以上施银系曹惠文郓城县募化。

鹿邑万全号，三两四钱。刘朋，二两五钱。苑景佩，二两。杨元兴，二两。德茂号，二两。协成号，二两。淮邑胡玉，二两。凤邑芦建业，二两。□□□学易，二两。大生号，一两五钱。晋源号，一两五钱。永兴魁记，一两五钱。下佛马伊，一两五钱。淮邑许邦用，一两。王立德，一两。□世□，一两。永茂□，一两。扶邑李景明，一两……以上施银系李谷兴淮宁县募化。"①

从以上碑文可知，为了解决这次工程所需要的花费，曹惠文、李谷

---

兴分别前往山东郓城、河南淮宁（今河南淮阳）等地募化银两，募化的主要对象是白巷里在这些地方开设的商号和经商的商人。

下庄五帝庙位于村北，坐北朝南，其创建年代不详，据现存碑记记载，此庙曾于崇祯四年（1631）、康熙十六年（1677）、康熙五十年（1711）多次重修、补修。五帝庙原为牛王庙，正殿五间供奉着黄帝、颛顼、帝喾、尧、舜五位中华民族始祖。正殿之西三间，为牛王殿（最早之牛王庙），东边三间为高禖殿，神像四尊，一男三女。正殿之前有拜亭。拜亭西端下一阶，有神殿三间，自西而东为嫘祖殿与马王爷殿。东端三间，中为汤帝殿，东为白龙神殿，西为炉神殿。拜亭正南约四丈处为舞台，系献戏用。台之东西两侧均靠庙门。东庙门之东平房三间系厨房，西大门之西平房三间系社仓。东西平房的两边为钟鼓楼，高出平房屋脊丈余。东为钟楼，正中悬铁铸大钟一口，重约3000斤，西为鼓楼。

北从牛王殿之西墙起，经嫘祖殿之西墙，直到鼓楼西墙止，为庙西墙。北从高禖殿之东墙起，经白龙神殿之东墙，直到钟楼东墙止，为庙东墙。东墙内从东配殿下约一丈处往南，西墙内从西配殿下往南各有东西楼房一排，楼上下各五间。庙西墙之西为西三院，院各有正殿三间，上院为祖师殿，中院为五瘟殿，下院为关圣殿，三殿均有神像。关圣殿有两神像，并列正中神台，东为关帝像，西为二郎神像，此"二郎"乃秦蜀郡太守李冰之次子。关帝庙正南为西三院之正门，另在中院五瘟殿外东侧有小门通五帝庙。西三院南另有一院为土地庙，庙里有土地祠、山神祠和五谷祠。下庄村于2009年到2011年4月，历时两年多，将五帝庙内全部房屋予以复修。复修后五帝庙为一进院落，南北长33.7米，东西宽27米，占地面积910平方米。中轴线上从南而北建有舞台、拜亭、正殿，两侧建有钟鼓楼、妆楼、配殿、耳殿，山门两所，分居舞台东西侧。

勒石于道光六年（1826）六月，庠生李谷城撰，祀生杨桂芳书的《重修社庙记》记载了道光五六年间下庄重修五帝庙事。碑文中记载：

"外募布施列后：

李谷城归德两次募：公裕盐行银二十两，商丘当行银十八两，丰泰盐行银十二两，恒聚典银六两，集腋盐行、裕泰钱店、庠生刘明良各银四两，义盛典、全盛钱店、宏昌钱店、从九李瑛各银三两，大昌盐行、循源盐行、义顺缎店、同义钱店、聚昌钱店、天锡钱店、广庆钱店、介宾张令文各银二两，元隆钱店、元生钱店、合义钱店、正泰茶店、从九刘正身、监生王举章各银一两，共募银一百零二两，内有代龙兴庵化银卅二两，经手生息银二十八两，总共色银一百三十两。除嘉庆四年本庙修舞楼用银卅两，净存色银一百两换钱一百一十千文，内龙兴庵本利银换钱五十五千文归本庙用。"①

为了重修五帝庙，李谷城前往归德（现为河南商丘一带），向白巷里在当地经商的商号和商人进行募捐。此次募捐共募银130两，这个数量无疑是很大的。从募银的对象来看，白巷里商人在归德主要从事盐行、钱店、典当行等，还有开茶店、绸缎店的。

除了河南归德，河南周口也是此次修缮五帝庙的主要募资地。

"李孔芝周口募：张兴盛钱五千文，永兴和、裕隆局、雷信基各钱三千文，永泰典、裕丰典、三合典、渊泉典、升顺典、恒泰典、裕隆典、同裕典、裕祥典、王同典、康大成、张全兴、间裕局、升顺局、交泰号、德盛绪、福盛号、三合局、恒泰局、雷庆成、韩永恒、辉盛号、盛隆行、谦盛店、广泰号、恒益号、永义号、广生号、王相、杨侯，各钱二千文。陈合顺、于盛义、兴盛泰、义泰兆、兴盛永、延蓝盛、公正号、裕泰号、闰益恒、和顺正、康三和、杨二合、赵增盛、杨广泰、广

———————————

①道光六年（1826）《重修社庙记》，碑存阳城县下庄村五帝庙。

源馆、裕源馆、宝源馆、吉泰号、杨大伦、李梦麟、李广居、王斌、贾光临、张存财、康天位、孟继孔各钱一千文。共募钱一百零二千文。

......

李有梓周口募：三元号，纹银五两。西□（九）兴、贾天来、新盛□（统），各银二两。会义号，钱一千一百文。东统顺、西统顺，各钱二千文。共募银稍家换钱十七千五百一十二文。"①

李孔芝、李有梓前往河南周口进行募捐。从募银的对象可以看出，白巷里商人在这里开设的商号众多，其中典当行占了很大比重。

募资者还前往江苏邳州（今属江苏徐州）进行募捐。"杨卫恒邳州募：永顺号、际昌号、义昌号、杨大成、王秀生各钱二千文。马三顺钱一千五百文。王公兴、冯辉所、冯介亭、冯裕僙、丁景阳、同心永、新泰号，各钱一千文。冯祥宾、冯朝干、许天申，各钱五百文。共募钱二十千文。"②从杨卫恒前往邳州募捐的金额看，在邳州的白巷里商人的实力远不如河南归德和周口的商人。

鸦片战争后，随着外国资本主义的入侵，沁河流域中游经济受到冲击。《阳城县乡土志》载："以昔年较之，铁货仅及其七之三，火石不及其十之二"，③高平"针之为物，缝纫必资，邑惟西南与凤台接壤处多业此者，近岁授褙后，工人凋敝，生计衰薄，较昔仅十之一二云。"④在此背景下，白巷里经济也不可避免地受到了冲击，在外商人对家乡的捐赠，也明显少于此前。

光绪十六年（1890）八月勒石，由庠生杨叔雅撰文，拔贡杨念先书

---

①②道光六年（1826）《重修社庙记》，碑存阳城县下庄村五帝庙。

③杨念先、杨兰阶、田九德著，栗守田标点校注：《阳城县乡土志·阳城县金石记》，三晋出版社，2009，第93页。

④光绪十六年（1890）《续高平县志》卷三《风俗·物产》，国家图书馆藏本，第14页。

丹的《重修葺社庙碑记》记载了同治末光绪初年下庄村修葺社庙事，文中还记叙了光绪三年（1877）大灾，白巷里在外商人救济家乡的事情。碑文记载：

"自道光六年经乡先辈李南轩诸公重修之后，迄今又六十余年矣。不惟漶漫无光，渐形坍塌，抑且栋宇摧折，墙壁倾颓，有岌岌乎不容久待之势。正在鸠工庀材之际，迨光绪三年，忽岁值大祲。小米每斗价值大钱三千六百文，饿殍相望，有令人不忍言者。且树皮草根其稍可入口者，莫不资以度命。禹粮石髓，即意想难到者，无不借以充饥。人相食矣，甚有母食其子者。粮既绝矣，甚有守余粮而亦毙者。盖大荒之际又兼大疫，诚数百年未有之奇灾也。即以吾阳一邑论之，除辗转沟壑、流亡四方，所余人口不过十之三四，因而工暂停止。幸吾村贸易于青豫者众，挽粟移粮，藉资补救，所伤人数较他处为差。"[1]

道光六年（1826）下庄重修五帝庙，在之后的几十年里，五帝庙墙壁倾颓，栋宇摧折，于是下庄计划重修五帝庙，但不久光绪三年（1877）大灾暴发，工程被迫停滞。在此次大灾中，"饿殍相望""人相食矣"。大灾之后，阳城"所余人口不过十之三四"。白巷里由于有很多在山东、河南做生意的商人，他们纷纷向家乡伸出援手，因此大灾对白巷里的影响较小，没有其他地方严重。

"微及至光绪五六年间，麦禾收成、流亡渐复，且有各处募化陆续寄至，于是葺其未备，补其缺略，乃无功亏一篑之憾焉。是举也，赖诸公乐善不倦……外募布施列后。

杨宗元周口募化：振德恒、舒盛合、魁源行、蔚盛长，各银二两。馨聚茂、侯全盛、协丰泰、李铨、双合行、义顺店、义合店各钱三千文。祥泰店、梁惟金、李春荣、广兴号、永昌义、裕盛魁、敬泰行

---

①光绪十六年（1890）《重修葺社庙碑记》，碑存阳城县下庄村五帝庙。

各钱两千文。

李谷年周口募化：桂芳斋、恒茂合各钱三千文，新聚坊、全兴昌、丁鸣盛、范凤举、隆顺店、王来祥各钱二千文。广顺祥、李肇芳、同兴协、同顺福、永顺恒、义顺店、玉泰号、陈东源、万顺坊、源盛合、同□利、德典玉、三顺德、复兴和、丰盛泰、徐永寿各钱一千文。馨聚茂又捐钱一千文。

杨诗品滑县募化：滑县当行捐钱十千文，毛益嵒、东统兴各钱三千文，恒兴典、大泰典、文和号各钱二千文。三泰云捐钱两千五百文。万兴和、永盛岐、际盛号各钱一千五百文。张朋泰捐钱一千文。

李畲周口募化：兴隆泰、复兴通、复兴义、义兴公、积义魁、锦义隆、天福麟、李锦、梁朝栋、协盛通、义盛成、聚兴店各钱二千文。德成英、敬兴隆、同兴泰各钱一千文。

曹逢琨陈州府募化：李清蘭捐钱四千文、公昌福、德元公、刘树锦各钱三千文。张永顺、张文忠、启泰公、刘兴盛、丰盛德各钱二千文。

李有文周口募化：万兴隆捐钱二千文，众客帮捐钱十三千文。

共银八两换钱十四千六百八十八文，共钱一百六十六千文，二共钱一百八十千零六百八十八文。"①

光绪五六年（1879—1880）间，村庄渐渐从大灾中恢复了元气。杨宗元、李谷年、杨诗品、李畲、曹逢琨、李有文又前往河南募捐，靠募捐的资金，重修了五帝庙。募捐的地域主要以河南周口为主，也有河南淮阳、滑县等地。

宣统三年（1911）勒石，拔贡杨念先撰写，贡生李衡书的《下庄大庙重修碑记》记载了宣统年间重修五帝庙事。碑文记载："以吾村商于豫者颇多，乃浼戚□李君、修府李君、士彦与开三族叔各携缘簿至周家

①光绪十六年（1890）《重修葺社庙碑记》，碑存阳城县下庄村五帝庙。

口，共募化银百数十两。"碑文末尾记载了募捐的具体情况。

"施财题名：

外募布施列后：

杨诗儁周口募：陆陈李，银四两整。万泰顺、兴盛德、同□□、□德成、隆茂昶、庆盛祥、世泰恒、恒升和、友和恒、日升昌、蔚盛长、存义公、大德通、同源号、□□顾九山、天成店、州同李国泓、天津成益号、庆典号、聚源号、公记号、西记号，各银二两。义盛承、广泰昌、□源恒、恒兴祥，各银一两。共化银五十四两。

□□五□马□募：□万顺、□昌号、汉口三益恒、河南豫丰厚、广东□记。□□□□□□文。

李谷镕、牛□山周口募：□□和、方万兴、隆泰信、德泰□、泰和号、同和□、鲁山广盛德、永义大、兰兴永、正阳□马玉盛、赵□裕、蔡复隆、□州王福元、王福泰、□县凤昌号、山东祯□义、固始祝义和、槐店钰来恒，各钱一千文。共募钱二十千文。李谷镕又化并自施钱□□□文。

李□铁周口募，诸字号，共银□□□□。杨诗泰周口募，诸字号，共银□□两整。"①

本次赴河南周口募资，共募得白银一百多两，正是有了这笔资金，五帝庙才得以重修。

甚至到了民国初年，白巷里在外经商的商人也仍有一定规模。民国三年（1914）闰五月勒石的《重修馆庙各神殿暨拜亭、舞楼、钟楼施财芳名碑》记载了村人到河南、山东募集资金，修缮中庄汤帝庙的情况。

"重修馆庙各神殿暨拜亭舞楼钟楼，施财芳名开列于后：

延天节周口募：临丰谦、益泰恒，各三两。延天节，各三元。义

---

① 宣统三年（1911）《下庄大庙重修碑记》，碑存阳城县下庄村五帝庙。

成源、广泰昌各二元。彭述人、吉和祥，各一元。两益昌、□（乾）泰□，各二元。万顺生、天奎店、罗永顺、义顺复、瑞昌祥、王昌顺、天德成、复兴群、茂生祥、永盛生、庆昌号、益泰恒、泰来恒、聂景星、永隆镕，各一两。

徐象巽临清募：于懋昭、珍义和、复懋店、益成店、恒泰号、天元堂、裕泰昌、德聚店、李松堂、张登□（墀）、张云□（墀）、宋恒和、尼炳魁、尼珠、广泰店、吉星成，各一千文。金兴泰、募义元，各一千文。治泰恭，二千五百文。徐象巽，五百文。

王天庆周口募：同升吉、郑修田、保泰恒、从九杨诗俊，各二千文。万顺利、三盛坊、顺成坊，各一千文。王天庆，四千文。

王占荣颍州募：王占先、王占荣、王占中，各三千文。王锡龄、呈材堂，各一千文。

曹德诗周口募：庆隆德，五千文。聚隆泰、六河公司，各二千五百文。

曹玉驹亳州募：西天眷、祥顺公、复泰益、恒足典、天义恒、同兴合、协泉长、协泰升，各一千文。天中堂，一千五百文。王恒义、隆盛德、张世德、兴华楼、化成□（齐）、垒生行、庆隆号、广□堂、万和行，各五百文。

曹发枝泗州募：义泰恒，十元。周盛余，三元。永记、祥和、慎大，各二元。徐泰丰，一元。王□殿，十千文。谦益豫、陈进夫，各三千文。恒丰有、裕昌永、张泰顺、永兴泰、万均记、长兴泰、许德隆、协泰泉、李福亭、焦荣贵、聚泉永、李佩芳、长发庄、傅积逢，各二千文。赵丙生、胡玉衡、焦云燦、荣聚泰、薛必强、崔孝文、珠荫南、孙保和、姚恒源、裕泗庄、晋元长、于金吉、于德吉、于怡波、裕通恒、乐善堂、仁寿堂、泰来永、刘义和、刘廷美，各一千文。曹发枝，廿六千文。

李经文周口募：林荣兴、丰顺恒、钱聚兴、徐协泰、永义和、恒泰贞、锦丰恒、永兴公、章聚昌、恒泰胜、杨万盛、李经文，银各一两。

李家山清化募：泰顺彩，二千二百文。晁合盛，一千五百文。顺香店，一千文。同兴典，八百文。李家山，四千文。

李谷钺周口募：□（鉴）远长、义盛恒、顺兴恒、温祥盛、郭天合、太兴和、同心成、荣泰祥、协泰昌、复新恒、同聚源、任万长、源道永、鸣盛昌、邱大兴、曹文祥、义盛隆、积善堂、泰顺公、信泰昌，各一千文。"[1]

此次募捐的对象主要是河南周口、清化（今河南省博爱县），安徽泗州、亳州、颍州，山东临清等地的白巷里商人。

从以上捐银碑可以看出，白巷里商人的经商范围主要是河南、山东、安徽、江苏等省。河南的周口、商丘、淮宁，山东的曹县、郓城、临清，江苏的徐州、邳州，安徽的颍州、亳州、寿州、泗州等地是白巷里商人集中的地方。特别是河南周口，白巷里在这里从业的商人众多。传说清朝同治光绪年间，上庄有位姓徐的老掌柜在河南周口病逝，他的灵柩从周口回运时，白巷里在外商人来送灵柩起身的就有108人。白巷里商人的从业范围遍布各个行业，特别是盐行、钱店、典当行等。从他们给家乡捐赠银两的数额看，他们的生意无疑是非常成功的。

白巷里商人在河南、山东、安徽、江苏等地大都是三年一个周期，在外两年半回家住半年。他们离家外出，家里人时刻在挂念他们。几百年来阳城流传着两句笑话："郭峪三庄上下伏，想汉老婆两千五"和"有女休嫁生意汉，三年守寡两年半"，虽说笑话，却是事实。

由于冶铁业和商业的发展，在清代白巷里已经成为阳城较大规模的商业市镇。据勒石于顺治十三年（1656）的《阳城县额设商税银碑》

---

[1]民国三年（1914）《重修馆庙各神殿暨拜亭、舞楼、钟楼施财芳名碑》，碑存阳城县中庄村汤帝庙。

记载："按阳城阖县额设商税银二百三十两。顺治十二年四镇分认：在城分税银六十两，润城分税银一百一十两，白巷分税银二十两，章训都郭谷镇分税银四十两。"[1]顺治十二年（1655），阳城全县上交税银230两，仅白巷里就上交了20两。

可以说，明清时期，沁河流域中游地区凭借着丰富的矿产资源和有利的区位优势，形成了凭借资源优势的手工业生产重镇和商业市镇，同时也产生了大批商人。白巷里凭借煤铁资源优势，形成了发达的冶铁业和较为繁荣的商业，在此基础上，白巷里在清代成为规模较大的商业市镇。白巷里的例子，有助于我们深化对明清时期沁河流域中游工商业经济的理解和研究。

# 第三节　多元的姓氏和信仰

### 一、杂姓村

在南方，"聚族而居"的单姓村落在地域社会政治格局中常常占重要地位。而沁河流域中游的村落多以杂姓村为主，白巷里也不例外，这里的姓氏多达数十种。李尔勤先生曾于1986年对三庄居民迁祖姓名、迁来地点、时间概况做过详细考证。明清时期的白巷里，按村民来村之先后依次编排为十甲。李姓为一甲，圪堆曹姓为二甲、三甲，孔姓为四甲，杨姓为五甲。上庄王姓为六甲，后又分出一个十甲。七甲、八甲是哪些，目下无可考证。中庄馆西曹姓为九甲。

---

① 顺治十三年（1656）《阳城县额设商税银碑》，碑存阳城县郭峪村汤帝庙。

## 表1.1 白巷里原十甲居民姓氏及来源概况一览表

| 姓氏及住地 | 来自何地 | 迁来时间 | 迁祖名字 | 至何人，已传几世 | 备注 |
|---|---|---|---|---|---|
| 原白巷一甲李姓，中、下两庄，人丁众多，有迁往润城、北音、郭峪、王村、山东等 | 有两种说法：一说来自陇西；一说来自太原 | 金朝后期，距今800年左右 | 失传，传说是个木匠 | 至化统之孙为二十六世 | 李氏系出陇西，支分太原，北宋末年避金兵之乱，李木匠偕家南迁，几经辗转，历数十年。金后期，蒙古入侵，李木匠带家人避黑松林沟中，后伐树修房而定居。黑松沟有定居之民自此始 |
| 原白巷二、三甲曹姓，中庄圪堆等地，人丁众多，有迁往披甲坨、刘善等 | 传说从洪洞县来 | 金末元初，距今约700多年 | 失传，传说是金火匠 | 族谱失落，据年代推算在二十世以上 | 白巷二甲曹姓迁祖继李姓之后迁到黑松沟，为三庄最早创建者之一 |
| 白巷四甲孔姓，为三庄最早定居者与创建者之一 | 不详 | 金末元初 | 失传，传说是金火匠 | 至明中期以后，已无人 | 据先辈传说，孔姓祖先是继曹姓之后迁到黑松沟的，其迁祖也是金火匠 |
| 白巷五甲杨姓，以下庄最多，中、上庄也有，人丁众多，有迁往北音村、上伏村、下伏村、北村及山东、河南、安徽等地 | 关中弘农郡（陕西渭南） | 明洪武五年（1372） | 杨天衢，金朝进士，后举孝廉 | 至钢生、丑生之子为二十五世 | 金承安元年（1196）自关中弘农郡（陕西渭南）迁，先居上伏里，后居王村，至明洪武五年（1372）迁来白巷里。由王村迁下庄可能自天衢公之孙或曾孙始 |
| 白巷六甲王姓，主要住上庄，王姓人丁众多，外迁者多 | 来自高平赤土坡，先到可乐山，又到上庄，上伏有祖茔 | 明朝前期，《阳城县乡土志》说是明初 | 王四，据《王氏正派谱》云："四公以上已不可考，遂以四公为始祖焉。" | 至今已传二十四世，尚待查证 | — |
| 白巷里九甲曹姓，住中庄馆西、板店、定子等地，人丁众多，有迁往王村、崇上等地 | 相传自洪洞县曹公村迁来 | 约在明朝前期，距今600年左右 | 曹刁 | 至板店曹仲书之孙为十九世，有谱可稽 | 原九甲族谱失落，找到一本抄本，头几页已损，迁来时间系按平均30年一世推算。九甲也有前九甲后九甲之分。中庄曹氏宗族是前九甲 |
| 白巷十甲王姓，住上庄东头、河口、龙章院等地 | 传说是从可乐山（大安头）迁来 | 明朝前期 | 与六甲同 | — | 据十甲王瑞年老汉说，十甲与六甲都是一个老祖先。传说分甲是从磨头开始，因修一个高楼，兄弟二人互不相让，发生争执，遂分出为十甲。自分之后，各不相扰。据此分析十甲王与六甲王系同宗 |

资料来源：李尔勤：《三庄志》，油印本，1987年。

由上表可知，李、曹、孔、杨、王等五姓到村最早，其中李、曹、孔三姓之祖先为黑松沟时期最早定居者。而孔姓在明中期以前，户丁已所存不多，明中期后竟已无人。杨、王两姓及九甲曹姓均在明初才来到白巷里。

除了一甲李姓、二甲曹姓、四甲孔姓、五甲杨姓、六甲王姓、九甲曹姓、十甲王姓，白巷里还存在众多姓氏。

表1.2　上庄居民姓氏及来源概况一览表

| 姓氏及住地 | 来自何地 | 迁来时间 | 迁祖名字 | 至何人，已传几世 | 备注 |
|---|---|---|---|---|---|
| 上庄徐姓 | 自晋城古书院迁来，先住郭峪，后到上庄 | 清嘉庆年间到上庄 | 徐肃山 | 至徐志贤以下五辈，已传十世 | 据其五世孙徐志贤谈 |
| 上庄赵家楼赵姓 | 沁水县十里乡 | 约在嘉庆道光年间，约一百七八十年 | 失传 | 到赵天顺以下两辈，共十二世 | 据十世孙赵天顺谈 |
| 上庄杨家楼杨姓 | 町店迁来 | 清嘉庆道光年间，约一百六七十年 | 失传 | 至杨申旺之孙为八世 | 据杨申旺谈，老坟地在胡凹沟，按坟堆数到他是六辈 |
| 上庄牛家圪瘩牛姓 | 沁水迁来 | 嘉庆、道光年间 | 失传 | 至牛启春之孙为八世 | 据牛启泰谈 |
| 上庄宋姓 | 北留上杏王庄迁来 | 清咸丰、同治年间 | 失传 | 至宋德锁之子为七世 | 据德锁妈谈，老汉宋引来，引来父宋鹤鸣 |
| 上庄窦姓 | 沁水窦山 | 清光绪年间 | 窦科 | 至窦茂森之子为五世 | 据窦拴旺老婆谈，二世金才，三世拴旺 |
| 上庄沟则李姓 | 下伏村迁来 | 清道光年间 | 失传 | 至惠民、天林之孙为六世 | 据惠民、天林谈，二世培都、培源，三世河洲、瀛洲 |
| 上庄秦家楼李姓 | 沟底村迁来 | 清光绪年间 | 李春荣 | 至兰田之孙为四世 | 据润田老婆谈，世业商，二世为兰田、润田、禄田 |
| 上庄河北院李姓 | 下伏里又八甲迁来 | 清宣统年间 | 李炳臣 | 至炳臣之孙为四世 | 据树栋谈 |
| 上庄窦家后马姓 | 寺头马寨迁来 | 清光绪年间 | 失传 | 到马来义之孙为五世 | 据马来义谈，世业农，二世马玉堂 |

| 姓氏及住地 | 来自何地 | 迁来时间 | 迁祖名字 | 至何人，已传几世 | 备注 |
|---|---|---|---|---|---|
| 上庄刘姓 | 芹池刘村迁来 | 失传，清光绪年间 | 失传 | 至刘连柱子为五世 | 据刘连柱说，世业农，二世文旦，三世刘掌果 |
| 上庄崔姓 | 南北村迁来 | 约在清嘉庆、道光年间 | 失传 | 至崔满祥子崔高亮已八世 | 四世义生，五世保如，六世江河，七世满祥、光祥、其祥 |
| 上庄樊姓 | 沁水王街迁来 | 清同治年间 | 樊玉麟（兄弟二人） | 至樊大纯之孙为五世 | 世业农，玉麟之子振邦、振声、振基都是秀才 |
| 上庄郑姓 | 屯城村迁来 | 清光绪年间 | 郑锦元 | 至仁水之子为四世 | 据郑仁水谈，世业农，锦元子曼红，孙仁水、水库 |
| 上庄卢姓 | 潞安府迁来 | 清光绪年间 | 卢金山 | 至春龙之孙为五世 | 据建龙三姐卢子琴谈，世业农 |

资料来源：李尔勤：《三庄志》，油印本，1987年。

上庄有徐姓，赵家楼赵姓，杨家楼杨姓，牛家圪瘩牛姓、宋姓、窦姓，沟则李姓，秦家楼李姓，河北院李姓，窦家后马姓、刘姓、崔姓、樊姓、郑姓、卢姓等。这些姓氏大多在清代中期之后迁来上庄。迁出地距离上庄近的有沟底、屯城、下伏、杏王等村，远的有晋城、沁水、长治等地。

### 表1.3　中庄居民姓氏及来源概况一览表

| 姓氏及住地 | 来自何地 | 迁来时间 | 迁祖名字 | 至何人，已传几世 | 备注 |
|---|---|---|---|---|---|
| 中庄卫姓 | 从阳城东关到屯城，从屯城到中庄 | 明朝后期 | 失传 | 至卫三发之孙为十五世 | 据三发谈，世业商，单传到其父有德，始生子三人，发仁、发义、三发（发礼） |
| 中庄大门口李姓 | 晋城凤凰山坡脚底 | 清顺治年间 | 失传 | 到保德之子为十一世 | 传说大门口李姓是明朝朱洪武的后代，明亡后怕抄家灭门，才跑出来，改姓李 |

续表

| 姓氏及住地 | 来自何地 | 迁来时间 | 迁祖名字 | 至何人，已传几世 | 备注 |
|---|---|---|---|---|---|
| 中庄常姓 | 西封村南头 | 清康熙、乾隆年间 | 迁祖兄弟三人，长能忍、次能让、三能宽 | 至秉忠之曾孙为十世 | 据秉玉谈，秉玉是长支，小猴是二支，三支已无人，世业商。秉玉为教员 |
| 中庄师院张姓 | 河头村迁来 | 清嘉庆、道光年间 | 失传 | 至金保、银保之孙为十世 | 据银保谈，父德元，祖父张松，曾祖张旭，再往上就不知道了，世业农，父是铜匠 |
| 中庄东头王姓 | 西乡之清池、献义迁来 | 清光绪年间 | 失传 | 至王旺之孙为五世 | 据王旺老婆说，到庄辈辈都是给七宅种地，后住的房是土改时分的果实 |
| 中庄吉姓 | 传说从南乡台头石臼迁来 | 清同治、光绪年间 | 吉三、吉四兄弟二人 | 到吉来、吉垒之孙辈为五世 | 吉来、吉垒之父辈为吉旦、吉成。吉来之子大保是继来，吉垒之子铁富是招赘，大保、铁富均已有子 |

资料来源：李尔勤：《三庄志》，油印本，1987年。

中庄有卫姓，大门口李姓、常姓，师院张姓，东头王姓、吉姓等。卫姓是在明代就迁到中庄的，其他姓氏都是清代迁入的。除中庄大门口的李姓从晋城迁来外，其余姓氏均由阳城范围内的村庄迁来。

表1.4　下庄居民姓氏及来源概况一览表

| 姓氏及住地 | 来自何地 | 迁来时间 | 迁祖名字 | 至何人，已传几世 | 备注 |
|---|---|---|---|---|---|
| 下庄崖上卫姓 | 王村迁来 | 清光绪年间 | 卫南方 | 至双喜之孙辈为五世 | 据卫双喜谈，祖南方，生我父辈弟兄三人卫旦、圪济、照发。旦子婚后早逝，其妻招石金言为继夫，生子三人，长子小于，承卫姓；次子有余，三子小富，承石姓 |
| 下庄毕姓 | 河南省南阳市南召县 | 明万历年间 | 失传，传说当时曾官泽州知府 | 至启福孙约十四、十五世 | 传说其迁祖当时为泽州知府，青年英俊，政声卓著，为山东布政使李豸所赏识，遂以其侄女许配之。毕致仕后，即定居白巷里。原人丁繁多，毕家后人皆其住地，光绪三年（1877）灾荒后，只剩启福之父毕成荣一家，家贫难婆，入赘吴姓，生子二：长起旺，承吴姓；次启福，承毕姓 |

| 姓氏及住地 | 来自何地 | 迁来时间 | 迁祖名字 | 至何人，已传几世 | 备注 |
|---|---|---|---|---|---|
| 下庄栏杆刘姓 | 沁水土沃乡楼坡村，先到下伏，后到庄 | 清顺治年间 | 始祖世田公仍归葬沁水，二世九月公葬下伏坪上寨子 | 到刘清江之孙辈为十三世 | 据刘清江谈，世业农商，间有改举业者，七世聚德为登仕郎，八世广禄为宣德郎，有碑可稽 |
| 下庄石姓 | 润城来，和西崖底石姓同宗 | 清朝初年 | 失传 | 至石毓文之孙辈为十二世 | 据石毓文谈，民国十年（1921）前后，小城石芝田曾来庄与其祖联系序谱事，其祖怕受他们有文化人的欺负，硬说不和他们是一家 |
| 下庄庙底张姓 | 河南沁阳张坡迁来 | 清顺治年间 | 张栋宇 | 至张椿年之曾孙辈为十一世 | 据张椿年老汉谈，他们张姓是明朱洪武之后代，明亡后，怕抄家灭口，由张坡迁到白巷里，改姓张。世业农商，清朝出过一个登仕郎，也不知道叫什么名字 |
| 下庄三节楼底张姓 | 由贝坡村附近之延家山迁来 | 约在清道光初年 | 失传 | 至广亮之孙辈为八世 | 据张广亮谈，按坟堆数爷爷张凤池为第四辈，父亲是第五辈 |
| 下庄二队窑院张姓 | 晋城土河 | 清乾隆、嘉庆年间 | 失传，二世张福林 | 至大红之孙辈为八世 | 据大红谈，父德和，祖来法，曾祖张计元，高祖福林，以上还有一辈 |
| 下庄郭家院王姓 | 沁水尉池迁来 | 清嘉庆年间 | 王连山 | 至王热闹之孙为八世 | 据铁锁谈，曾祖王连山，祖父发顺，父辈兄弟四人，分别为德合、德鸣、德聚、德义。世务农，装炉 |
| 下庄大磨道李姓 | 晋城李寨迁来 | 清嘉庆年间 | 失传，二世李立光弟兄 | 到李春元之孙为七世 | 据春元谈，世业农商，间也有手工业者，南屋叔祖就是银匠 |
| 下庄焦家院李姓 | 周村那边的响庄迁来 | 清同治、光绪年间 | 李羊 | 到小锁之子侄辈为六世 | 据李双喜谈，羊之子满昌，满昌子二胖、三胖，二胖之子为双喜、保喜。双喜为小锁 |
| 下庄跃进门李姓 | 下伏迁来 | 清道光、咸丰年间 | 李春林 | 到立民之子为七世 | 据大丑妈谈，春林子国连，国连之子松发、新法，松法子王八，新发子永太、永昌，另一支是河堰上永成，永成之子竹林、吉林 |
| 下庄炉上马姓 | 西岭何庄来 | 清同治、光绪年间 | 失传二世马不惑 | 至德保之孙为六世 | 据马德保谈，祖父是马不惑，父亲兄弟为新春、小金……小五、小六等，自己这一辈还有马何、马问。世业农，也有经商者，如沟则院马大申父亲 |
| 下庄南坡赵姓 | 河南沁阳来 | 清光绪年间 | 赵麟 | 至赵保子侄辈为五世 | 赵麟原在后街开药铺，现在还把南坡赵麟住的院叫药铺院，赵麟子赵海，海子赵年、赵旺、赵黑 |

续表

| 姓氏及住地 | 来自何地 | 迁来时间 | 迁祖名字 | 至何人，已传几世 | 备注 |
|---|---|---|---|---|---|
| 下庄北岭西头曹姓 | 山东曹州府 | 清同治、光绪年间 | 失传，二世曹振先 | 至曹继龙之孙辈为六世 | 据曹继龙谈，振先之子曹虎臣，虎臣无子，继龙是外甥跟舅 |
| 下庄北岭西头吴姓 | 北留后河之吴圪瘩 | 清同治、光绪年间 | 吴守信 | 至吴红之子为六世 | 据吴红谈，守信子吴焕同，焕同有三女，无子，招赘毕成荣，成荣长子起旺为吴姓 |
| 下庄书房院张姓 | 阳城东关 | 清乾隆、嘉庆年间 | 失传 | 至接曼之子为九世 | 据接曼说 |

资料来源：李尔勤：《三庄志》，油印本，1987年。

下庄有崖上卫姓、毕姓，栏杆刘姓、石姓、吴姓，庙底张姓，三节楼底张姓，前街窑院张姓，郭家院王姓，大磨道李姓，焦家院李姓，跃进门李姓，炉上马姓，南坡赵姓，北岭西头曹姓，北岭西头吴姓，书房院张姓。迁来的时间，除毕姓外，都为清代。迁出地距离下庄近的有阳城范围内的王村、贝坡、下伏、何庄、东关，远的有河南的南阳、沁阳，山东的曹州等。

表1.5　跨庄居民姓氏及来源概况一览表

| 姓氏及住地 | 来自何地 | 迁来时间 | 迁祖名字 | 至何人，已传几世 | 备注 |
|---|---|---|---|---|---|
| 三庄段姓，下庄庙底段姓已无人，其业产由中庄段姓承受，门头差事亦由其支应 | 南京 | 明万历、天启年间 | 失传 | 至段随之孙辈，约十五世 | 段氏始祖为谁，何时何地迁来，无知者。传说段姓之祖为杨瀚任南京大理寺评事致仕后归来时所带，确否未知 |
| 三庄延姓 | 北音迁来（润城—北音—下庄） | 清前期 | 延周 | 至化成之子为十一世 | 延氏家谱：延姓为春秋吴季子之后。延周的坟地在下庄，延周以上老坟地在北音 |
| 三庄贾姓 | 传说从沁水端氏迁来 | 清同治、光绪年间 | 失传 | 至贾昌之子侄辈为三世 | 二世宜和、宜安、宜囗、宜法。宜和子引顺、福顺。引顺子昌。宜法子培亮、培银，培亮子王八、道士、满囤 |

资料来源：李尔勤：《三庄志》，油印本，1987年。

三庄段姓，明清时期段姓为乐工。"乐工"俗称"吹鼓手"，在封建社会里被视为"下等人"。段姓乐工自明朝晚期来到白巷里，传说段姓乐工的祖先是江南人，其祖曾因纠纷和他人打"官司"，因是乐工，没有政治地位，屡屡失败。其祖不服，层层上诉至南京大理寺，当时下庄的杨瀚正任南京大理寺评事，他依理公断，为其主持了公道。当杨瀚卸任后，段家先祖嘱咐一支后代，跟随杨瀚回白巷里，并要他们"世世代代侍候杨老爷，报答杨老爷的恩"。这个传说无文字可考，但有个历史事实，是三庄人都知道的。这就是在1938年前的每个清明节，下庄杨家到老坟祭祖时，段姓乐工都主动到场义务奏乐。

　　据段法昌谈，他记得三庄过去有些庙院，明清两代的"施财芳名碑"上，段姓的名字总是列在最后，而且比一般人的姓名低一行字。[①]在下庄五帝庙，我们找到了这些碑刻。勒石于道光六年（1826）六月的《重修社庙记》中记载："本村布施列后：延九卿，钱十六千五百文。李谷城，钱十一千五百文，并街东墙后荒地一条。延太安，钱十二千文。……常大宁、陈年、李藩，各钱二百七十文。张凤鸣，钱二百六十文。王顺，钱二百五十文。……李孔时、赵守朴，各钱一百八十文。李谷芳、杨成才，各钱一百文。□□居、段四（这两个低了一行），各钱五百文。"[②]本村布施是按照捐钱的数量来排序的。段四捐的钱多，却被排在最后，而且比其他人的名字低了一行。

　　光绪十六年（1890）八月勒石的《重修葺社庙碑记》记载："本村布施列后：李贻瑾、杨宗惠、刘广祥、曹逢璟各钱五千文。杨宗宪捐钱三千文。杨三口堂捐钱一千五百文。杨楷捐钱二千二百文。杨树德、李贻纲、李贻楷各钱二千文。杨诗品捐钱一千五百文。……张同仁、石

　　①李尔勤：《三庄志》，油印本，1987年。
　　②道光六年（1826）《重修社庙记》，碑存阳城县下庄村五帝庙。

兴荣、石连各二十工。张九成三十八工。原培功十二工。石东方、李寅各十一工半。……李淮成、李满昌各七工。马时、李连秋、张东成、李羊、梁旦、陈黑羊、田秉海各六工。王豺狼、张秤、杨世芳各五工。冯长五工。……李谷润、于玉山、张引弟、李松、李贻山、张堆、李六喜、薛跟驴各二工。段不理十工。共收钱四十九千五百九十五文，共工四百一十七工。"①布施按照捐钱、出工数量来排序。段不理出了十工，不是最少的，却被排在了最后。

宣统三年（1911）勒石的《下庄大庙重修碑记》记载："本村布施列后：杨□堂，钱五千文。杨诗俦，钱□千文。李谷镕，钱十五千文。……张□□、刘□榜、李效清、赵文珠、李效孔、曹振英、张光琮、延永茂、王连羊、杨□、李孔庆、李经魁、曹序□、张黑、□□海、卫照基，各钱五百文。曹士彬、李尔节、杨□方、毕礼、田新年、□和尚，各钱三百文。李泫、贾宜安，各钱二百文。段□川（名字比别人低一个字），钱八千文。共钱二百八十八千二百文。"②段□川在这次重修下庄大庙（五帝庙）的过程中，捐了八千文钱，不可谓不多，却仍然被排在最后，且名字比别人低了一行。可见，段姓虽然努力地在融入村庄，但还是无法改变其低贱地位。类似的碑刻在中庄汤帝庙也大量存在。

段姓乐工可以说是白巷里的"音乐世家"。他们艺术精湛，配合和谐，乐器、衣帽俱全，人员充足，而且辈辈都有高手。由于他们音乐演奏得好，对婚丧礼节也很熟悉，所以附近各村遇到红白喜事，都请他们帮忙。

---

① 光绪十六年（1890）《重修葺社庙碑记》，碑存阳城县下庄村五帝庙。
② 宣统三年（1911）《下庄大庙重修碑记》，碑存阳城县下庄村五帝庙。

## 二、多元的民间信仰

### （一）林立的庙宇

在沁河流域中游地区，民间信仰有悠久的历史和深厚的社会基础，而民间寺庙是民间信仰活动的重要场所。白巷里的庙宇大多是多神共处一庙，这正是当地人"民神杂糅""多神崇拜"的体现。在白巷里，由诸多善男信女捐钱捐物建造的大小庙宇有数十座之多。

上庄的寺庙除了前文所述的永宁阁、炉峰庵外，还有崇仙庵、药王庙、火星庙等。崇仙庵，位于上庄东段北坡，创建年月不详，据院内碑文记载，元道士夷然子曾重修之。崇仙庵的规模小于炉峰庵，门南开，院内正殿为老君殿，其他神殿有关帝殿、菩萨殿、马王殿等。王国光在此游览时，曾留下了"冲泥难远出，姑上羽仙台。白巷谁相问，黄花为早开。巨觞愁日短，破帽任风摧。千古思陶令，佳时即放怀"的诗句。

火星庙，位于上庄东边村外半里许三皇沟内，依山傍水，建筑精巧，沟侧山崖有一石洞，青松翠柏，景色可观。庙门西开，进门东南为火星殿，正东跨沟建殿，内有三皇（伏羲、神农、轩辕）神像。此庙无创修碑，有明弘治年间之重修碑镶于门内墙壁之上。

药王庙，位于上庄村东半里许寨坡顶之古寨内，坐东向西，面对上庄。庙门朝西开，门上方有巨匾一块，上书"洞阳庙"。迎门建正殿三间，塑有天皇伏羲氏、地皇神农氏、人皇轩辕氏神像三尊，殿内南北两侧壁上画有历代十大名医神像。南面配殿为高禖殿，北为马王殿。院内有松树二株，胸围八尺有余，传说此二株松树其一为长口松，另一为破口松。旧时村民每遇患有脓包、疙瘩等疾病时，多在这两株古树上刮取松油治疗，很有疗效。

中庄现存寺庙和宗教遗址共计十余处，除前文所说的汤帝庙外，还有张公庙、菩萨阁、三教堂等，以及三官庙、小庙、土地庙、济渎龙王庙、痘神庙、大山神庙、佛堂等庙宇遗址。

张公庙位于庄河南岸青杨沟东边的山坡上，门朝北开，登梯数级方至庙门。进门即为庙院，对面有神殿三间，中塑张仙像，白面无须，左右有站像二，一持弹弓，一牵一犬。正院东边一院，南殿塑有文殊、普贤、观音三大士神像，其余各房间均为禅房。每年二月初二为张公庙会，三庄男女及来赶会的人到庙烧香求子者甚多。数百年来，每逢庙会之日，天气必然多变，故民间有"二月二张公，不是下雨就是刮风"的民谚。

观音阁俗称菩萨阁，创建于万历四十一年（1613），位于中庄村丁字巷之南口，坐北朝南，二层楼阁式建筑，由观音阁、龙王殿两部分组成，建筑面积78平方米。观音阁居西，二层砖石结构，宽一间，阁底层为券洞。阁东侧为龙王殿，建于约两米高的青石台基上，为二层砖木结构楼房，面宽五间。

三教堂位于中庄丁字巷之北口，跨巷建券，券东有殿宇三间，称"三教堂"，内塑佛祖、老君、孔子像。据殿顶"前大唐太和元年本里建佛堂三间，镇风水，后至大明弘治十年重修"的琉璃题记，可知此处原为佛堂，后改作三教堂，是中庄村已知年代最早的宗教建筑。

三官庙位于张公庙东边山坡巨大的岩石之上，依岩石起伏而建，庙貌奇特，依山势分为上中下三级，由下而上称一天门、二天门、三天门，三门间有石磴数十级相连。一天门建有黑虎殿，二天门建灵官殿，三天门为三官殿，供奉天官、地官、水官。传说此庙为中庄环宅院主人李维城出资修建。李维城系商人，在河南浚县经营粮食生意，在一次秋冬之际前往浚县途中，见前面有三人相貌不凡，边走边谈，其中一人说："今年麦子看样子不错，其实不成，因为都生了病了，明年粮价定要上涨。"又走没多远，前边三人忽然不见了。李维城地查看了一番，发现麦苗表面看上去长势不错，其实大都生了黄疸，麦根都没深扎下

图1.6　观音阁

去。李维城回到店里之后，即命人大量收购小麦。及至来年，果然小麦歉收，粮价大涨。李老板因听信路人之言狠狠赚了一笔，发了大财。他认为自己是受神人指点，当即决定在家乡建庙祭祀，但又不知路遇三人为哪路神仙，于是就假设为三官，在庙内塑立三官神像，并于每年下元节（农历十月十五日）定期举办三官庙会，数百年来一直持续至今。此庙不知何时毁损，现遗址犹存。

小庙位于大庙（汤帝庙）后圪堆之西边，门西向，上阶梯十数级始达庙门，进门数步北边为过道，进去便是庙院。院内北正殿为佛祖殿、老君殿和夫子殿，东面为高禖殿，西为财神殿，过庭楼上为十八罗汉殿。此庙位置高于大庙，古时传说中庄村有"三小压三大"，此即其中之一"小庙压大庙"。

济渎龙王庙，原址在三官庙下面，庙为三间，殿宇坐南朝北，殿内塑济渎龙王像，殿前数步远有活水一池，水自龙王殿下流出，经石雕龙头泄入池内，景致甚佳。痘神庙，位于济渎龙王庙往东不远处，原有神殿一间。古时儿童患天花之后，其父母多到此焚香许愿，以求保佑，庙址今存。土地庙，位于大庙后之圪堆坡下，门朝南开，内分上下两院。上院正殿为祖师殿，下院中为土地祠，东侧祀牛王，西为山神祠。此庙在上庄、中庄、下庄三庄土地庙中规模最大，又称大土地庙。大山神庙，位于中庄村东头北边山坡上，门南开，内祀山神。佛堂，位于中庄村东头，门南开，正殿为佛祖殿，东边为关帝殿。

除了五帝庙，下庄还有南神庙、慈泉庵等诸多庙宇。南神庙位于鸾凤山巅，无创修碑，传说建于元后期，为白巷里最早的里庙，也是白巷里的文庙。庙门东开，北面正殿为汤帝殿。殿前案几上有孔子、颜渊、曾参、子思、孟子牌位。正殿外有走廊，前有祭台，宽长各约三丈。最南是舞台，正殿东边配殿为吴神殿，传说为春秋时吴国的吴季子。西配殿为高禖殿。大门内有鼓乐亭一间，面向西，为祭祀时乐工奏乐之所。庙门以北东边一列为五谷、财神、炉神殿。庙门以南东边一列为五虎殿，塑有关羽、张飞、赵云、马超、黄忠像，逼真俊俏，栩栩如生，塑造工艺之精巧，为各庙之冠。站像中还有木雕的周仓像。殿门内藏有机关，进门踩着机关，周仓即持刀飞越前来。相传该像曾吓死人，后将机关钉死，才不再动。西边一列有五瘟殿、伍子胥殿、包文正殿、岳飞殿。祭台之西，过一小门有禅房三间。禅房的西北面有文昌阁，阁周有专廊，阁前北望可越西岭见沁河，东望可见樊山。南神庙之东北角有钟楼，上悬古钟一口，重达两千斤以上，声闻数里。庙之西南角有一门，门外下坡，又是一院，北一列为香房及厨房，西南两列为马厩。文昌阁下庙外西北角有古塔七级，建于明嘉靖年间，有碑可稽。南神庙之北、西、南三面坡上翠柏千余株，风景秀丽。明清两代白巷里及附近村庄的文人多在山头结社，定期会文。每年阴历二、八月上丁日（即第一个丁日），白巷里的文人学士都要到南神庙祭孔，名曰"丁祭"。"丁祭会"有祭田三十余亩，丁祭会值年由三庄轮流担任。在土改运动中，南神庙所有神像被砸碎，所有房屋地产均分给贫下中农。现仅有遗址矣。

慈泉庵，创建于清康熙年间，位于下庄村西二里许庄河口东坡上，庵门西向，正殿塑有三大士像，西面为庭，南北为禅房。门外坡下有观音阁，阁临樊水，阁下有平房一间，北侧有平房三间，传说为施茶、住客之用。庵下有戏台，临庄河而建，垒石为基，距河床约六七尺，多次大水均未冲毁。

后券上伏庵（名失记），建于下庄北边，距村百余步由下庄往上伏村之孔道。跨路建券，券之上为佛殿三间，殿内有三大士像，殿外走廊宽四五尺。殿之东有北楼房上下四间，有东向西小楼房上下两间为住持禅房及厨房、库房。由此向南下阶梯四五级，东侧有关帝殿，殿坐东向西为三间，内有关帝坐像一尊。每年正月十五日、二月十九日及五月十三日来此焚香礼拜者很多。隆兴庵，俗称"姑庵"或"南庵"，位于下庄下南坡西南之山坡上，相传为南坡李某之家庵。庵门北开，进门东拐进一小院，南为关帝庙，北为亭。关帝庙之东侧有走廊，由北而南进去又是一院，南为佛殿三间，中有三大士像，北为阎罗殿。东西两面均为禅房。1948—1949年土地改革时，后券上与隆兴庵所有房产均分给贫下中农，先后拆除。除此之外，下庄还有菩萨阁，建于庄河入东河口处。

### 三、祭祀与娱乐活动

（一）祭祀

白巷里的祭祀分为春祈秋报和过年过节的定期祭祀。

春祈秋报，是一年中两次比较大的祭祀，所以称为大典。"春祈"一般在农历四月初一至初三，社首要祭祀雨师、风伯，祈祷当年风调雨顺、庄稼丰收。"秋报"一般在农历八月至十月进行，社首要敬神、献戏，报答雨师、风伯的恩德。

过年过节的定期祭祀，主要有如下几种。

正月：初一敬天地诸神，接喜神；初五敬瘟神；十五、十六日元宵节祀天地及菩萨；十六日祭祀玉神（俗称疙瘩爷）、牛王爷神；十九日祀仓官神、五谷神。

二月：初二祀张仙，十五日祀高禖，十九日敬观音菩萨。

三月：初三祀祖师。

五月：初五端午节祀五瘟神，十三日祀关帝，廿五日祀龙王。

六月：初六祀山神，廿三日祀马王神，廿四日祀河神，初伏祀佛祖。

七月：初七祀牛王、织女，十五日中元节祭鬼王及孤魂。

八月：十五日祀太阴（月亮）。

九月：初九祀重阳帝君，十三日祀关帝。

十月：十五日祀三官神。

十一月：廿八日祀孔子。

十二月：初五祀五谷、痘神，初八、腊八、廿三日祭灶王，三十日夜敬天地诸神。

（二）春节文娱活动

春节指的是从正月初一到十六日的这段时间，而以十四、十五、十六日为高潮，这三天称元宵节，也叫灯节。白巷里的春节娱乐活动一般从初六开始准备，到元宵节前后正式表演。其活动内容有：家家挂花灯，灯的形式多种多样，出奇制胜，有的灯上还写有"灯谜"；院院门口盘"老火"，供院人晚间围炉座谈，和招待看灯的人休息烤火；搭"天地棚"，陈设供品、花糕和各种摆饰，表示"敬神"和供人观赏；各种红火杂耍，如跑旱船、竹马、踩高跷、担花灯、打花棍等。

（三）八音会

"八音会"是白巷里的业余音乐组织，成员主要是本村村民。进会后，每人要学一种乐器，如鼓、锣、钹、镟、笛、萧、笙、管等。在学好一种乐器的基础上，再选其他。八音会成员还得学会唱几出围鼓戏（也叫地摊戏），在村民婚丧嫁娶的日子，前往助兴。婚事唱"跳花园""巧缘案""酒楼洞房"，丧事唱"杀路灵堂""虹霓关""牧羊圈"等。

八音会成员还参加每年正月初五的"冲瘟""送娃"活动。值年社首请人扎个瘟船，派两人用桌子抬上。八音会奏着音乐在前，社首跟在后边。由几个年轻人扮成杨戬、哪吒、孙悟空、钟馗等，再由两个年龄略大些的人，扮演"四爷爷""四奶奶"(一般都是八音会成员)。八音会迎着瘟船，挨院"冲瘟"，瘟船和社首只在大门外等，不进院。"冲瘟"完毕，"送娃"就开始了。"送娃"时一般不挨院进，只有院里有结婚的才进。"四爷爷""四奶奶"在场上转上一圈，然后相向站住。男说"天下庙门朝南开"，女说"里头跑出二神来"。男说"我是你家四爷爷"，女说"我是你家四奶奶"。男说"我问奶奶哪里去"，女说"我到他家送婴孩"。男说"你去我也去"，女说"老汉你去不得"。问答到此为止。然后"四奶奶"用红漆方盘，托上个泥娃娃，伴随着八音会的吹打声，送到新婚夫妇房内的被子里。主人把五个枣糕放到"四奶奶"的盘内，以示答谢。每年的"冲瘟""送娃"后，八音会人员都能分到若干枣糕。

# 小　结

白巷里的自然环境、物产资源、经济发展、姓氏构成、民间信仰等

构成了当地望族的生存环境。白巷里地处沁河流域中游，沁河从村北流过，庄河穿村而过。这里属暖温带大陆性季风气候区，春季温暖多风，夏季炎热多雨，秋季秋高气爽，冬季寒冷干燥。村庄地貌为低山丘陵，耕地总面积较小，土地质量不高，林业资源却比较丰富，以黑松、柿树、桑树等树木居多。白巷里的铁矿蕴藏量大，且质量好，埋藏浅，此外煤炭资源也很丰富。

丰富的铁矿、煤炭资源，给白巷里冶铁业的兴旺发达，奠定了很好的物质基础。明代白巷里的人口大量增加，人多地少的矛盾逐渐尖锐。耕地不足体现出的人口压力也成为当地发展冶铁业的一个重要原因。明清两代是白巷里冶铁业的兴盛时期。白天铁炉相望，夜间火光烛天，因而又有"火龙沟"之称。随着冶铁业的发展，为了贩卖铁器，越来越多的人走上了经商的道路，逐渐形成了一个为数众多的商人团体。在此基础上，白巷里在清代发展成为规模较大的商业市镇。

白巷里是典型的杂姓村，除上庄王氏、中庄曹氏、下庄杨氏和李氏四大姓之外，还存在着数十种姓氏。这些姓氏大多在清代由白巷里周边迁来。在白巷里，由诸多善男信女捐钱捐物建造的大小庙宇有数十座之多，这些庙宇大多是多神共处一庙，是当地人"民神杂糅""多神崇拜"的体现。村民的祭祀活动也很频繁，春祈秋报是白巷里一年中两次较大的祭祀活动，被称为"大典"。除了春祈秋报，还有过年过节的定期祭祀。白巷里的业余音乐组织是"八音会"。村民婚丧嫁娶和村里的一些特定节日，都会请八音会帮忙助兴。

第二章

白巷里望族的科举成就

潘光旦的《明清两代嘉兴的望族》一书出版后，"望族"一词被广泛接受。吴仁安在《明清时期上海地区的著姓望族》一书中，给望族做出了定义，"颇有声望的家族，他们或有财有势，或深孚众望，声名煊赫，雄踞一方，在当地乃至全国的政治、经济和文化等社会生活里都具有举足轻重的分量"①。江庆柏在《明清苏南望族文化研究》中提出，"望族，是人们对地方上有重大势力或重大影响的家族的通称，同时，又可以被称作士族、右族、名族、著姓、巨姓、巨族等等"②。无论何种定义，望族都是在一定地域内有重要影响，并拥有较高声望的宗族。

科举制度对望族的形成有重要影响。科举制度确立之后，宗族组织通过设族田、立族学、定族规的方式，鼓励族人参与科举考试，由此形成了不少世代应举、科名不断的望族。明清时期，科举出身的官员成为官僚队伍的主要来源，科举也成为望族形成和发展最主要的途径。如果说"在金元之际的战争中，一些武功世家开始独当一面，应付周旋于各种势力之间，维持着地方的秩序。……也曾经出现过数个以文学、经学传家的家族"③。而到了明清时期，科举已成为影响家族升沉兴废最为重要甚至唯一的因素。"家族的上升经常必须依赖于家族子弟科举及第的获得。"④

张杰在对《清代硃卷集成》所载8000多份朱卷（誊录后的试卷）进行研究后，提出了"科举家族"的概念，即"在清朝世代聚族而居，从

---

①吴仁安：《明清时期上海地区的著姓望族》，上海人民出版社，1997，第14页。

②江庆柏：《明清苏南望族文化研究》，南京师范大学出版社，1999，第4页。

③杜正贞：《村社传统与明清士绅——山西泽州乡土社会的制度变迁》，上海辞书出版社，2007，第174～176页。

④王日根：《中国科举考试与社会影响》，岳麓书社，2007，第147页。

事举业人数众多，至少取得举人或五贡以上功名，在全国或地方产生重要影响的家族"①。张杰认为，"纵观明清时期的望族家史，只有那些不断有人取得科举功名的家族，才能长期保持望族的家声"②。

明清时期望族的兴衰实质上是科举导致的社会阶层流动。潘光旦和费孝通通过对清代915名贡生（国子监生）、举人、进士的朱卷和墨卷（试卷原件）进行统计，发现平民出身的子弟占了33.44%，从而认为"科举制度具有相当的开放性和一定程度的竞争性，造成封建社会的人才流动"③。美籍华裔学者何炳棣，大陆学者何怀宏、钱茂伟依据对明清时期有关科举史料的分析，也认为科举造成了广泛的社会流动。如钱茂伟指出："科举绝对可以促进社会流动，也就是说，相当多的平民子弟可以上升到士大夫阶层，而不少官僚家庭子弟则降为平民。"④但西方大多数学者并不赞同这种观点，如美国学者艾尔曼在《中华帝国后期的科举制度》一文中提出："其实，科举本身并非一种能促进相当大的社会流动的途径。对于大多数的农民、手工业者而言，他们是没有机会参加（科举）考试以进入到精英圈子中的。"⑤

明清时期沁河流域中游人才济济、科甲连绵，成为中国古代人才成长的密集地。杜正贞指出，"经过金元时期几位地方大儒的倡导和努力，明清泽州的教育和文化水平在山西已经名列前茅。尤其是在明代中后期至清代前期，泽州的进士、举人的数量，以及他们在国家官僚系统

①张杰：《清代科举家族》，社会科学文献出版社，2003，第1页。
②张杰：《清代科举家族》，社会科学文献出版社，2003，第19页。
③潘光旦、费孝通：《科举与社会流动》，刘海峰编：《二十世纪科举研究论文选编》，武汉大学出版社，2009，第103页。
④钱茂伟：《国家、科举与社会——以明代为中心的考察》，北京图书馆出版社，2004，第146页。
⑤艾尔曼：《中华帝国后期的科举制度》，《厦门大学学报（哲学社会科学院）》2005年第6期。

中获得的地位都是空前的"①。明代山西全省考取进士1231人，泽州为140人，平均每个县有进士23.3人，泽州是山西所有府州中最多的。②清代山西共出进士1456人，泽州（府）为138人，其中阳城45人，在山西各县排名第三位。明末清初更是泽州科举的鼎盛时期，在明清时期的278名进士中，万历至康熙一百余年间就占了大约一半（135名），在雍正以后的近200年间，则仅有55名进士。泽州在明代到清前期科名鼎盛的状况，使明末清初高平人毕振姬感叹："通商宜潞，读书宜泽，力田则宜长子"③。

大批读书人获得高级功名，在明清时期的泽州造就了一个数量可观的官绅群体。白巷里为文化之乡，明清时期共产生了16位进士，16位举人，数百位贡生、廪生、增生、秀才等，以至于阳城当地流传着一句尽人皆知的俗语——"郭峪三庄上下伏，秀才举人两千五"。值得一提的是，这16位进士，全部出自上庄王氏、中庄曹氏、下庄杨氏和李氏四大宗族；16位举人，除道光十七年（1837）举人徐鉴（平定学正）外，全部出自四大宗族；数百位贡生、廪生、增生、秀才中，除樊振邦、樊振声、樊振基、刘学仁外，同样出自这四大宗族。因此，明清时期白巷里姓氏众多，但只有上庄王氏、中庄曹氏、下庄杨氏和李氏四大宗族在科举上取得了成功，并依靠科举成为当地望族。

本部分通过分析所收集到的白巷里王、曹、杨、李四大宗族的族谱，试图展现科举与宗族兴衰的关系。全面分析这些资料，我们认为：

---

①杜正贞：《村社传统与明清士绅——山西泽州乡土社会的制度变迁》，上海辞书出版社，2007，第94页。

②王振芳、吴海丽：《明代山西进士的地域分布特点及其成因》，《沧桑》2002年第5期。

③毕振姬：《与潼商道胡戴仁》，《西北文集》卷十一，山西古籍出版社，1997，第298页。

持续地获取高等级的科举功名是白巷里四大望族形成的关键，经济条件优越和重视文化教育是四大望族能够在科举上取得持续成功的重要原因。

## 第一节
## 上庄王氏、中庄曹氏的科举成就

### 一、上庄王氏的科举成就

《王氏家谱》记载：

"先世太原，五迁而籍白巷，以农事起家。祖父积德累仁，传六世，至遵公中亚元，□斯文统。"①

从一世迁入到有年号记载的六世王遵，相隔五代，

图2.1 《上庄王氏家谱》

约百年时间。成化十年（1474），王遵中举，成为白巷里最早的举人。由此推算，王氏一世祖大约是明洪武年间之人。

王氏在迁入上庄之初，以农耕为主，兼而注重文教。《王氏家谱》记载："吾王氏……尝以清贫，自守义方远。洎积善累德，耕读传家。"②明清两代王氏家族共产生5名进士和5名举人。

---

① 《王氏先贤行实录序》，《上庄王氏家谱》，现藏于阳城县上庄村王晋强家中。
② 《王氏宗谱序》，《上庄王氏家谱》，现藏于阳城县上庄村王晋强家中。

表2.1　明清两代白巷里王氏宗族进士名录

| 姓名 | 朝代 | 科别 | 年份 | 备注 |
|------|------|------|------|------|
| 王国光 | 明 | 嘉靖甲辰科进士 | 嘉靖二十三年（1544） | 官至吏部尚书 |
| 王淑陵 | 明 | 嘉靖乙丑科进士 | 嘉靖四十四年（1565） | 官至湖广布政司左参政 |
| 王徽俊 | 明 | 天启乙丑科进士 | 天启五年（1625） | 官至河南布政司右参政 |
| 王兰彰 | 清 | 顺治丙戌科进士 | 顺治三年（1646） | 山东阳谷知县 |
| 王润身 | 清 | 顺治丙戌科进士 | 顺治三年（1646） | 官户部主事 |

注：根据《上庄王氏家谱》（现藏于阳城县上庄村王晋强家中）制表。

王氏宗族中最有名的是明万历年间著名改革家、吏部尚书王国光。《明史》对他有"初掌邦计，多所建白"的高度评价。王国光（1512—1594），王氏九世，字汝观，号疏庵，嘉靖二十三年（1544）进士，明代杰出的财政家、改革家。历任江苏吴江知县、河南仪封知县、兵部主事、顺天府尹、户部右侍郎总督仓场、南京刑部尚书、户部尚书等职。万历五年（1577）十月起任吏部尚书，以考绩加太子太保，升光禄大夫（正一品）。王国光对王氏后人产生了深远影响。王氏十二世王元机所撰《王氏宗志》记载："余口当伏思，先世之作，想象其为人，必勤必俭，至厚至诚，修仁行义，积善累德，所以至于太宰公能光显吾先人，以启佑我后昆也"[1]，这里的太宰公指的就是王国光；还提到"又三世，国光公成进士，位宫保太宰，四世晋口一品，王氏始昌大焉"[2]，可见王国光对王氏的影响。王国光的成就不仅光耀门楣，更启

---

① 《王氏宗志》，《上庄王氏家谱》，现藏于阳城县上庄村王晋强家中。
② 《王氏先贤行实录序》，《上庄王氏家谱》，现藏于阳城县上庄村王晋强家中。

迪后人，激励着王氏一族的发展。

在王国光之后，又有王淑陵、王徵俊二人分别考取进士，延续着王氏宗族的荣耀。王淑陵，王氏十世，字之义，嘉靖四十四年（1565）进士，初授河南嵩县知县。该县矿业发达，矿洞遍野。贼盗们就以矿洞为掩护，四处出没，抢掠奸淫，危害百姓。王淑陵上任后，多方缉捕盗贼，几经周折，将盗贼尽数捕捉，民遂安之。他重视教育和农业，执法严明且心存仁慈，因此深受百姓爱戴。许多人家将他的画像挂在家里，供奉祀之。后擢升评事，转工部主事，官至湖广左参政，奉诏晋阶二品。致仕归乡后，留心察看民生，不断向朝廷提出好的建议：如选择村里德高望重的老者代收钱粮税款，设仓吏等，方便了民众。晚年布衣角巾，优游乡里。

王徵俊，王氏十一世，字梦卜，号笔峒居士，天启五年（1625）进士。据明史记载，"王徵俊，字梦卜，阳城人。天启五年进士，授韩城知县。崇祯初，流贼来犯，御却之。坐大计，谪归德照磨。巡按御史李日宣荐于朝，给事中吕黄钟请用天必下不可少之人，亦及徵俊，乃量移滕县知县。累官右参政，分守宁前，以忧归。十七年二月，贼陷阳城，被执不屈，系之狱。士民争颂其德，贼乃释之。抵家北面再拜，投缳卒。"[1]王徵俊初任韩城知县，崇祯初，农民起义军不断壮大，因抗御不力，贬为从八品照磨。巡按御史李日宣曾经向朝廷推荐过他。给事中吕黄钟，"请用天下必不可少之人"，亦及王徵俊，方"量移"滕县知县，继而由户曹督密云饷，转河南副使。此时农民起义势力甚大，王徵俊因捍卫有功，迁山东右参政，改宁前道，以丁忧归里。崇祯十七年（1644）二月，李自成部将刘方亮攻陷阳城，将王徵俊掠去，索要钱财。他抗争不屈，被下狱，严刑拷打，仍不屈服。

①张廷玉，等：《明史》卷一百八十二《忠义六》，中华书局，1974，第7551页。

士大夫争颂其德，也有人出面说情，才获释放。回家后，面北再拜，上吊而亡。

顺治三年（1646），王氏宗族的王兰彰、王润身同阳城县内其他八人同时考取进士，被誉为"十凤齐鸣"。王兰彰，王氏十三世，王淑陵之曾孙，顺治二年（1645）举人，顺治三年（1646）进士，授官山东济南府阳谷县知县。王润身，顺治二年（1645）举人，顺治三年（1646）进士，官至户部湖广清吏司主事。

表2.2　明清两代白巷里王氏宗族举人名录

| 姓名 | 朝代 | 科别 | 年份 | 备注 |
|---|---|---|---|---|
| 王 遵 | 明 | 成化甲午科举人 | 成化十年（1474） | 不入仕，设帐授徒 |
| 王 道 | 明 | 嘉靖丙午科举人 | 嘉靖二十五年（1546） | 户部郎中 |
| 王兆河 | 明 | 万历壬午科举人 | 万历十年（1582） | 不入仕 |
| 王 洽 | 明 | 万历乙酉科举人 | 万历十三年（1585） | 未入仕 |
| 王永彰 | 清 | 康熙丁卯科举人 | 康熙二十六年（1687） | 武举 |

注：根据《上庄王氏家谱》（现藏于阳城县上庄村王晋强家中）制表。

王遵，王氏六世，成化十年（1474）举人，他绝意功名，隐居不仕，以林泉自娱，后"设帐授徒"成为白巷里文化教育的奠基人。王道，王氏九世，嘉靖二十五年（1546）举人，初任河南汝阳府汝阳县尹，后补任南阳府邓州淅川县尹，不久升户部主事，再迁本部郎中，督饷花马池，任满回籍未再进。王道为官清正，官声颇佳。王兆河，王氏十世，王国光次子，万历十年（1582）举人，拟授别驾。王兆河步矩行规，无簪缨之习。他温恭谦抑，少年获隽，才智过人，终生不仕，曾自题警铭于壁说，"不佞兢兢业业，无事恒若有事，无患恒若有患；不敢妄出一语，不敢藐视一世，不敢奢起一念，不敢轻移一步"①。王洽，王氏十一世，王淑陵四子，字仁甫，号霈寰，万历十三年（1585）举人，英年早逝，享年48岁。王洽很有才气，"聪辩太甚"，过目则能成诵，为文能一挥而就。

表2.3 明清两代白巷里王氏宗族贡生名录

| 岁贡 | | 例贡 |
| --- | --- | --- |
| 姓名 | 岁次 | |
| 王 化 | 嘉靖四十年（1561）岁贡 | 王兆星 |
| 王如春 | 万历十三年（1585）岁贡 | 王元桢 |
| 王 溥 | 万历三十七年（1609）岁贡 | 王龙御 |
| 王雍熙 | 万历十五年（1587）岁贡 | 王复绘 |
| 王楷符 | 康熙十二年（1673）岁贡 | — |

注：根据《上庄王氏家谱》（现藏于阳城县上庄村王晋强家中）制表。

王化，王氏九世，王道胞兄，字汝成，嘉靖四十年（1561）岁贡，初任河南汝宁府光州固始县儒学训导，后累升至南京庐州府无为州巢县教谕，旋又转升鄢陵王府教授。王如春，王氏十世，王徵俊之父，万历十三年（1585）岁贡，官湖广承天府荆门州当阳县儒学教谕，以子王徵俊贵，诰赠陕西韩城县知县。王溥，王氏十一世，王淑陵三子，万历三十七年（1609）岁贡，历官山西平阳府临汾县儒学教谕，升本府儒学训导，署阳州大宁县事。王楷符，王氏十二世，王溥子，康熙十二年（1673）岁贡，曾官山西大同府应州山阴县儒学教谕。王兆星，王氏

---

① 白胤昌：《容安斋苏谭》卷三，国家图书馆善本阅览室藏，第5页。

十世，王国光三子，例贡，崇府右长史。王元桢，王氏十二世，王淑陵孙，例贡，历官江西南安府经历。王龙御，王氏十二世，王徵俊子，例贡。王复绘，王氏十三世，王龙御子，例贡，候选县丞。

此外，明清两代王氏宗族有谱可查的"秀才"（称"庠生""生员""诸生"）有：王成荣、王奎元、王吁、王昴、王端、王厚、王笃棐、王尧、王如夏、王如秋、王兆新、王兆民、王兆佳、王瑞士、王冲、王师俊、王国俊、王衡俊、王和俊、王遴俊、王济、王涛、王準、王洋、王沛、王公选、王公用、王升俊、王治、王淳、王惟玄、王惟宁、王广生、王广居、王祚启、王祚永、王庄、王元枢、王宗焜、王宗烨、王宗奎、王蕙彰、王煜、王熤、王炯、王昭、王理民、王世埰、王瑛、王威（武秀才）、王广仁、王继宗。

## 二、中庄曹氏的科举成就

中庄曹氏宗会在道光四年（1824）的《曹氏宗祠置产栽树碑记》中记载："前九甲世居白巷里中庄管西，不知昉于何代，相传自洪洞

图2.2 《曹氏宗祠置产栽树碑记》

县之曹公村迁焉。"①从中可知，中庄馆西曹姓为九甲，至于何时迁到白巷里无法考证，相传是从洪洞县曹公村迁过来的。到道光四年（1824），曹氏已有十代。光绪二十六年（1900），曹氏十五世曹泰顺在《家谱小引》中写道："泰始祖迁居于此，至泰辈十有五世矣。"②由此推算，曹家迁入中庄大概是在明万历、天启年间。雍正十三年（1735）的《阳城县磐石寨城垣窑楼永禁拆毁批示碑》里有一人为"州同知曹韶美"③，而曹韶美在《白巷曹氏族谱》中为二门三支九世。从一世到九世相隔八代，约160年，由此推断曹氏一世祖大约为明万历年间生人。

曹氏先祖在迁到白巷里之初，以农桑、采煤、冶炼、铸造为业。随着人口不断繁衍，他们开始闯太行、走四方进行经商。经商致富后，又自办私塾，教育子弟。家族中有官至知府、中宪大夫的八世曹尔屿，雍正八年（1730）进士、官至吏部主事的曹恒吉，官至广东新仓所守御的九世曹敏，官至州同知的九世曹韶美等。

此外，明清两代白巷里曹氏宗族有谱可查的"秀才"（称"庠生""生员""诸生"）有：曹永年、曹鹏霄、曹鹏程、曹璇、曹瑞、曹镛。不得不说的是，由于《白巷曹氏族谱》内容残缺，所以不能知道更多曹氏宗族的科举成就。

由以上可知，王氏宗族的科举成就主要集中在明中期至清初期。康熙年间之后，王氏宗族再未出过一位进士和举人。在王氏宗族内部，取得科举成就的主要集中于王国光支、王淑陵支和王徵俊支。王国

①道光四年（1824）《曹氏宗祠置产栽树碑记》，碑存阳城县中庄村曹氏祠堂。
②《白巷曹氏族谱》，现藏于阳城县中庄村曹加仓家中。
③雍正十三年（1735）《阳城县磐石寨城垣窑楼永禁拆毁批示碑》，碑存阳城县润城镇中庄村汤帝庙。

光次子王兆河为举人，三子王兆星为例贡。王淑陵四子王洽为举人，王淑陵孙王元桢为例贡，王淑陵曾孙王兰彰为进士。王徵俊子王龙御为例贡，王龙御子王复绘为例贡。相比较于王氏，中庄曹氏在科举上则逊色不少。

# 第二节　下庄杨氏的科举成就

《白巷杨氏族谱》记载："始祖天衢公讳行周，号天衢，金承安元年由关中弘农（一曰陕西渭南）迁于阳城之上佛里，为乡贡进士。……子二，通辅、通福，孙二，从道、从善，曾居王村。至明洪武五年正月二十一日又卜居于白巷里下庄第五甲。"①由此可知，杨家始祖杨天衢在金承安元年（1196）先由陕西渭南迁居上佛里（今阳城县上伏村），金泰和五年（1205），杨行周中举，从第二代开始迁到王村居住。洪武五年（1372），杨家又迁到白巷里的下庄居住。杨氏杨行周之后的族人宗族共分四门，"继从道者，有兴全旺三人，三支各为一门。继从善者，有宽林二人，二支合为一门。本族分四门者，由此始焉"②。杨家为沁河流域的书香世家，共产生4名进士和6名举人。

①②《白巷杨氏族谱》，现藏于阳城县下庄村杨玉章家中。

表2.4 明清两代白巷里杨氏宗族进士名录

| 姓名 | 朝代 | 科别 | 年份 | 备注 |
|---|---|---|---|---|
| 杨 枢 | 明 | 嘉靖己未科进士 | 嘉靖三十八年（1559） | 官至河南按察使 |
| 杨 植 | 明 | 万历丁丑科进士 | 万历五年（1577） | 官至陕西按察司副使 |
| 杨鹏翼 | 明 | 崇祯庚辰科进士 | 崇祯十三年（1640） | 官浙江会稽知县 |
| 杨荣胤 | 清 | 顺治丙戌科进士 | 顺治三年（1646） | 陕西庆阳知府 |

注：根据《白巷杨氏族谱》（现藏于阳城县下庄村杨玉章家中）制表。

杨枢，杨氏三门九世，号慎斋，生卒年代不详，嘉靖三十八年（1559）进士。乾隆版《阳城县志》说他"小心谨慎，宽私无容，居官勤能"。初授给事中，以"稽查六部百司之事"。《泽州府志》说他"在朝廷曾争大礼"[①]。杨枢曾到陕西商洛为官。商洛一带矿贼很多，杨枢力擒完剿，功劳卓著。后又到河南做官，曾为朝廷监督储运钱粮，"一无所染指，士论重之"[②]，他面对钱财，一尘不染。官终河南按察使，诰授通议大夫，正三品。

图2.3 《白巷杨氏族谱》

杨植，杨氏三门九世，字尔立，号建斋，万历五年（1577）进士。

---

①②朱樟编，晋城市地方志办公室整理：《泽州府志》卷三十六《人物志一》，山西古籍出版社，2001，第629页。

他为人清廉耿介，不善交友，性情孤直，任山东益都（今山东省青州市）知县时，"严明果断，夙弊顿绝"①。任知县6年，迁廷评，转兵部主事（正六品），驻守山海关。他整肃军纪，令行禁止，不许士卒晚上出营，扰乱市场，受到百姓称赞。改任刑部员外郎（从五品）、历蓟州佥事（正四品）、河南参议、辽东按察司副使、平凤兵备道。所到之处，皆有能力，政声很好。致仕回乡，后又被起用为陕西关西道御史（正四品）。在任上，"加意振刷，益厉清操，疾革家人杂赎"②。他积极整顿社会纲纪，注重对民众的道德教育，不以刑罚为手段，犯了罪，只要将功补过，就可既往不咎。"居官30年，惟打头屋数间，薄田三十亩。"③他做官30年，除了几间屋和30亩薄地，没有余财。

杨鹏翼（1603—1680），杨氏四门十世，字子羽，号屋山，崇祯十三年（1640）进士，官浙江会稽知县，有德于民。李自成农民军攻下北京城后，大明王朝土崩瓦解，他弃官不做，侨居浙江，归乡后居下庄老圃亭。清朝官员屡来请他出山，承诺官复原职。他旗帜鲜明，坚决不仕清，为躲避清朝官员，以示信念不改，在山上筑一屋而住，名"自在庵"。著有《圃亭诗集》《砥山诗草》，多散失，经其后人搜集整理，集成一册《屋山诗草》。

杨荣胤（1614—1683），杨氏三门十二世，字半嵋，号又生，顺治三年（1646）进士，后人因避清世宗胤禛讳，改名荣序和荣允。初任甘肃庆阳推官，顺治十七年（1660）迁广西桂林知府，政声颇佳。因丁忧回乡三年，后任广西平乐知府。在其治理下，下属不敢假公济私，奸猾之徒不敢肆意妄为，造成"狱几空"。康熙九年（1670），广西平乐瘟疫流行，他出资买药，救活万余人。他体察民情，关心民瘼，除上级

①②③朱樟编，晋城市地方志办公室整理：《泽州府志》卷三十六《人物志一》，山西古籍出版社，2001，第629页。

下达的税收任务外，不多收一文。修庙兴学、修缮府署、加固城墙，有"粤西循吏"之美名。告老还乡后，又被起用为庆阳知府，诰授中宪大夫。杨荣胤有诗才，著有《半嵋诗草》。

表2.5　金元明清四代白巷里杨氏宗族举人（包括亚魁、拟魁、拔贡）名录

| 姓名 | 朝代 | 科别 | 年份 | 备注 |
|------|------|------|------|------|
| 杨行周 | 金 | 泰和乙丑科举人 | 泰和五年（1205） | 不详 |
| 杨　枝 | 明 | 嘉靖丙午科举人 | 嘉靖二十五年（1546） | 大理寺评事 |
| 杨　瀚 | 明 | 万历丁酉科举人 | 万历二十五年（1597） | 官南京大理寺评事 |
| 杨拱明 | 清 | 顺治辛卯科举人 | 顺治八年（1651） | 吏部候选知县 |
| 杨伯朋 | 清 | 同治甲子科举人 | 同治三年（1864） | 主讲河南滑台书院 |
| 杨念先 | 清 | 光绪乙酉科拔贡 | 光绪十一年（1885） | 阳城师范传习所讲师 |

注：根据《白巷杨氏族谱》（现藏于阳城县下庄村杨玉章家中）制表。

杨行周，杨氏始祖，号天衢，金泰和五年（1205）举人。

杨枝，杨氏三门九世，杨枢兄，号培斋，嘉靖二十五年（1546）举人，官至大理寺评事，敕授承德郎，正六品。

杨瀚（1559—1622），杨氏三门十世，字海涵，号会吾，万历二十五年（1597）举人。"杨瀚……初知宁远，除土豪，歼奸盗，道路肃清，百姓安堵。起补良乡，逼近都亭，称极冲地。瀚挥霍有余，强暴不得横，政声倍宁远。晋南廷评，折狱惟允。及归，仁声义闻在乡，孚乡非貌取也。"[①]初授辽宁宁远知县，除土豪，歼奸盗，道路肃清，百姓平安。丁忧起，补河北良乡（现属北京市房山区）知县。此地逼近京

---

①朱樟编，晋城市地方志办公室整理：《泽州府志》卷三十六《人物志一》，山西古籍出版社，2001，第629页。

师，地理位置重要。杨瀚无拘无束，洒脱自如，强暴不得横行，地痞不得霸道，政声比在宁远还好。后升任南京大理寺评事，判决刑事案件依法行事，惟尚公允。致仕后归乡，仁义乡里，深孚众望。

杨拱明，杨氏长门十二世，字端甫，号大椿，顺治八年（1651）举人，候选知县，例授文林郎。

杨伯朋（1823—1875），杨氏三门十九世，字正吾，一字振梧，又号证无道人、真悟子，同治三年（1864）举人，历任河南洧川、滑台书院讲习，后游山东曹南。生平所作诗、古文及笔记，统名《蛙天蠡海集》，凡数十册，代表作"阳城八景诗"。

杨念先，杨氏三门二十世，杨伯朋子，字少梧，又字矩曾，号佩弦子，光绪十一年（1885）拔贡。他性格谦和，淡于利禄，精研书传。诗文不多作，作亦不存稿，仅留《佩弦子诗抄》。尤工小楷，兼取欧、柳、颜书于一体，求书者不绝于门，为历任学使所称许。清末废科举，他任阳城第一高级小学堂教员兼师范专习所讲师，又在同治版《阳城县志》编纂中任采访。宣统年间知县沈继焱亲至学校，请杨念先修《阳城乡土志》，以作县各学堂教材。他先写成散文体，后来考虑到骈体更便于学生背诵，又改写成骈体。书成，各学堂争相传阅，定为课本。

表2.6 明清两代白巷里杨氏宗族贡生名录

| 岁贡 | | 例贡 | 增贡 | 副贡 |
| 姓名 | 岁次 | | | |
| --- | --- | --- | --- | --- |
| 杨 偻 | 康熙七年（1668）岁贡 | 杨 健 | 杨盛明 | 杨兰阶 |
| 杨 濬 | 雍正四年（1726）岁贡 | 杨 惕 | 杨光应 | |
| 杨丽云 | 咸丰三年（1853）岁贡 | 杨勋华 | 杨维新 | |
| — | — | — | 杨尹华 | |
| | | | 杨庆云 | |

注：根据《白巷杨氏族谱》（现藏于阳城县下庄村杨玉章家中）制表。

第二章 白巷里望族的科举成就

059

杨偻，杨氏三门十三世，杨荣胤子，字子敬，号谨庵，康熙七年（1668）岁贡。杨濬，杨氏三门十世，杨枝子，雍正四年（1726）岁贡。杨健，杨氏四门十一世，杨鹏翼子，例贡，例授修职郎，候选县丞。杨维新，杨氏四门十二世，杨健子，增贡。杨庆云（1794—1868），杨氏三门十八世，杨荣胤之后，字星符，号釜山，又号闲逸，增生，著有诗集《釜山诗草》。杨丽云，杨氏三门十八世，杨庆云弟，名昱，字丽生，号梦曦，咸丰三年（1853）岁贡，例授修职，著有诗集《双薛荔斋小草》。

杨兰阶（1872—1937），杨氏三门二十一世，杨念先长子，字芝生，又字湘浦，号痴僧，又号啸月轩主人，清末副贡。他毕业于山西省谘议局自治研究所，初任阳城劝学所视学，后在晋城县（今泽州县）半坡村和阳城第二高小任教，又在山东菏泽一带经商。民国九年（1920），任山西省农业专门学校庶务主任，继任山西省国民师范学校高师部学监。民国十八年（1929）后，任省立山西教育学院文科斋务主任、山西教育学院斋务主任、山西大学教育学院斋务主任。民国二十六年（1937）病逝。他长于行草篆隶，广搜碑记钟鼎摩崖，摹拓极多。每亲手裱褙，装订成帙。民国初年，经整理汇成一册，名曰《啸月轩藏碑记》。民国九年（1920）阳城重修县志，他分任"金石"一门。民国二十五年（1936）与田九德合著《阳城金石记》，连同其父杨念先著《阳城乡土志》骈散二体，一并印行于世。还将其先祖诗文搜集，编成《濩泽杨氏世德吟编》。

此外，明清两代白巷里有谱可查的杨氏宗族"秀才"（称"庠生""生员""诸生"）有：杨淳、杨冽、杨湘、杨一元、杨鹏元、杨时解、杨于廷、杨于畿、杨振甲、杨辅民、杨启应、杨蕃应、杨济明、杨尹殿、杨腾龙、杨悔、杨经纶、杨倩、杨僎、杨跃、杨亘、杨甸、杨贺泰、杨联春、杨渭、杨兴业、杨蓬泰、杨交泰、杨步霄、杨宏昌、杨廷蕙、杨国良、杨惟宁、杨凤鸣、杨振业、杨心田、杨宗商、杨宗元、杨宗濬、杨琳、杨宗铣、杨寅卯、杨步云、杨青云、杨诗体、杨诗瑜、杨汉书、杨景先、杨敦先。

杨氏宗族的科举成就，主要从嘉靖二十五年（1546）杨枝中举开始，到光绪十一年（1885）杨念先被选为拔贡，持续了300多年。杨氏有四门，但取得科举成就的主要是三门和四门。三门中，举人杨枝和进士杨枢为胞兄弟；举人杨枝和岁贡杨濬为父子；举人杨伯朋和拔贡杨念先为父子；拔贡杨念先和副贡杨兰阶为父子；进士杨荣胤和岁贡杨偻为父子。四门中，进士杨鹏翼和例贡杨健为父子；例贡杨健和增贡杨维新为父子。可见科举文化在家族内部形成了传承。

# 第三节　下庄李氏的科举成就

杨家为书香世家，李家则为由商而仕。《白巷李氏长门创修世系碑记》中记载，"则知十一公乃玄祖也。自十一公以上，无闻焉。然以三十年为一世，则十一公当生于洪武之年。"[①]由此可知，李家始祖李十一在白巷里生活的时间大约为明洪武年间。李家原本是金火匠，在生产生活中，发现了浅层煤和铁矿，便开始采煤炼铁。随着规模的扩大，李家将生产与销售集于一体，走出太行山，渡过黄河，在河南周口、开封，安徽亳州、泗州、寿州、颍州和山东曹州、德州等地开设商铺，把

①《李氏长门创修世系碑记》，《白巷李氏族谱》，现藏于阳城县下庄村李尔和家中。

自己生产的铁货运往这些地方销售，取得了巨大成功。在雄厚的家族经济条件的支持下，李家后辈立意科举，并最终有所成就。明清两代下庄李家共产生6名进士和4名举人。

表2.7　明清两代白巷里李氏宗族"进士"名录

| 姓名 | 朝代 | 科别 | 年份 | 备注 |
|---|---|---|---|---|
| 李豸 | 明 | 嘉靖辛丑科进士 | 嘉靖二十年（1541） | 官至山东左布政使 |
| 李可久 | 明 | 嘉靖壬戌科进士 | 嘉靖四十一年（1562） | 官至四川川南道按察司佥事 |
| 李养蒙 | 明 | 万历辛丑科进士 | 万历二十九年（1601） | 湖广按察司副使 |
| 李春茂 | 明 | 万历甲辰科进士 | 万历三十二年（1604） | 都察院右都御史 |
| 李蕃 | 明 | 崇祯庚辰科进士 | 崇祯十三年（1640） | 陕西朝邑知县 |
| 李煜 | 清 | 康熙己未科进士 | 康熙十八年（1679） | 吏部候选知县 |

注：根据《白巷李氏族谱》（现藏于阳城县下庄村李尔和家中）制表。

李豸，李氏长门长支十世，字西谷，嘉靖二十年（1541）中进士，也是白巷里第一位进士，官至山东左布政使。《泽州府志》载："李豸，嘉靖辛丑进士，知郃阳县。民狡悍，多逋课，豸催科抚字兼行，俗大变。以法诛豪强，邑人有'豸除虎'之谣。"[1]李豸在陕西合阳任知县时，该县民风剽悍，刁狡之徒、流窜作案者甚多。李豸采取依法严惩和慰抚结合的方式，使民风大变，社会安定。据记载，当地有一个名叫黑虎的恶棍，有钱有势，横行乡里，鱼肉百姓。李豸不信邪，令捕快把黑虎逮捕归案，依法严惩，处以极刑，为民除了一害。"累迁湖广按察，刑清讼平。以平叛人师尚诏功，晋河南布政。转山东左。赈饥溉

①朱樟编，晋城市地方志办公室整理：《泽州府志》卷三十六《人物志一》，山西古籍出版社，2001，第627页。

田，均赋节用，多美绩。泰山香税，久为诸司折俸，弊不可诘。豸令悉贮府库以济公，检通省盈余几万缗，归计曹。"①李豸官运亨通，累迁湖广按察使，在任上刑清讼平，因平叛有功，晋升河南右布政使，改任山东左布政使。在山东，他摊平赋役，严格以田亩计，富者多纳，贫者少纳，还开渠溉田，深受百姓爱戴。遇荒年大灾，他节约开支，赈饥民，安百姓。泰山香税历来不清，久为诸司作弊，他下令收缴府库，用于公事，每年竟盈余数万两。"荐章数十上，诏加食一品俸。年七十一卒。"②李豸被加食一品俸禄，享年71岁。

李可久，李氏长门长支十一世，李豸子，字之德，号易斋，嘉靖四十一年（1562）进士。《泽州府志》载："李可久，豸子。嘉靖壬戌进士，唐县知县，历河间同知，迁山东按察司佥事，俱有政绩。"③初授河北唐县知县，历河间府同知、迁山东按察司佥事，很有政绩。"中与上官柄凿，谪知华州，擢南武，选郎中，晋四川佥事，自投劾去。居乡仁厚。邑父子登制科者，自可久始。"④因与上级龃龉不合，两不相容，被弹劾，降级为陕西华州知县。后又升任南武选郎中，晋四川川南道按察司佥事，升授奉政大夫。致仕后家居，仁爱厚道。李豸、李可久开了阳城县父子同中进士的先河。

李养蒙，李氏二门三支十世，字育吾，万历二十九年（1601）进士。"李养蒙，字育吾。性温厚，笃孝。神宗时辛丑进士，授怀庆推官，称祥刑。迁户部主事，历员外郎中，迁承天府知府。所至廉惠，人乐依之。艰起，补湖广副使，未任，卒。祀乡贤。"⑤他性格温厚，笃

---

①②朱樟编，晋城市地方志办公室整理：《泽州府志》卷三十六《人物志一》，山西古籍出版社，2001，第627页。

③④朱樟编，晋城市地方志办公室整理：《泽州府志》卷三十六《人物志一》，山西古籍出版社，2001，第628页。

⑤朱樟编，晋城市地方志办公室整理：《泽州府志》卷三十六《人物志一》，山西古籍出版社，2001，第634页。

孝道。初授河南怀庆府推官，后升迁为刑部主事，历员外郎中，迁承天府知府。因其廉洁，多惠政，所到之处人缘很好。丁忧后，补湖广按察司副使，未上任就病故了。

李春茂，李氏二门二支十世，字震阳，万历三十二年（1604）进士。"李春茂，字震阳，万历甲辰进士。由行人转兵曹，补虚清冒，军政宿弊悉除。及藩臬秦楚，募兵设饷，鼓铸转输，具尽心力，以济时艰。迁顺天府尹，肃清辇毂，弹压豪强，寻加右都御史。里居时，秦寇蹂躏，率众筑寨以居里人，寇至幸无恙，乡人德之。卒，年七十五。"[1]李春茂入朝之初为"行人"，又转为兵曹，后升任陕西、湖广布政司使钱粮官。在任期间，他募兵、设饷、铸币、转运，尽心竭力，为朝廷排忧解难。官迁顺天知府后，他整顿治安，肃清了京城一带的豪强恶霸。朝廷念其功绩，加封右都御史。里居时，适逢陕西农民起义军进犯阳城，他组织村民筑工事抵御，免遭大的损失，因此受到村人拥戴。享年75岁。

李蕃，李氏长门长支十二世，崇祯十三年（1640）进士，官陕西朝邑知县。《朝邑县志》记载："李蕃，山西阳城人，以进士任，时值大饥，治盗有法，民颇赖之。"李蕃刚上任陕西朝邑知县不久，朝邑与山西蒲州农民为争夺河滩地发生了械斗。山西巡抚宋贤上奏朝廷："秦贼大肆猖獗，地方异常祸害。"崇祯帝谕旨："贼众聚至千余，亟宜扑灭，岂得以人民属秦为词坐视酿乱！"宋贤命地方官员剿杀陕西朝邑争夺河滩地的农民，而李蕃极力勘界息争。处理经过奏报朝廷后，崇祯皇帝对李蕃非常赞赏。李蕃致仕后，崇祯帝钦赐归田。

---

①朱樟编，晋城市地方志办公室整理：《泽州府志》卷三十六《人物志一》，山西古籍出版社，2001，第632页。

图2.4　李蕃故居

　　李煜，李氏二门三支十三世，康熙十八年（1679）进士，吏部候选知县。

表2.8　明清两代白巷里李氏宗族举人（包括亚魁、拟魁、拔贡）名录

| 姓名 | 朝代 | 科别 | 年份 | 备注 |
|---|---|---|---|---|
| 李思恩 | 明 | 嘉靖甲午科亚魁 | 嘉靖十三年（1534） | 官至湖北郧阳府同知、奉政丈夫 |
| 李兆甲 | 明 | 崇祯壬午科亚魁 | 崇祯十五年（1642） | 吏部候选知县 |
| 李启巂 | 清 | 康熙丁卯科举人 | 康熙二十六年（1687） | 武举 |
| 李贻典 | 清 | 道光辛巳科举人 | 道光元年（1821） | 吏部候选知县 |

　　注：根据《白巷李氏族谱》（现藏于阳城县下庄村李尔和家中）制表。

　　李思恩，李氏长门长支九世，嘉靖十三年（1534）举人，官湖北郧阳府同知、奉政大夫。李兆甲，李氏二门三支十二世，李一杜子，崇

祯十五年（1642）亚魁，候选知县。李启巂，李氏二门三支十四世，康熙二十六年（1687）举人，武举，榜名李孝德。李贻典，李氏长门长支十九世，道光元年（1821）举人，候选知县，铨选无期，设帐授徒。

表2.9　明清两代白巷里李氏宗族贡生名录

| 岁贡 | | 例贡 | 增贡 | 副贡 |
|---|---|---|---|---|
| 姓名 | 岁次 | | | |
| 李可畏 | 万历三十四年（1606）岁贡 | 李虹 | 李瀛洲 | 李可培 |
| 李琚 | 顺治十六年（1659）岁贡 | 李蟠 | 李瑞 | 李埻 |
| 李法孔 | （年次不详）岁贡 | 李璞 | 李广业 | 李塏 |
| 李衡 | 宣统二年（1910）岁贡 | 李一杜 | 李一桂 | 李猗园 |
| — | — | 李四达 | — | — |

注：根据《白巷李氏族谱》（现藏于阳城县下庄村李尔和家中）制表。

李可畏，李氏长门长支十一世，万历三十四年（1606）岁贡。李琚，李氏二门二支十一世，顺治十六年（1659）岁贡，吏部候选知县。李法孔，李氏二门三支十七世，岁贡，儒学训导。李一杜，李氏二门三支十一世，李养蒙长子，例贡。李一桂，李氏二门三支十一世，李养蒙次子，恩贡，吏部候选知县。李衡，李氏长门长支二十二世，宣统二年（1910）岁贡，候选儒学训导，曾任阳城的中学教师。

此外，明清两代白巷里李氏宗族有谱可查的"秀才"（称"庠生""生员""诸生"）有：李尚宏、李朝清、李朝泮、李朝璁、李定相、李国典、李仕、李溥、李虬、李云鹤、李九皋、李九韶、李维新、李作新、李理、李云汉、李梅、李栋、李梯、李得文、李星炯、李希柳、李待文、李可大、李可继、李可教、李可贞、李可嘉、李可达、李可望、李敷荣、李东、李克念、李瑛、李潊、李堪、李坊、李廷献、李嗣景、李应甲、李友白、李博、李偝、李四友、李四达、李如玉、李广业、李起元、李调元、李月林、李直生、李牡、李珆、李天柱、李天维、李之英、李聚奎、李聚宝、李辅昌、李逢昌、李烨新、李甲寅、李鼎新、李福昌、李席珍、李嘉珍、李若櫄、李炡、李暠、李易、李旦、李绍芳、李腾凤、李玉铉、李中有、李玺灿、李金灿、李金镛、李仙蟠、李维城、李有敬、李式统、李式纪、李献栅、李师孟、李式固、李有年、李从祖、李跃祖、李念祖、李三喜、李德祖、李谷梁、李谷城、李谷似、李谷杰、李士谷、李芳、李三卿、李孔周、李星寿、李孔乐、李伯贡、李绍孔、李贻纲、李贻训（武）、李贻凯、李贻琳（武）、李毅、李可田、李艺谷、李联登、李播谷、李蟠根、李尔明、李尔巖、李安仁、李尔善、李谦之、李温其、李术、李瀛洲。

李氏宗族的科举成就，主要从嘉靖十三年（1534）李思恩中举开始，到道光元年（1821）李贻典中举为止，持续了将近300年。李氏共分为四门，科举成就主要集中在长门和二门。在长门中，举人李思恩和进士李豸为叔侄；进士李豸和李可久为父子。二门中，进士李养蒙为恩贡李一杜和李一桂的父亲。有进士李春茂、李煜也均出自二门。

# 小　结

明清时期白巷里姓氏众多，为什么只有上庄王氏、中庄曹氏、下庄杨氏和李氏取得了科举上的成功？首先，经济实力雄厚是其成功的重要原因。一个成年男子能够长期不从事生产而专心读书参加科举考试，靠的是整个家族物力财力的支持。"一个人的进学中举，表面上似乎只有个人的聪明和能力的结果，实则父祖的节衣缩食，寡母的自我牺牲，贤妻的茹苦含辛，经常是这些成功的背景。"①因此对于大多数贫困者来说，家族基本没有财力来支持他们参加科举考试，他们也就无法通过科举考试进入上层社会。从三庄寺庙中现存的捐银碑中，可以看出四大望族的经济实力是较为雄厚的，这是支撑其参加科举的首要因素。

其次是重视文化传承。家族文化的传承在族内形成了浓厚的文化氛围。四大望族中的长辈教育族人，刻苦读书、获取功名是本家族代代相承的"世业"。族中前辈亲自教授族中子弟，向他们传授科举考试经验。如上庄王氏宗族的王遵，设帐授徒，教育本族子弟。王氏宗族还立《科举仕宦碑》，对中举的族人予以表彰，这对中举者本人来说是极大的荣幸，也是家族中极高的礼遇。再如下庄杨氏是一个在泽州府、阳城县历史上都很罕见的官僚加诗文世家，其"诗书世泽之长"，诗人之多，当属一流。浓郁的文化氛围促使着这些望族在科举上取得持久的成功。值得一提的是，在四大望族内部，科举成就的分布并不均衡。如在王氏宗族内部，科举成就较大的主要是王国光支、王淑陵支和王徵俊支；在杨氏宗族内部，科举成就较大的主要是三门和四门；在李氏宗族内部，科举成就较大的主要是长门和二门。

四大望族的科举成就主要集中在明嘉靖到清康熙年间。康熙年间之后，泽州地区的科举成绩开始走下坡路。陈廷敬在康熙中期，曾这样回顾泽州的教育和科举："泽州盛时，州试童子可二千人，上至学使者千有余人。州所隶县，如阳城试童子可千余人，州再试之，上之学使者亦六七百人。其三县高平、陵川、沁水，悉号为最盛。今泽州应童子试者不过二百人，阳城四十五人。阳城如此，三县可知矣。"又说："今

①黄仁宇：《万历十五年》，生活·读书·新知三联书店，2015年，第55页。

天下尽聪明才智之人也。既已离去诗书，又无恒产，弱者不免为饥寒流离之人，其强者不敢保其不为顽梗难化之辈。"他经过调查走访后，找到了原因之所在："凡若此者，其患始于进额太少，其弊成于请托货赂之公行。今进学额数人耳，而富贵有力之家辄攘之以去，单寒之子淹抑坐叹。"[1]康熙年间之后，捐官现象大幅增多，从而抑制了乡村学子投身科举的积极性。"至迟到道光三十年（1850）以后，金钱作为高社会地位的决定因素，已经使高科举功名黯然失色了。"[2]白巷里在康雍时期，仅产生了两位进士，即康熙十八年（1679）中进士的李煜和雍正八年（1730）中进士的曹恒吉。在此之后，再无人中进士。此外，道光年间之后，随着外国势力逐渐打开中国市场，沁河流域中游经济受到冲击，白巷里的经济也大受影响。失去了经济的支撑，白巷里的科举成绩逐渐低落，四大望族也随之走向衰落。

①陈廷敬：《与刘提学书》，《午亭文编》卷三十九，上海古籍出版社，1987，第3-4页。

②何炳棣著，徐泓译注：《明清社会史论》，联经出版事业股份有限公司，2016，第317页。

第三章

白巷里望族的组织化建设

中国宗族曾被看作东南地区社会发展的特殊现象，结构形态完备、功能作用齐全的宗族才能成为学者研究的主要对象。学界普遍认为，南方宗族形态典型，宗族构成要件充足，特征明显，而北方宗族物质基础薄弱，族田规模小，祠堂的建立也不普遍，因而被认为组织形态不完备，甚至有人提出"北方无宗族"。

兰林友就认为，华北宗族是一种不完备的宗族，缺乏祠堂，没有族田，缺少聚族而居（单姓村），不过在祖先崇拜、辈分字、红白喜事的聚合、谱书等方面则明显呈现出文化表达性的特征，具有显著的意识形态性。[①]对于"北方无宗族"的看法，不断有学者提出不同意见。冯尔康指出，以往学者认为北方宗族不普遍甚至不存在，是没有充分认识到祖坟对北方宗族的重要意义，"对于北方宗族而言，祖坟更显其重要性，因为北方宗族公有经济不足，难于建立祠堂，缺少祠堂和祀产，似乎宗族并不存在。如若认识到祖坟就是宗族载体的一种，有了祖坟的前提，如果再有相应的祭祖扫墓活动和组织形式，宗族的存在则是毫无疑问了"[②]。钱杭认为支撑宗族架构的基本要素，既不是血缘关系，也不是组织和功能，而是世系关系。[③]按照钱杭的观点，北方和南方都有族谱，都有世系，因而都有宗族。

近年来，山西宗族组织的构建受到学界较多关注。譬如，常建华研究了明清时期山西洪洞韩氏和刘氏，两个家族均因科举成功而成为当地望族，并持续加强宗族建设，使宗族组织化。[④]钱杭在考察了山西沁县

①兰林友：《论华北宗族的典型特征》，《中央民族大学学报》2004年第1期。
②冯尔康：《清代宗族祖坟述略》，《安徽史学》2009年第1期。
③钱杭：《宗族构建过程中的血缘与世系》，《历史研究》2016年第6期。
④常建华：《明清时期的山西洪洞韩氏——以洪洞韩氏家谱为中心》，《安徽史学》2006年第1期；《明清时期华北宗族的发展——以山西洪洞刘氏为例》，《求是学刊》2010年第2期。

族谱中的"门"与"门"型系谱后提出，"'门'及'门'型系谱，可以构成与'房'型系谱不同的另一种世系学实践类型"[①]。张俊峰在梳理了山西阳城白巷李氏宗族各门世系创修与合族的历程后提出，对于北方宗族而言，祖坟和谱系是宗族存续的充要条件，不能以"族谱""宗祠""族规""族产""族长"等形式化、功能性的外在表象来判断宗族强弱、发展好坏。[②]

本部分主要探讨白巷里望族的组织化建设，我们认为：白巷里王、曹、杨、李氏均为移民，他们靠科举成功转型为官宦之家，成为地方望族。之后这些望族采取了修家谱、建祠堂、订家规、重祖茔等方式对宗族进行管理和整合，以使之延续和壮大。

# 第一节 修家谱

白巷里王、曹、杨、李四大宗族均有家谱存世。《白巷曹氏族谱》记载："吾氏族宗谱由十三世祖玙（原长门三支）著谱。由十五世祖泰顺续谱。"[③]《白巷杨氏族谱》记载了姓名、出生年月、配偶、功名、坟茔等情况。但令人遗憾的是，《白巷曹氏族谱》残缺不齐，《白巷杨氏族谱》的谱序和志、传、铭部分完全遗失，让我们不能全面了解

---

①钱杭：《沁县族谱中的"门"与"门"型系谱——兼论中国宗族世系学的两种实践类型》，《历史研究》2016年第6期。

②张俊峰：《北方宗族的世系创修与合族历程——基于山西阳城白巷李氏的考察》，《南京社会科学》2017年第4期。

③《白巷曹氏族谱》，现藏于阳城县中庄村曹氏族人之手。

修谱的具体情况。

《上庄王氏家谱》《白巷李氏族谱》则很完整。《上庄王氏家谱》有宗谱、支谱之分，现在能看到的计有五册，以乾隆四十六年（1781）的传抄本最详。《上庄王氏家谱》大致可以分列为序言、人物、事迹、封赠、家训家法、五服图说等几部分内容。《白巷李氏族谱》完整保存了李氏自嘉靖二十二年（1543）至光绪三十二年（1906）共11次修谱活动的记录。下文仅从《上庄王氏家谱》《白巷李氏族谱》进行考察。

## 一、修谱和续谱者

表3.1　王氏族谱创修一览表

| 修谱时间 | 创修人、续修人 | 身份 |
|---|---|---|
| 嘉靖二十二年（1543） | 九世王化 | 嘉靖四十年（1561）岁贡，鄢陵府教授 |
| 万历三十八年（1610） | 十一世王溥 | 万历十三年（1585），平阳府儒学训导，署隰州大宁县事 |
| 崇祯元年（1628） | 十二世王祚启 | 生员 |
| 康熙十一年（1672） | 十二世王庄 | 生员 |
| 康熙十二年（1673） | 十二世王元机 | — |
| 康熙十四年（1675） | 十二世王元机 | — |
| 康熙三十三年（1694） | 十五世王赐铎 | — |
| 康熙三十五年（1696） | 十二世王庄 | 生员 |
| 康熙三十七年（1698） | 十四世王世封 | 奉祀生 |
| 乾隆二十八年（1763） | 十六世王沛栽 | 生员 |
| 乾隆四十四年（1779） | 十七世王沛栽 | — |

续表

| 修谱时间 | 创修人、续修人 | 身份 |
|---|---|---|
| 乾隆四十六年（1781） | 十六世王友阑 | — |
| 乾隆四十六年（1781） | 十六世王厚栽 | — |
| 咸丰元年（1851） | 十八世王道亨 | — |

注：根据《上庄王氏家谱》（现藏于阳城县上庄村王晋强家中）制表。

《上庄王氏家谱》由王化草创。王化，王氏九世，嘉靖四十年（1561）岁贡，王道胞兄，王国光堂弟，曾任鄢陵府教授。康熙十二年（1673），王氏十二世王元机在《王氏宗谱序》中写到"本宗家谱乃前明太宰公，赐麒麟服侍经筵堂，曾祖讳国光作也。"①王元机认为王氏家谱为王国光所作。但康熙三十三年（1694），王氏十五世王赐铎在《王氏正派谱序》写到，"先世无谱，有之自祖疏庵公始。……公始命弟鄢陵府教授化公修谱。公受命，草创之稽"②。王赐铎指出从王国光开始，才有了王氏族谱，但族谱不是由王国光创修，而是九世王化在王国光指派下草创的。"谱自祖化公创始，次平水司训伯父溥公，略存大义，后庠生兄祚启公再修。"③此后由王溥修订。王溥，王氏十一世，王淑陵三子，王化胞兄王言之孙，万历十三年（1585）岁贡，历官山西平阳府临汾县儒学教谕，升本府儒学训导，署隰州大宁县事。后又经王祚启续修。"至曾祖公国光，官三公，继一品。……一介王生，为冢宰孙。"④由此可知，王祚启为王氏十二世，王国光曾孙。

---

①《王氏宗谱序》，《上庄王氏家谱》，现藏于阳城县上庄村王晋强家中。
②③《王氏正派谱序》，《上庄王氏家谱》，现藏于阳城县上庄村王晋强家中。
④康熙七年（1668）《芥长墓志铭》，碑存阳城县上庄村塑钢门窗厂。

"庄公自康熙十一年修此家谱"①，"康熙壬子，余取先世家谱，述而修之"②。康熙十一年（1672），王庄对王氏族谱进行了修订。王庄为王氏十二世，王淑陵孙。康熙十二年（1673）和康熙十四年（1675），王元机两次对王氏族谱进行改订。③王元机为王氏十二世，庠生王淳四子，生员、侯门教胄王淑曾（王淑曾为王淑陵弟）之孙，王言（王言为王化胞兄）增孙。康熙三十三年（1694）十一月，王赐铎续修了家谱。王赐铎在《王氏正派谱序》记载，"但庄公自康熙十一年修此家谱，及今二十三年矣，铎效而录之，此序乃前谱序也。康熙三十三年十一月望前三日书。十五代孙赐铎识。"④康熙三十三年（1694），王赐铎"效而录之"。王赐铎，王氏十五世，王祚启曾孙。

　　康熙三十五年（1696），王庄再次续修了族谱。他在《王氏统宗谱序文》中写到，"康熙壬子，余取先世家谱，述而修之，及今二十五年矣。人之存亡，□谱之伦次大相不合，使不再为整，□谱将不可问矣。余今已七十，不得已再为订正，因思后裔繁衍正谱难列序，余是以又有统宗谱之作焉□。康熙三十五年岁次丙子五月端阳日，书于野亭之方屋"⑤。在康熙十一年（1672）王庄修订家谱后，到康熙三十五年（1696），已过去了20多年，于是王庄对王氏族谱进行了续修。在《王氏统宗谱序文》的文末，后人加了一段话："康熙三十七年岁次戊寅孟夏，十四代孙世封录；乾隆二十八年岁次癸未孟夏，十六代孙沛栽又

---

①《王氏正派谱序》，《上庄王氏家谱》，现藏于阳城县上庄村王晋强家中。
②《王氏统宗谱序文》，《上庄王氏家谱》，现藏于阳城县上庄村王晋强家中。
③见《王氏宗谱序》和《王氏宗志》，《上庄王氏家谱》，现藏于阳城县上庄村王晋强家中。
④《王氏正派谱序》，《上庄王氏家谱》，现藏于阳城县上庄村王晋强家中。
⑤《王氏统宗谱序文》，《上庄王氏家谱》，现藏于阳城县上庄村王晋强家中。

录；乾隆四十四年岁次己亥季冬，十七代孙沛栽又录；乾隆四十六年岁次辛丑四月初八日，十六代孙厚栽又录。嘉庆二十一年岁次丙子仲夏。"①由此可知，康熙三十七年（1698）、乾隆二十八年（1763）、乾隆四十四年（1779）、乾隆四十六年（1781），十四世王世封、十六世王沛栽、十七世王沛栽、十六世王厚栽先后续修了家谱。

在《王氏正派谱序》的文末，附有一段话，"至康熙三十三年，铎公录之，及今八十七年矣，阑效而录之。十六代孙王友阑识。乾隆四十六年新正月春前三日书"②。乾隆四十六年（1781），十六世王友阑再次续修。

咸丰元年（1851），王氏十八世王道亨重修了王氏族谱。王道亨在《重修家谱续》中记载，"甚矣，谱之不容不修也。余小子久抱斯志，而莫遂于庚戌年冬，偶捡有十二世叔祖元机公手抄家谱一册，自明始祖以迄于今，宗祧班班可考，子姓历历可稽。……遂至咸丰之元，留意参校细为别俾昭穆胪列有序，内有乏嗣者，名字下书，以止字。然非实有考核确具者，亦不得轻书止字。……十八世孙道亨谨识。咸丰建元新正月穀旦。"③道光三十年（1850），王道亨偶然捡到了王元机手抄的家谱，然后他在这本家谱的基础上续修，终于在咸丰元年（1851）正月完成了修订。

---

①《王氏统宗谱序文》，《上庄王氏家谱》，现藏于阳城县上庄村王晋强家中。
②《王氏正派谱序》，《上庄王氏家谱》，现藏于阳城县上庄村王晋强家中。
③《重修家谱续》，《上庄王氏家谱》，现藏于阳城县上庄村王晋强家中。

表3.2　李氏族谱创修一览表

| 修谱时间 | 族谱名称 | 创修人 | 身份 |
|---|---|---|---|
| 嘉靖二十二年（1543） | 李氏长门世谱 | 长门长支九世李思恩 | 举人 |
| 万历三十八年（1610） | 李氏二门世谱 | 二门三支十世李养蒙 | 进士 |
| 崇祯元年（1628） | 续修李氏长门族谱 | 长门长支十二世李蕃 | 进士 |
| 崇祯二年（1629） | 李氏三门之二门支谱 | 三门二支十一世李四友 | 生员 |
| 崇祯七年（1634） | 续修李氏二门族谱 | 二门二支十世李春茂 | 进士 |
| 康熙九年（1670） | 续修李氏三门之二门支谱 | 三门二支十二世李甲寅 | 生员 |
| 康熙二十八年（1689） | 李氏合族族谱 | 三门二支十三世李易 | 生员 |
| 乾隆四十年（1775） | 续修李氏合族族谱 | 长门长支十七世李耀祖 | 庠生 |
| 乾隆四十二年（1777） | 重修了下院支的族谱 | 三门二支十五世李广业 | 恩贡 |
| 道光二十六年（1846） | 续修李氏合族族谱 | 二门二支十八世李谷山 | — |
| 光绪三十二年（1906） | 续修李氏合族族谱 | 长门长支二十二世李衡 | 岁贡 |

注：根据《白巷李氏族谱》（现藏于阳城县下庄村李尔和家中）制表。

嘉靖二十二年（1543），李氏长门长支九世、举人李思恩创修了《李氏长门族谱》。"余少时即欲上自元祖、下达曾孙，刻石记名以贻其后，有志不果。嘉靖癸卯适丁内艰，会春祀，族人咸在，因复举此。"[1]这一年，李思恩正在家丁母忧。在这一年立春祭祀时，族人均在，于是开始商定编家谱。"族叔纯阳善而诺之，遂董其事，分命族兄朝中、朝玑等各司其劳。于是自十一公之下，三而七，七而十八，十八

---

[1]《李氏长门创修世系碑记》，《白巷李氏族谱》，现藏于阳城县下庄村李尔和家中。

而三十七，三十七而七十，以及子侄之未定者，凡八代，纂其世系，编名定次，自源徂流，统括于一。"①李思恩的族叔、长门三支八世李纯阳总揽其事，又让李朝中（家谱中查无此人，疑为李纯阳子、生员李朝璁）、长门二支九世李朝玑配合李思恩修订家谱，最终将八代人编入李氏长门谱中。

万历三十八年（1610），李氏二门三支十世、进士李养蒙创修了《李氏二门族谱》。"因忆族伯亚魁保轩公，曾以渠支勒石而志之以垂不朽，窃欲效之，不果。及庚戌余转计部过家，家君亦语及此，余益跃然喜曰：'美哉，是举！祖宗式临之子孙，攸赖之尚可已乎？'因谋之族弟、生员星炯暨侄淮等，渠慨董其事。"②李养蒙想以其族伯、长门保轩公李思恩为榜样，整理出二门的族谱，但没有成功，在与其父李国廉商定后，在其族弟、二门二支十世李星炯和族侄、二门二支十一世李淮的帮助下，开始修订二门族谱。

崇祯元年（1628），李氏长门长支十二世、时为举人的李蕃重修了李氏长门族谱。"至戊辰春杪，余自长安下第归，会叔祖龙洲公欲重修之，作经久计，虑至深矣。……明崇祯元年戊辰夏四月吉旦，赐进士出身、文林郎、陕西朝邑县知县、裔孙蕃谨记。"③崇祯元年（1628）春，李蕃回乡后，同叔祖龙洲公商定，续修长门族谱。李蕃为崇祯十三年（1640）进士，因此这里李蕃为进士的题记是后人所加的。

崇祯二年（1629），李氏三门二支十一世、生员李四友完成李氏

---

①《李氏长门创修世系碑记》，《白巷李氏族谱》，现藏于阳城县下庄村李尔和家中。

②《白巷李氏二门创修世系碑记》，《白巷李氏族谱》，现藏于阳城县下庄村李尔和家中。

③《李氏长门重修合族世谱记》，《白巷李氏族谱》，现藏于阳城县下庄村李尔和家中。

三门之二门支谱的创修。崇祯七年（1634），二门二支十世、进士李春茂续修了二门族谱。"今耄老得放骸骨归田里，过庐思哀，履霜思惕，追忆前休，曷其能已。爰命侄坊子璞辈，鸠工庀事，镌其前石，益其支绪，上推始祖以及于今，某也昭，某也穆，某也大宗之派，某也小宗之裔，鳞列碑阴，莫不犀分而烛焉。"[1]崇祯七年（1634），李春茂带领李星炯的儿子、族侄李坊和自己的儿子李璞续修了二门族谱。

康熙九年（1670），李氏三门二支十二世、生员李甲寅在其父李四友的基础上，续修了李氏三门之二门支谱。"庚戌岁，余堂侄毓粹惧世远人湮，顽秀不一，后之视今亦犹今之视昔。同儿易录先君石刻所载，续其后裔笔之于楮。事竣向余请其可否，余详览编次，见支派虽繁，悉原于一本。"[2]李甲寅在其堂侄、三门二支十三世李毓粹和儿子李易的帮助下，完成三门之二门支谱的续修。

康熙二十八年（1689），李氏三门二支十三世、李甲寅子、生员李易完成了李氏合族谱的创修。"余自丙午年来，窃欲联四支共成一谱，屡议之族长，悉付空言。既思统一支以为谱，又成虚愿。仅于庚戌岁，据先王父石刻所载续成其谱，馀无可奈何矣。然合四支为谱之心，未尝时刻忘也。丁卯清明后，叔继甲忽倡此举，商之兄席珍，因请于叔祖讳琮与讳友韩者，诣余而共谋之。"[3]可见，在康熙五年（1666）李易就想撰写合族谱，为之屡次商议于族长，但都不能如愿，后又想统一本支的世系，亦未如愿，只是在康熙九年（1670）李易帮助父亲李甲寅重修了李氏三门之二门的世系。康熙二十六年（1687）清明节后，李易的族

---

①《李氏二门重修世系碑记》，《白巷李氏族谱》，现藏于阳城县下庄村李尔和家中。

②《李氏三门之二门创修世谱序》，《白巷李氏族谱》，现藏于阳城县下庄村李尔和家中。

③《李氏创修世谱序》，《白巷李氏族谱》，现藏于阳城县下庄村李尔和家中。

叔李继甲忽然提出要修合族谱，于是李易在和族人李席珍、李琮、李友韩商量后，开始修谱。查询《白巷李氏族谱》可知，李继甲为长门三支十二世，李席珍为长门长支十三世、李蕃次子、生员，李琮是二门二支十一世、李春茂之侄，李友韩为二门三支十一世。由参与此次修谱的人员可知，此次修谱是举全族之力进行的。

乾隆四十年（1775），长门长支十七世、庠生李耀祖重修了李氏族谱。"迄国朝康熙丁卯岁，我高祖父文学公讳席珍，高叔祖拟元公讳旭，明经公讳易，有族谱之修。雍正乙酉岁，高叔祖国学公讳霱于始祖墓门有竖石之举，皆仁人孝子之用心也。"①李耀祖先回忆了康熙二十六年（1687）自己的高祖父李席珍、高叔祖李旭（二门三支十三世、举人）、高叔祖李易修订族谱，以及雍正七年（1729）李耀祖的高叔祖李霱（三门二支十三世、太学生、乡饮正宾、李维城之父）在始祖墓前立碑的事情。"今乾隆乙未清明节，曾叔祖讳扩声，并叔祖讳一诚，邑庠讳式统者，又谋所以祭扫于始祖之茔域，当子孙荟萃之时，秩然蔼然之际，更群然指我而言曰；'吾家族谱，今经八九十年未及重新，子其留意可乎？'夫敦睦之良生人共具，家门瑞气敢不钦承。"②乾隆四十年（1775）清明节，李耀祖的曾叔祖李扩声（二门二支十四世）、叔祖李一诚（三门长支十五世）、李式统（生员、长门长支十五世）在祖茔祭祀的时候，指派庠生李耀祖续修了李氏族谱。

乾隆四十二年（1777），三门二支十五世、恩贡李广业重修了下院支（三门）的族谱。李广业为李霱孙、李维城子。李维城是监生，平川军功议叙县丞，平生多盛德事。道光二十六年（1846），二门二

---

①②《李氏重修族谱记》，《白巷李氏族谱》，现藏于阳城县下庄村李尔和家中。

支十八世李谷山又重修了李氏合族谱。"因又商合族之谱自文学诸公创修后，相继重修者则有族伯讳耀祖者，迄今计之又七十余载矣，生齿益繁，使不重修之则历年愈远，不唯人莫可考，且尊卑难辨。"[1]在李席珍等人创修后，又有李耀祖等人续修，到道光二十六年（1846），已有70余年没有重修。"维时族侄贻耕亦念及此，乃会同族兄芳并理其事。又命弟谷新与族侄贻楷、可田等，共代其劳。于吾族之异地而居者，远而访之，同里而处者，近而考之。不数月而名讳均登于谱。各门各支．尊卑定位，大宗小宗，秩序不紊。既修之后，愿后世之仁人孝子有志于斯者，不可迟延岁月，当于三十年外，即为修之，则用力少，而成功易。是余之幸，更吾族之深幸也。故为是记。"[2]李谷山与李贻耕（应为李贻纲）、李芳、李谷新、李贻楷、李可田等人，远访近考，重修了李氏合族谱。查族谱可知，李贻纲为长门长支十九世，李芳为二门三支十八世、生员，李谷新为李谷山胞弟、二门二支十八世，李贻楷为长门长支十九世，李可田为李毅之子、奉祀生、生员、二门三支十九世。

光绪三十二年（1906），清代李氏最后一次重修合族谱，修谱者是李氏长门长支二十二世、岁贡李衡。"吾族自光绪丙子丁丑大祲后，不惟乏嗣者多，即死于饥馑灾疫者亦复不少，其余则非死即逃亡耳。且族中世谱自谷山公于道光二十六年重修以来，论年则隔六十之久，论世则亦有二、三世之多，世谱之不可不急为重修也明矣。数年前衡即有是志，但一毡坐困，家境颇艰，遂中止。"[3]李家自光绪二年（1876）、三年（1877）后，不仅缺乏子嗣的增多，而且死于饥荒灾疫的也不少，其余的不是死就是逃亡。且族谱自道光二十六年（1846）李谷山重修以

---

①②③《李氏重修合族世谱记》，《白巷李氏族谱》，现藏于阳城县下庄村李尔和家中。

来，已经过去了60多年，因此李衡决定重修家谱，但因经济拮据，不能如愿。"去岁谷镕昭武公，谷钺议叙公与本支经文公，适皆锦旋，因公同酌议，坚嘱衡使重修之。衡即于今春二三月间经理其事。首稽考，次登记，次排列，次缮写，数月而告成焉。"①光绪三十一年（1905），李谷镕、李谷钺、李经文三人衣锦荣归，同李衡商议，坚定支持他修谱。李谷镕、李谷钺均为三门三支十九世，李经文为长门长支二十一世。宣统三年（1911）《下庄大庙重修碑记》中记载，"分理：……四品衔李谷镕……监生李经文。施财题名：……李谷镕、牛□山，周口募：……共募钱二十千文。李谷镕又化并自施钱□□□文。……本村布施列后：……李谷镕，钱十五千文。……李经文，□□钱八千文。"从中可知，李谷镕、李经文均为下庄重修大庙（五帝庙）的分理，都为大庙捐资，李谷镕还亲赴河南周口募资。民国三年（1914）闰五月的《重修馆庙各神殿暨拜亭、舞楼、钟楼施财芳名碑》中记载，"李经文周口募：林荣兴、丰顺恒、钱聚兴、徐协泰、永义和、恒泰贞、锦丰恒、永兴公、章聚昌、恒泰胜、杨万盛、李经文，银各一两。……李谷钺周口募：□（鉴）远长、义盛恒、顺兴恒、温祥盛、郭天合、太兴和、同心成、荣泰祥、协泰昌、复新恒、同聚源、任万长、源道永、鸣盛昌、邱大兴、曹文祥、义盛隆、积善堂、泰顺公、信泰昌，各一千文。……监生李经文、耆□杨诗雅、曹有和、杨诗泰，各二千文。李谷镕，四千五百文。李谷钺，三千文。"在重修中庄馆庙（汤帝庙）的过程中，李经文、李谷钺、李谷镕都积极捐资，李经文、李谷钺还赴周口去募资。可见，李谷镕、李谷钺、李经文均是非常成功的商人，正是在他们的资助下，李衡才得以续修家谱。

---

① 《李氏重修合族世谱记》，《白巷李氏族谱》，现藏于阳城县下庄村李尔和家中。

## 二、世系源流的考证

王氏宗族的始祖。"四公以上不可考，而遂以四公为始祖焉。"①
王四为王氏宗族的始祖。

王氏宗族的迁移路线。康熙十二年（1673），王元机在族谱里写到，"吾王氏为潞安府小石桥人，始而迁居可乐山，继又迁居白巷里"②。康熙三十三年（1694）十一月，王赐铎在《王氏正派谱序》里，把王氏的迁移路线做了更清晰的标注。"吾王自太原，不知何代支分于上党，由上党小石桥迁于高平赤土坡，由赤土坡迁于阳城可乐山，疏庵公号可乐山人。有以边后移居于上佛，而以上坪为祖茔，耕于白巷，遂籍白巷，而为白巷里人。"③王赐铎称王氏本来在太原，不知何时迁到上党，又从上党小石桥迁于高平赤土坡，由赤土坡迁于阳城可乐山，由可乐山迁于上佛（上伏），最终由上佛迁到白巷里。

上庄王氏与史山（位于白巷里东五公里）王氏的关系。"吾王氏，始祖自四祖以上不能纪考，当闻先人言曰："吾王氏与史山王氏同一始祖也。'上坪祖茔后有一志碑，日久年远，备风雨损坏，其碑之右，以下是史山王氏宗派，其碑之左，以下是吾王氏宗派，中有太宰公立碑志，其代数迄今□□。"④王氏宗族在王四以上不可考，有先人说过，上庄王氏与史山王氏为同一始祖。这二者的关系，从祖茔碑上也可得到证明。上坪祖茔的一块志碑上，右边写有史山王氏宗派，左边写有上庄王氏宗派。

王氏族谱还考证了王氏宗族内部的分支。"吾高高祖聪公，始立

---

①《王氏正派谱序》，《上庄王氏家谱》，现藏于阳城县上庄村王晋强家中。
②《王氏宗谱序》，《上庄王氏家谱》，现藏于阳城县上庄村王晋强家中。
③《王氏正派谱序》，《上庄王氏家谱》，现藏于阳城县上庄村王晋强家中。
④《王氏宗志》，《上庄王氏家谱》，现藏于阳城县上庄村王晋强家中。

尧家沟老院门题曰：'王氏祖居'。公生子二，长讳子文，诰赠予牌坊，同嗣居西南室；次讳遵，登成化甲午科第二名，嗣居东北室，其裔孙即今之尧沟老院亮、贡、范等是也，自此分为前支后支。"①五世王聪生子二：王子文、王遵。王子文支称为前支，王遵支称后支。"吾高高祖子文公，始立大数楼院，生子二：长讳鼎，恩赐寿官，嗣居大数楼下，又继立一院；次讳昺，特赠光禄大夫、太子太保、吏部尚书，嗣居大楼上并尧沟老院。……自此分为南支北支。"②六世王子文生子二：王鼎、王昺。王鼎支称南支，王昺支称北支。"吾高高祖鼎公生子一讳纬，诰赠户部郎中，生子六：长讳言，诰赠工部员外郎；次讳化，贡士，历鄢陵教授……；三讳道，登嘉靖丙午科举人，历户部郎中……；四讳讽，无后；五讳政……；六讳佐；……自此为五老支。"③五老支是说八世王纬生子六：王言、王化、王道、王讽、王政、王佐。六子中除王讽无子嗣外，王言、王化、王道、王讽、王政各为一个房支，即称五老支。

再来看李氏宗族谱系。首先是长门谱系。《李氏长门创修世系碑记》载，"吾族相聚于一乡，三百余人，今分为四支，已不知其所从来矣。惟得之故契所云李十一者，据其所生三子，长均章，次崈，次彦方，则知十一公乃玄祖也。自十一公以上，无闻焉。然以三十年为一世，则十一公当生于洪武之年"④。李氏宗族在当时有300多人，分为四支，却不知始祖从何处来。李十一为长门所能追溯到最早的人。根据一张"故契"得知李十一有三个儿子，长子为李均章，次子为李崈，幼子为李彦方，并推测李十一大约生于洪武年间。

---

① ② ③《王氏宗志》，《上庄王氏家谱》，现藏于阳城县上庄村王晋强家中。
④《李氏长门创修世系碑记》，《白巷李氏族谱》，现藏于阳城县下庄村李尔和家中。

接下来是二门的谱系。《白巷李氏二门创修世系碑记》载，"余族上赖祖宗积善衍庆，支派盛繁，析为四支，支各百余人，间有不认识者，求其总支之祖，父老亦茫然莫知。惟所称八公者，则余本支始祖也"①。此碑记指出李八为李氏二门始祖。"于是推其始祖而八公位于上，公之三子则十九公、二十公并克成。由兹而下，各列左右而分翼而能递之，……凡九代，编名定次。"②李八生子三，长子为李十九，次子为李二十，幼子为李克成，并由此而下将九代人编入李氏二门谱中。

长门、二门家谱虽然记载了李氏宗族分为四支，但并没有标明四支的地理位置。《李氏三门之二门创修世系碑引》记载："四友者，盖李氏之裔也。白巷之有李氏流传久远，宗叶茂蕃，迄今谱牒不存，已莫考其所自始。第习知始祖下分为四支：曰后街，曰麻地，曰下院，曰场西。"③李四友将李氏四支的具体方位和名称清晰地标了出来，即长门为后街支，二门为麻地支，三门为下院支，四门为场西支。"然或得之传言，卜之别派，以为先世有十三公者，下院支之派也，自公之世析为四支，公则崖上一支焉。"④他指出自李十三这一代起，三门又分为四个分支，其中有一支为"崖上支"，李十三为崖上支始祖。

长门、二门、三门始祖的关系。康熙二十八年（1689），李易写到，"其所谓四支者，后街则茔于小墓，自十一公由余辈而上十世矣。……麻地亦茔于小墓，始自八公，由余而上十一世矣"⑤。李易指出后街支（长门）的始祖是李十一，从李十一到李易有十世。麻地支（二门）的始祖是李八，从李八到李易有十一世。因此李八比李十一要

　　①②《白巷李氏二门创修世系碑记》，《白巷李氏族谱》，现藏于阳城县下庄村李尔和家中。
　　③④《李氏三门之二门创修世系碑引》，《白巷李氏族谱》，现藏于阳城县下庄村李尔和家中。
　　⑤《李氏创修世谱序》，《白巷李氏族谱》，现藏于阳城县下庄村李尔和家中。

高一世。"下院则莹于西岭共祖侧，其分祖与八公同辈者莫考。"①下院支（三门）分祖与李八同辈，但不知道名字叫什么。"场西人丁衰弱，愈难远搜，只凭叔资德所知始自思全，与余七世祖等辈，并无碑谱，无从联络。"②场西支（四门）的世系问题还是无法解决。

《李氏族谱》除追溯各支来源，还考证支派内部谱系。康熙九年（1670），李甲寅在家谱中写到，"先世皆力农服贾，至先仲伯父及先大人始获青其衿。所以有下院之分祖，又莫得其名讳，但知一支析为四门：一为庙底，一为崖上，一为后格套，一为灰沟口，余则崖上一门也。先大人搜求四支之共祖而不可得，搜求一支之共祖而又不可得，无奈！据所知为崖上一门者，始十三公。公之子则又无冢无碑，复不知其名。孙讳友谦者则先大人之六世，至余七世也。"③李甲寅指出，下院支（即三门）又分为四支，分别是庙底、崖上、后格套和为灰沟口。李甲寅属于崖上支。崖上支的始祖是李十三，李十三的儿子是谁不清楚，但知道李十三的孙子是李友谦。从李友谦以下至李甲寅共七世。

康熙二十八年（1689），李易对下院支（三门）的谱系进行了进一步考证。"下院则莹于西岭共祖侧，其分祖与八公同辈者莫考。与十一公同辈者分为四门：庙底一门始自十二公，世系碑创建于叔之硕。崖上一门始自十三公，公子有冢无碑，孙讳友占者子孙无徵，意改籍河南荥泽者是。友谦者则余八世祖也。世系碑创建于余祖庠生公，谱则余循碑而续成之，先府君序其首。后格套一门始自十四公有，由公而下递衍于今，中缺一世二世者，有自高祖、曾祖上，祖上即不能记者，且有问其父即茫然者，总难条分缕析也。灰沟口一门与十二公同辈者又无传，始

---

①②《李氏创修世谱序》，《白巷李氏族谱》，现藏于阳城县下庄村李尔和家中。

③《李氏三门之二门创修世谱序》，《白巷李氏族谱》，现藏于阳城县下庄村李尔和家中。

自讳宪者，至余仅七世耳……"①下院支（三门）分祖与李八同辈者莫考，与李十一同辈者分为四门：庙底一门始祖为李十二，崖上一门始祖为李十三，后格套一门始祖为李十四，灰沟口一门始祖是谁，则无所知，只知道灰沟口一门有叫李宪的，从李宪至李易这一辈，只有七世。

乾隆四十二年（1777），李广业对灰沟口一门的谱系进行了考证，"余乃下院之裔孙也。其茔卜于西岭共祖茔侧。又分为四门，一曰庙底，一曰崖上，一曰后格套，一曰灰沟口，以此推之十二公居庙底，十三公居崖上，十四公居后格套。所谓灰沟口一支，并无片纸遗留，固不能不为追远者所抱憾也。"②下院支分为庙底、崖上、后格套、灰沟口。十二公居庙底，十三公居崖上，十四公居后格套，灰沟口一支则无迹可寻。"但阅下院支绘图中，有与十二公同辈者，无传甚至中缺二世三世，子孙莫能寻其绪。乃即先后之差等而推之。幸有余九世祖讳宪者也可征也，否则昔以庙底、崖上、圪套、灰沟分为四支，而北音无与焉？今以庙底、崖上、圪套、北音名为四支，而灰沟口亦无与焉。"③李广业认为，明末清初战乱未平，又逢饥荒，有外出经商的，有到他乡避战乱的。在局势平定下来之后，李广业的伯祖李易修订家谱，而这些在外乡的还没有返乡，因此没能续入家谱。"虽宪祖以上固无可考，而宪祖以下则有脉可循也。固余不揣愚昧，于图尾直书。十五公者所以开其先也。由公而下递衍于宪祖者，所以接其传也。……北音支即灰沟支也，夫复何疑？……谨将下院灰沟一支少为发明，庶后来者有所祖宗主云尔。"④李广业认为李十五是灰沟口一支始祖，北音支是灰沟支，李宪就是李十五的后代。

①《李氏创修世谱序》，《白巷李氏族谱》，现藏于阳城县下庄村李尔和家中。
②③④《下院支重修族谱序》，《白巷李氏族谱》，现藏于阳城县下庄村李尔和家中。

### 三、修谱目的

#### 1. 严尊卑之等, 序长幼之节

康熙三十五年（1696），王庄续修族谱时写到，修谱目的在于"使彝伦攸叙，法纪聿昭，惟上不忍凌下，而在下者愈申其恭敬之心，亦唯卑不敢欺尊。而为尊者，益广其慈爱之念，家和族睦，一德一心"[①]。咸丰元年（1851）正月，王道亨在《重修家谱续》中写到，"窃计谱成之后，支派井然，更愿后之人，或肄诗书，或安耕凿，喜仍相庆，忧仍相慰，冠婚死丧，仍必告赴，无失岁朔之礼。如前焉，将尊祖敬宗，家风之厚，于以不坠，则本益固，而枝益茂，源愈远，而流愈长。上以慰宗祖，而下以贻孙子"[②]。

嘉靖二十二年（1543），李思恩在《李氏长门创修世系碑记》中说，修家谱的目的是"严尊卑之等，序长幼之节，述宗子之法，明远近之亲，纪品秩之实，辨同异之分，君子曰'知礼'"[③]。万历三十八年（1610），李养蒙在《白巷李氏二门创修世系碑记》中记载，编写族谱是为了"编名定次，灿然胪列，溯流穷源，缘支寻本，脉络流贯，可以观宗序矣。长幼之有节，尊卑之有等，远近之有别，异同之有辨，可以观宗法矣。宗序明则混淆之渐不生，宗法定则凌替之门自杜"[④]。

#### 2. 教育和激励后人

家谱详细记载了祖先事迹，以教育和激励后人。康熙三十三年

---

① 《王氏统宗谱序文》，《上庄王氏家谱》，现藏于阳城县上庄村王晋强家中。

② 《重修家谱续》，《上庄王氏家谱》，现藏于阳城县上庄村王晋强家中。

③ 《李氏长门创修世系碑记》，《白巷李氏族谱》，现藏于阳城县下庄村李尔和家中。

④ 《白巷李氏二门创修世系碑记》，《白巷李氏族谱》，现藏于阳城县下庄村李尔和家中。

（1694）十一月，王赐铎在《王氏正派谱序》写道，"四公以下六世至遵公，中亚元。又三世，国光公荐嘉靖癸卯科贤书，联登甲辰进士，历刑部、户部尚书，神宗御极拜吏部尚书，作黻扆大臣秉铨政六年，晋青宫太保，赐麒麟服玉带，侍经筵。弟道公中丙午科乡试，历司□正郎。侄淑陵公，中戊午，至乙丑成进士，官大参晋阶二品。子兆河公，举万历壬午科。大参公子洽公十七岁登乙酉榜，又二十八年尚书。公侄孙徵俊公，荐壬子乡试，成天启乙丑进士，亦官大参。遭李闯之乱，大书八字，云：'身不受辱，义虽自免。'雉经死之，为明忠臣，永光史册。及皇清定鼎，开取仕科，大参公曾孙讳兰彰者，中乙酉榜，丙戌联捷，授山东阳谷县知县，未任而卒。天夺之速，可胜悼叹"①。在这次修家谱的序言中，王赐铎重点写了王氏家族中的两位佼佼者——王国光和王淑陵。围绕王国光，写了王国光的堂弟王道、侄王淑陵、子王兆河的科举功名、官职及事迹。围绕王淑陵，写了王淑陵子王洽、侄孙王徵俊、曾孙王兰彰的科举功名、官职及事迹。以此来激励王氏后人。

崇祯元年（1628），李蕃在《李氏长门重修合族世谱记》中记载，"余按族之首发者，自伯曾祖七品散官云楼公父子兄弟始。公曾修功德院于海会寺东，内建浮图二，费金十万有奇，故亦自号双塔主人。公之弟为郧阳府同知，公之侄为山东左布政使，一门济美，故余族之世谱胥于是而作。且今欲重修之，不过转移之下，昭穆不紊，师前人之意为后昆地耳。……明崇祯元年戊辰夏四月吉旦，赐进士出身、文林郎、陕西朝邑县知县、裔孙蕃谨记"②。在续修长门族谱时，李蕃特别提了自己的伯曾祖、七品散官李思孝。李思孝在海会寺建十三层琉璃如来塔，修

---

①《王氏正派谱序》，《上庄王氏家谱》，现藏于阳城县上庄村王晋强家中。
②《李氏长门重修合族世谱记》，《白巷李氏族谱》，现藏于阳城县下庄村李尔和家中。

佛殿20余间，其弟李思恩为郧阳府同知，其侄李豸为山东左布政使。

乾隆四十年（1775），李耀祖重修李氏族谱时写到，"迄国朝康熙丁卯岁，我高祖父文学公讳席珍，高叔祖拟元公讳旭，明经公讳易，有族谱之修。雍正乙酉岁，高叔祖国学公讳霨于始祖墓门有竖石之举，皆仁人孝子之用心也"①。李耀祖回忆了康熙二十六年（1687）高祖父李席珍、高叔祖李旭、高叔祖李易修订族谱和雍正七年（1729）高叔祖李霨在始祖墓前立碑的事情。乾隆四十二年（1777），李广业重修下院支（三门）族谱时写到，"自余祖乡饮公独出己财建宗祠，设宗学，俾李氏子孙均沾教诲"②。李广业的祖父李霨建立了宗族，设立了宗学，使得李氏子孙均得以受到教诲。李耀祖、李广业在族谱里追忆先辈的功德，都是为了教育和激励后辈。

### 3. 重整家族文风

康熙三十五年（1696），王庄续写族谱时写到，"况吾家世代书香，迄今不振久矣。迄后生小子，奋发有为。倘能纪此书香，增光前代，不独先人在天之灵，喜愈于心，即后世之人，亦得指称之曰：'非此子，王氏其终也欤。'吾于迄有厚望焉"③。到康熙年间，王氏宗族的科举已经走了下坡路。王庄希望王氏后人向前辈学习，奋发有为，在科举上取得成功。

康熙二十八年（1689），李易在创修李氏合族谱时，李家已经走向衰落，"今日者余家式微极矣，绍书香而绳祖武者，又如落落晨星"④，但李家修谱之风不绝。为了让族人记住族中科第鼎盛的时代，记住这些官绅的事业和功绩，并且让他们保佑有更多的后代获得功名，

---

① 《李氏重修族谱记》，《白巷李氏族谱》，现藏于阳城县下庄村李尔和家中。
② 《下院支重修族谱序》，《白巷李氏族谱》，现藏于阳城县下庄村李尔和家中。
③ 《王氏统宗谱序文》，《上庄王氏家谱》，现藏于阳城县上庄村王晋强家中。
④ 《李氏创修世谱序》，《白巷李氏族谱》，现藏于阳城县下庄村李尔和家中。

"虽祖宗在天之灵启佑无疆，将来人文蔚起，科甲蝉联未必不若从前之盛"①，李易、李琮、李友韩和李席珍一起修订了第一部四门合族谱《李氏族谱》。

# 第二节　建祠堂、定族规

## 一、建祠堂

宗族研究特别强调祠堂的重要性。徐扬杰认为祠堂是家族的象征和中心，与族谱和族田一起构成宗族的三大要素。②王、曹、杨、李四大望族均有祠堂。

上庄王氏祠堂有前祠堂、后祠堂之分。前祠堂位于村中部、秦家楼院前方，整体略呈正方形。祠堂大门临庄河偏东而开，门额高悬"天下第一官"大匾。拾阶而上进大门后，正对照壁左手拐北向是高约15米、宽约10米的四柱三进式牌楼。牌楼中进上方雕有"冢宰祠堂"四个大字，四字下方是驰赠四世四组刻文：特赠光禄大夫、太子太保、吏部尚书王子文；特赠光禄大大、太子太保、吏部尚书王昺；特赠光禄大夫、太子太保、吏部尚书王承祖；特赠光禄大大、太子太保、吏部尚书王国光。牌楼东进上方雕有"四世一品"，牌楼西进上方雕有"一品四世"两组横联。牌楼中进外下方两边各有一尊夹着柱子的狮子。祠堂西南角上现仍留存有"隆庆五年十月之吉"，由太子少保朱衡题刻的"广

---

① 《李氏创修世谱序》，《白巷李氏族谱》，现藏于阳城县下庄村李尔和家中。
② 徐扬杰：《宋明以来的封建家族制度述论》，《中国社会科学》1980年第4期。

居门"。祠堂东面是另一
小院，小院北面是国光公
的塑像殿堂。殿堂有国光
公座像一尊，座像两侧各
塑有一尊站像，一站像手
捧金印，一站像手捧一部
书，塑像现已无存。后祠
堂位于前祠堂西，呈坐北
朝南长方形条状，于崇祯
十六年（1643）由丁忧在
家的王徵俊所建。后祠堂
现仍悬挂着徵俊公建立的
"祠堂"牌匾，上款书

图3.1　王氏后祠堂

"崇祯十六年七月二十一日"，下款落"赐进士亚中大夫山东右参政王
徵俊建"。

　　曹氏宗祠位于中庄村西与下庄村交界处，从门匾题记可知，宗祠
建于乾隆四十五年（1780），距今已有200多年历史。据祠堂内建于道
光四年（1824）的《曹氏宗祠置产栽树碑记》记载："且建祠堂以妥先
灵，又置田地以供祭品，于是每岁三祀，子姓兄弟昭穆咸在，煌煌盛
举，诚非一朝一夕之故，兹不具论，谨将置产修理栽树等费开列于左，
庶后有取据云。"①曹氏祠堂建立后，曹氏宗族又不断对祠堂进行修
缮，还专门买了祭田。

　　杨氏祠堂位于下庄杨家大院以东，在20世纪90年代被村民拆毁。

---

①道光四年（1824）《曹氏宗祠置产栽树碑记》，碑存阳城县中庄村曹氏祠堂。

李氏祠堂位于下庄村东，由李春茂的旧居改建而成。"然后族之谱虽修而合族之庙未建，是又后人之所当继也。余先君孔德深念及此，而有志未逮。适因右都御史公旧第欲售人拆毁，先君闻之不忍。因与族伯讳万库、族叔孔旭者邀同族人量力捐资，遂将公第置为合族家庙。补葺方竣，力已告乏，石尚未立，族伯与先君即相继逝。越数年，户中积有微资，于今岁春复邀族人刻石二，置于庙壁之左。"[1]道光二十六年（1846），李氏二门二支十七世李孔德听说右都御史李春茂的后人要卖掉宅院，便与李万库、李孔旭等人商量后，将其买回，改为合族宗祠。

### 二、定族规

宗族的有序运行和稳定发展离不开族训族规。族训是宗族劝诫训示子孙后代、规范族人行为、处理宗族事务的言行准则。族规是调整宗族内部成员人身及财产关系的规范。族训带有劝诫性，族规带有惩罚性。族规最大的特点是具有"法"的性质，族中成员若违反了族规，就会受到相应惩罚。

以王氏宗族为例，《王氏家谱》中的族训有"先贤家规教子格言""王氏先贤行实录"，族规有"律条"等内容。

#### （一）"先贤家规教子格言"

"先贤家规教子格言"主要摘录山东新城王氏、河北容城孙奇逢家族、陕西三原王恕家族、安徽宣城徐元太家族等的族训家训，以教育王氏后人。

如《王氏家谱》记载："山左王忠勤公教子，云所存者，必皆道义之心。非道义之心，勿汝存也，制之而已矣。所行者，必皆道义之

---

[1]《李氏重修合族世谱记》，《白巷李氏族谱》，现藏于阳城县下庄村李尔和家中。

事。非道义之事，勿汝行也，慎之而已矣。所友者，必皆读书之人，非读书之人，勿汝友也，远之而已矣。所言者，必皆读书之言，非读书之言，勿汝言也，诺之而已矣。其后世恒，书此数语于屏壁间，以为训。忠勤公之孙王方伯公，年九十余，读书排纂不辍。虽盛夏，衣冠危坐，未尝见其科跣。常揭一联于厅事云：'绍祖宗一脉真传，克勤克俭，教子孙两行正路，惟读惟耕。'斋中又一联云：'容人所不能容，忍人所不能忍。'又作自祭文云：'不敢丧心，不求满意，能甘淡泊，能忍闲气，九十年来，于心无愧。可偕众而同游，可含笑而长逝。'盖实录云。"①忠勤公是被誉为"齐鲁第一进士家族"的山东桓台新城王氏的四世祖王重光。王重光强调家族教育应以"道义"和"读书"为中心。他教育后人要正心术，存道义之心；正行迹，行道义之事；慎交友，结交读书之人；慎言语，多言读书之言。王重光孙王方伯，提醒自己要继承祖先克勤克俭的传统，教育子孙后代走耕读正道，还要求自己能够"容人所不能容，忍人所不可忍"。

（二）"王氏先贤行实录"

"王氏先贤行实录"主要记录的是王氏宗族先祖的善行、义举等。如《王氏家谱》记载："三世祖怀英公，公访亲屯城，归道经森森崖上，迎风酒醉失足坠半崟中。时河西有田舍郎问曰：'汝为谁？'公云：'我庄中王某也。'田舍郎曰：'汝勿动，一动即坠河内。我等过救你。'公云：'汝勿来，生死有命。'遂翻身投河内而死。时母有身，后生子德刚公以大吾宗焉。"②王氏三世王怀英去白巷里附近的屯城亲戚家访亲，因醉酒坠入沁河边的山岩中，为了不让救他的人陷入危险，自己坠入河内而死。

---

① 《先贤家规教子格言》，《上庄王氏家谱》，现藏于阳城县上庄村王晋强家中。
② 《王氏先贤行实录》，《上庄王氏家谱》，现藏于阳城县上庄村王晋强家中。

"六世祖遵公，公为诸生时，性嗜诗书且好《易》。阳城无精于《易》者，公游学河南，方得其传。至今阳邑诸生皆治《易》，其传受盖自公始云。公中成化甲午亚元，时国法严峻，士大夫多不克以令名终，公因此遂绝意功名，隐居不仕以林泉自娱焉。"①六世王遵为诸生时，喜诗词赋，尤嗜《易经》。当时阳城尚无精易之人，王遵游学河南，始得《易经》真传，返乡后立学传授。后来邑中治易者颇多，都是王遵传授的结果。成化十年（1474）王遵中举。此时正值明王朝发展的前中期，法严且峻，士大夫及文化人均不能善始善终。看到此情，王遵遂绝意功名，隐居不仕，以林泉自娱。

"七世祖鼎公，公恩赐寿官居乡，人咸称为长者。时村中人共饮一泉，泉之源出公之家后，咸称不便。公闻之遂相地凿渠，疏壅导滞曲折数百步于村中，以石砌，泉清冽甘美，迄今二百余年，村人食之源源不竭，皆公之力也。"②上庄村民饮用的泉水出自王氏七世王鼎的房后。村民担水要绕道很远，极不方便。王鼎便自己出钱，依据地形，挖渠引水，渠用石砌，将水引至庄河岸边，极大地便利了村民用水。此水就是现在庄河岸边的"滚水泉"。

王国光是明代杰出的政治家和财政家，官至刑、户、吏三部尚书，历世宗、穆宗、神宗三帝，从事政治活动达40余年。王国光在万历年间辅佐张居正实行改革，对"万历中兴"起到了积极作用。"王氏先贤行实录"自然要用大量篇幅来记录王国光为民、为官的故事，以此来教育王氏后人。

"吴江贤令"的故事，讲述了王国光清正廉洁的为官作风和敢于惩治无赖的铁腕手段。"公嘉靖甲辰进士，初任吴江县尹。吴江地广粮

---

①②《王氏先贤行实录》，《上庄王氏家谱》，现藏于阳城县上庄村王晋强家中。

多，号称难治。公莅任初，树碑衙门前，云：'山西王国光，初任到吴江。若爱一文钱，客死不还乡。'县俗答人用柳条，刑轻法弛，奸胥顽民，弊端百出。且有无赖滑棍，每新官到任，无故讨责，名曰试。公知其故，乃密载竹板。及莅任，果有试板者。公以竹板痛惩，后竟无敢犯公之法。公之法果，县境以治。"①

"料考如神"的故事，讲述了王国光预料到亲家张昇、堂弟王道、本县少年卫心、本村人杨枝考中举人的事情。"公天性严毅，刚直不阿，上司多恶之。时直指使，有中伤公意。适山西乡试，录至，直指问，云：'贵县连登甲第，亦名下士也。今科阳城有可中者否？'公云：'有卑职亲家张昇其人者。'直指云：'中了。'又问，公云：'有卑职弟王道者。'直指云：'中了。'又问，公云：'卑职居乡城中，少年素来相与，不敢轻论，闻有卫心、杨枝二子，亦必售材，不知中否？'直指云：'中了，中了，贵县眼力高明，令弟少年英发，联登必矣。本院自行首荐，勉之。'"②

"捐资筑砖城"的故事，说的是王国光主政户部时，政绩突出，万历皇帝命有司在其家乡为他再造府第，以示恩宠。王国光在回到家乡后，看到土夯的县城城墙年久失修，于是慷慨解囊，将"治第之金"全数捐出，用砖石重修了城墙。"公为大司农时，有敕赐修府银两。公因县城土筑，遂捐修府银，两易县城为砖石。后公没，至崇祯辛未壬申，流寇焚掠，所过郡县皆残破，独阳城瓦全。时士民感公之德，上其事于有司，因得崇祀乡贤。至清康熙庚申，大梁都公尹阳城，追念前功，悉免公里修城之役。陈冢宰说岩公撰文树碑于乡贤祠，说岩公，益公玄孙婿也。"③

---

①②③《王氏先贤行实录》，《上庄王氏家谱》，现藏于阳城县上庄村王晋强家中。

"王国光慧眼识人"，说的是王国光在高平县令家中看了刘鸿训、孙居相、孙鼎相、张慎言、王家基的文章后，精准预测到五人的前途。"公以吏部尚书谢政归里时，过高平。高平尹刘公酌酒相邀，因出其子鸿训，及同学二孙一张，并馆师王五人课艺，请政公览之。惊曰：'此皆卿辅材也，安得萃处一室？'指馆师文云：'此文虽工，福远不及诸子。'指刘公子文，云：'此翰苑才也。'后刘公子鸿训癸丑进士，官东阁大学士。孙公居相壬辰进士，官户部尚书。孙公鼎相戊戌进士，官副都御史。张慎言即藐山先生，庚戌进士，官吏部尚书。馆师王家基壬辰进士，选泾阳县尹，未莅任，卒于途。藐山先生，公外孙也。幼时，公常摩其顶曰：'后生可畏，是儿禄位不在我下。'故藐山先生有诗云：'摩顶惊闻后生'之句，是出自《长洲先生苏谭及藐山先生诗集》。"①

　　"王氏先贤行实录"还记载了王国光异于常人的相貌和饮食方式，以及他游历山川名胜的爱好。"公生而魁梧奇伟，身高八尺，饮啖兼数人。神宗每以王大汉呼之，足长一尺，今家中尚有所遗草履，阔大非常。年四十无须，忽生一须，即白至八十，白须满颊。日食肉七斤，饼一箸。惟嗜犬肉类，食全犬，烧饼十个，每个重半斤。每食大柿百枚，《玉剑尊闻》载其事。公天性高朗清逸，不以家务当其心，每留情于山水花木泉石间，所过名山大川、禅林道院，辄有题咏，镌之石刻。"②

　　"九世祖化公，公嘉靖辛酉岁贡，官鄢陵王府教授。家初无谱，自蒙宰公诰赠四世一品，乃启子文公，圹宣敕命，加麟玉，而得志焉。考之，自四公上无可稽爰。命公修家谱，遂以四公为始祖焉。公秉笔严正，无少曲折。益古之直道，君子也。寿九十三岁而终，手书家谱

　　①②《王氏先贤行实录》，《上庄王氏家谱》，现藏于阳城县上庄村王晋强家中。

尚存。"①九世王化是王国光堂弟。王家本无谱，王国光令王化创修家谱，不久谱成，是为统宗谱。后经族人多次录修，承传于今。

"九世祖道公，……任满四籍，有羡银九百两。义子王臣劝公取之，公云：'此他人物也，我何取焉？'竟置之而去，人服其廉洁。"②王道任满回籍时，有羡银九百两，义子王臣劝他带走，王道却坚决拒绝了。

除王国光外，王淑陵是王氏家族中官职最高的。"王氏先贤行实录"也记载了大量有关王淑陵的事迹。"十世祖淑陵公，公聪慧好学，贫家无油烛，焚柴映火光，读书不倦。无童仆，每早起灌园，饭后牧牛，持书牛后，诵之。从仲叔溥公学，入泮后始迎婚。公为诸生时，常夜与友人交谈。公数过，即就寝。友百之犹不能记，友所读书，公于枕上听之即能成诵。夜梦卧舅氏大参公坟上，私心自负，后官果至湖广左参政。公嘉靖戊午科举人，又六年甲子，夏假寐，梦一人状貌奇丑，立于公前。公问曰：'汝何人？'答曰：'吾丑鬼也，报公第矣，官拜尚书令。'丑者，丑也。乙丑，公果中进士第。古有中书、门下、尚书三省。参知政事，非即尚书令省也。"③王淑陵少时家贫，常早起灌园，饭后下地或放牛。放牛时，持书牛后，入夜烧柴映光，诵读不倦。在做诸生的时候，他的记忆力就非常惊人，别人背诵了很多遍都背不下来，他睡在枕头上听别人读一遍，就能背诵下来。王淑陵于嘉靖三十七年（1558）考中举人。六年后的一个夏天，他在打瞌睡的时候，梦到一个状貌奇丑的人站在他身前。王淑陵问："你是谁？"回答说："我是丑鬼。"丑者，丑也。嘉靖乙丑年，即嘉靖四十四年（1565），王淑陵果然中了进士。

---

①②③《王氏先贤行实录》，《上庄王氏家谱》，现藏于阳城县上庄村王晋强家中。

"公初授嵩县尹，……阖邑服其高明。后家居，令乡人效之皆验。……人咸公刚直所感云。……公在嵩有地名竹园沟者，路从左入，至半后转，而右始得出。其险峻约二十里，竹木丛杂，盗贼隐伏，行人每被劫掠，公患之。乃于沟中相对处，捐俸银作石桥以通之。往来甚便，不只无迂折之苦，且免掠夺之祸。士民感其德，于桥头树王公桥一碑，以颂公德。后邑令耿，改为耿公桥。耿去，士民复改为王公桥，字痕甚深，恐后令之再改也。其碑至今犹在。"①王淑陵在嵩县任上除暴安良，抚安济民，深得民心。他得知"竹园沟"这个地方横亘一条大沟阻断通路，山高林密，人们只得左弯右拐走上20余里的冤枉路，才能转出险峻。行人常被贼人劫掠，很是不便。王淑陵得情忧心忡忡。他亲到实地勘查后，决定拿出俸银修筑石桥。当地百姓听说县令要在竹园沟筑桥，无不高兴，纷纷出人出工，石桥很快就筑成了。为感他的功德，当地百姓就在桥头竖立"王公桥"石碑，以颂其德。王淑陵任满离去后，一耿姓县令接任，便将王公桥改刻为"耿公桥"。耿县令离任后，百姓们就将"耿公桥"字毁磨掉，复改为"王公桥"，并且将字痕雕刻甚深，恐后来县令再改。

"公补任枣强县尹时，岁大饥。公计仓储所积，可活万人。因请赈，台监不许。公毅然曰：'吾独不能为汲内吏耶？且吾有民社寄，奈何坐视之乎？'遂发粟赈济，所活万余人。"②王淑陵补任枣强（今河北省枣强县）县尹时，正值时岁大饥。淑陵计算食储足可赈济万人，但台监不允。淑陵竟发粮赈急，所活万人。"公备兵大梁，有妖人曹伦，煽惑两河，聚数千人，几陷仪封，士民惶惧。公整兵而出，擒渠魁数人，焚伪授官爵簿，以安数民。……以正刑辟两河，悉平。"③次年，

①②③《王氏先贤行实录》，《上庄王氏家谱》，现藏于阳城县上庄村王晋强家中。

淑陵备兵大梁（今河南开封一带），有妖人曹伦煽惑两河(指伊、洛二水)，聚众数千人，几陷仪封（今河南兰考一带），百姓惶惧。淑陵兵至，擒得贼首，使当地恢复了安宁。

（三）"律条"

"律条"主要记载的是对诉讼、辱骂、斗殴的惩罚性规定，共计三项十八条，并有王庄独子王去非，因毙伤人命，按家法被"枷毙于冢宰公牌楼下"[1]的记载。"律条"分为诉讼门、詈骂门、斗殴门三部分，各六条。

"诉讼门六条：告祖父母、父母者，虽得实，杖一百，徒三年，诬者，绞；告期服者，虽得实，杖一百，诬者，加本罪三等；告大功服者，虽得实，杖九十，诬者，加本罪三等；告小功服者，虽得实，杖八十，诬者，加本罪三等；告缌麻服者，虽得实，杖七十，诬者，加本罪三等；子孙违犯祖父母、父母教令及奉养缺者，杖一百。詈骂门六条：骂祖父母、父母者，绞；骂胞兄者，杖一百；骂伯叔父母者，加骂胞兄，罪一等；骂大功服者等辈，杖七十，尊属加一等；骂小功服者等辈，杖六十，尊属加一等；骂缌麻服等辈者，笞五十，尊属加一等。斗殴门六条：殴祖父母、父母者，斩；殴胞兄者，杖九十，徒二年半；殴伯叔父母者，加殴胞兄，罪一等；殴大功服等辈者，杖七十，徒一年半，尊属加一等；殴小功服等辈者，杖六十，徒一年，尊属加一等；殴缌麻服等辈者，杖一百，尊属加一等。"[2]

王氏宗族的"律条"主要摘自《大明律》和《大清律例》，它在维护宗族正常秩序以及加强对族人的管理上，起到了一定作用。从中可看到以下几点：首先，"律条"以维护长者利益为重，任何违背这一点的族人都要受到族规的严惩。其次，"律条"奉行"止讼"原则。中国传

---

①②《律条》，《上庄王氏家谱》，现藏于阳城县上庄村王晋强家中。

统社会追求"无讼",认为好的社会是"一个没有纷争和犯罪而不需要法律,或虽有法律而搁置不用"的社会。诉讼还会妨碍宗族内部伦理等级秩序,影响宗族声誉。于是"止讼"便成为宗族顺理成章的选择。最后,"律条"具有和睦宗亲的作用。"律条"禁止骂人、斗殴,平抑缓和了宗族内部诸多矛盾,使血脉宗亲的情感得以维系。

# 第三节　重祖茔

## 一、标明坟墓位置

祖坟的选址、修建及保护是沁河流域中游宗族建设的关键要素。记住祖先的埋葬地是家谱中反复强调的内容。

王氏祖茔。王氏祖茔在与白巷里相邻的上伏村。万历十八年（1590），王淑陵撰写的《明故寿官爱莲居士曾祖王公墓表》中记载:"曾祖卒于嘉靖十九年六月二十九日,享年八十有四,葬于上坪之。"①这里的上坪就在上伏（古称上佛）。据康熙十四年（1675），王元机撰写的《王氏宗志》记载:"上坪祖茔后有一志碑,日久年远,备风雨损坏。"②王元机标明了王氏祖茔在上伏。他认为王氏祖茔的风水很好,"幸赖祖宗积德百有余世,至出身登仕者一十九人,盖起于上坪之原,细看九京结脉,山环水抱,风藏气聚,景秀槐荫,松昌柏茂,垄冢森然。"③王氏祖茔还有两块石牌坊,"于中路前勅修石牌坊

---

①万历十八年（1590）《明故寿官爱莲居士曾祖王公墓表》,《上庄王氏家谱》,现藏于阳城县上庄村王晋强家中。
②③《王氏宗志》,《上庄王氏家谱》,现藏于阳城县上庄村王晋强家中。

一，正题曰：'诰赠光禄大夫、太子太保、吏部尚书、曾祖王子文'，
次又诰封两世。左隅敕修飨堂以祀祭奠。于大路上敕修石牌坊一，正
题曰：'恩赐寿官、曾祖王鼎'，次又序诰封两世。"①康熙三十三年
（1694），王赐铎在《王氏正派谱序》中也记载："有以边后移居于上
佛，而以上坪为祖茔。"②

曹氏祖茔。道光四年（1824）的《曹氏宗祠置产栽树碑记》记载：
"始祖茔在村东之玉皇沟，代远年湮遐哉莫考，后又卜牛眠于村之南
岭，为九甲长门之始祖茔，迄今十有世矣。"③由此可知，曹氏祖茔原
先在中庄村东的玉皇沟，因为年代久远，无法辨认，后又在村南岭找到
了一块风水好的墓地，作为曹氏祖茔。

李氏祖茔。崇祯二年（1629），李四友在《李氏三门之二门创修世
系碑引》中记载："村之西岭有先世坟墓，虽共祖之而多蓁荒，不火就
中亦仅可识其近世。伤哉！"④由此可知，李氏祖茔在村之西岭。康熙
九年（1670），李甲寅在《李氏三门之二门创修世谱序》中记载："独
村杪西岭有古茔一区，世传为李家老坟，则其为共祖也。近世又熟知共
主下分为四支：曰后街，曰麻地，曰下院，曰场西。余属下院一支，其
三支则别卜地为分祖茔，而下院分祖茔即茔于共祖之侧。"⑤李甲寅不
仅指出了李氏祖茔在村之西岭，而且指出下院支的分祖茔位于李氏祖茔
之侧，其他三支的分祖茔则别选他地。康熙二十八年（1689），李易撰

①《王氏宗志》，《上庄王氏家谱》，现藏于阳城县上庄村王晋强家中。
②《王氏正派谱序》，《上庄王氏家谱》，现藏于阳城县上庄村王晋强家中。
③道光四年（1824）《曹氏宗祠置产栽树碑记》，碑存阳城县中庄村曹氏祠堂。
④《李氏三门之二门创修世系碑引》，《白巷李氏族谱》，现藏于阳城县下庄
村李尔和家中。
⑤《李氏三门之二门创修世谱序》，《白巷李氏族谱》，现藏于阳城县下庄村
李尔和家中。

写的《李氏创修世谱序》中记载："仅知茔在村抄西岭，塚亦荒蓁莫辨。其所谓四支者，后街则茔于小墓，……麻地亦茔于小墓，……下院则茔于西岭共祖侧，……场西人丁衰弱，愈难远搜，只凭叔资德所知始自思全，与余七世祖等辈，并无碑谱，无从联络。"①李易指出后街支、麻地支的分祖茔位于小墓，场西支分祖茔则无从查询。

杨氏祖茔。杨氏祖茔在王村大坪山水坪。《白巷杨氏族谱》记载："长门四世杨兴，葬于王村大坪山水坪祖茔之次，墓碑尚存。二门四世杨全，葬于王村大坪山水坪祖茔之次。三门四世杨旺，葬于王村大坪山水坪祖茔之次，碑冢无存，详悉莫考。四门四世杨宽，公葬于王村大坪山水坪祖茔之次，碑冢无存，详悉莫考。"②除此之外，葬于杨氏祖茔的还有三门六世杨克美，四门六世杨乾，三门七世杨鸾、杨玠，三门八世杨璋，三门九世杨柟、杨枝、杨枢，三门十世杨瀚、杨湘，三门十一世杨时萃、杨时咸。

除祖茔外，《白巷杨氏族谱》还记载了杨氏宗族的其他坟墓。

上伏坪上之东溎茔。"三门十三世杨宪，锡应公之子，生忌姒氏未详，子一，泽昆。按：上佛（伏）坪上之东溎茔，内有碑三座，其左端二碑为天章、德山两公，德山公碑已倒于地，其右端一碑书杨氏祖茔四大字，上首题'白巷里五甲三门二支'，下书'道光十七年四月谷旦，元孙书林、德恩、德梦，曾孙英武立石'。考玄曾世系，溯而推之，此碑即公之墓碑，书林、德恩、德梦即德山、德星、德福也。"③杨氏族谱的修订者，在上伏坪的东溎茔，找到三座碑。左边两块碑分别为三门十五世杨天章（杨宪之孙）之碑和杨德山（杨天章之子）之碑。右边的一块碑上写着道光十七年（1837），元孙书林、德恩、德梦，曾孙英武

---

① 《李氏创修世谱序》，《白巷李氏族谱》，现藏于阳城县下庄村李尔和家中。
②③ 《白巷杨氏族谱》，现藏于阳城县下庄村杨玉章家中。

立石。杨德山，字厚斋，一名书林，杨天章长子。杨德星，一名德恩，杨天章次子。杨德福，一名德梦，杨龙章（杨天章之弟）子。杨英武为杨德山子。由此修谱者推断出，上伏坪东溁莹内右边的这块碑为三门十三世杨宪的碑。此外，从《白巷杨氏族谱》得知，杨德山的二子杨英武、杨英俊俱葬于此。

本村南岭。"三门十二世杨荣序，一名荣胤，字半嵋，号又生，公清顺治丙戌进士，诰授中宪大夫、陕西庆阳府知府，葬于本村南岭，碑冢俱存。三门十三世杨䎍，号谨庵，半嵋公长子，葬于半嵋公墓之次，碑冢俱存。三门十三世杨悔，半嵋公次子，葬于半嵋公墓之次，碑冢俱存。"[1]可知葬于此地的有杨荣序、杨䎍、杨悔父子三人。另外，从家谱得知三门十四世杨僎、三门十五世杨谦益、三门十六世杨庭芝、三门十七世杨桂馨、三门十八世杨庆云也葬于此地。

本村西岭之红土堆。"三门十七世杨桂芳，字成林，公葬于本村西岭之红土堆。三门十八世杨步云，成林公长子，公葬于本村西岭之红土堆成林公墓之次。"[2]可知葬于此地的有杨桂芳、杨步云父子。另外，从家谱得知三门十九世杨季善，三门十九世杨书雅、杨伯朋，三门二十世杨念先、杨景先也葬于此处。

本村石圪节坡之路西。"三门十四世杨䎍，字鹤翔，公葬于本村石圪节坡之路西，立乙山辛向，碑冢俱存。三门十五世杨兴盛，字茂之，鹤翔公次子，公恩赐登仕郎，葬于鹤翔公墓之次，碑冢俱存。三门十五世杨兴荣，字兰之，鹤翔公三子，公恩赐修职郎，葬于鹤翔公墓之次，碑冢俱存。"[3]葬于此处的有杨䎍、杨兴盛、杨兴荣父子三人。

上佛坪上新莹。"三门十五世杨颂，字肇雅，公葬于上佛坪上新

---

①②③《白巷杨氏族谱》，现藏于阳城县下庄村杨玉章家中。

茔，甲山庚向，碑冢俱存。三门十五世杨欣，字硕庵，公葬于上佛坪上新茔，癸山丁向兼丑山未向三分，碑冢俱存。三门十五世杨灏，字旷如，公葬于上佛坪上新茔，甲山庚向，碑冢俱存。"[1]葬于此处的有三门十五世的杨颂、杨欣和杨灏。

高窊村南之杨家坟。"三门十二世杨元新，字始亨，公葬于高窊村南之杨家坟，碑冢俱存。三门十三世杨昌符，公葬于始亨公茔之次。三门十三世杨昌籍，公葬于始亨公茔之次。"[2]葬于此处的有杨元新、杨昌符、杨昌籍父子三人。

本村向阳岭。"三门十一世杨于廷，字公亟，号耀坪，葬于本村向阳岭，有碑。三门十三世杨任録，公葬于本村向阳（岭）。"[3]葬于此处的有三门十一世杨于廷、三门三十世任録。

其他。"二门十四世杨群，葬于北村王家岭路南艮山坤向，有碑。二门十七世杨承教，生于乾隆四十四年，卒于咸丰元年，葬本村塌山岭坤山艮向。三门六世杨雄，葬于本村西岭之杨树坟。三门十世杨注，公葬于本村西岭。三门十二世杨燦应，公葬于上佛坪上之松坡。三门十八世杨岱云，字鲁瞻，公病殁于豫，柩归次日，王孺人自经以殉节。奉旨旌表烈妇，合葬于本村下街新茔。三门二十一世杨兰阶，公葬于下佛之岭后新茔，立乾山巽向兼己亥三分。四门七世杨佩，乾公长子，公葬于北阴（音）岭后。"[4]由此可知，杨氏宗族在北村王家岭、本村塌山岭、本村西岭之杨树坟、本村西岭、上佛坪上之松坡、本村下街、下佛之岭后、北阴（音）岭后都有坟墓。

## 二、迁坟、修塔

康熙十五年（1676）三月，王元机在《可乐山碑记》中记载了为

---

①②③④《白巷杨氏族谱》，现藏于阳城县下庄村杨玉章家中。

父亲王淳、母亲蔡氏、曹氏、续氏迁坟之事。"公讳淳，字龙池，号伯远，又号完初遁。……聘蔡氏，配曹氏、续氏。世居阳城白巷里之上庄村。明癸酉五月十四日，父见背，值时变，未得启母曹氏，姑藁葬。"①崇祯六年（1633），王元机的父亲王淳去世，因此时白巷里一带遭到陕西农民军的大规模侵袭，王元机只得将其父草草埋葬，而没有来得及将其母曹氏与父亲王淳合葬。"越丁亥，兄氏念祖营茔上佛□坪地狭，不能附葬，勉力卜□□父与母曹氏葬于□□□□。"②顺治四年（1647），王元机的兄长王元启考虑到上佛祖茔地方狭小，不能合葬，于是把父亲和母曹氏合葬于可乐山。"母蔡氏犹在蔡家祖茔□次，儿辈莫之知也。幸□□□氏恭俭持家，事务大体，居常嘱诸子曰：'尔有前母蔡氏年将及笄，未成婚礼而卒，当迁于吾茔以全尔父初聘之义。'不孝元机遵母遗命，于壬子岁启，前母蔡氏同生母续氏俱于斯焉，茔合窆焉。兄元启配张氏葬于父坟之左，二兄元槃，三兄元枢，庠生，葬于本村之潘坡，没者心安，身者情尽，谨志石以垂不朽云。次年春月用价五星，卜地于西山之上建修一塔，附刊此石共为永记。"③前母蔡氏未过门就去世了，王元机遵照生母续氏的遗命，于康熙十一年（1672）将前母蔡氏和生母续氏俱于父亲的坟墓里。王元机的长兄王元启和其妻张氏也葬于此，二兄元槃、三兄元枢葬于本村之潘坡。

康熙十六年（1677）春，王元机又为父亲的坟墓修塔。他认为可乐山茔地的风水非常好，"可乐山原发自艮脉，层峦叠耸，峰回溪转。其山川形势若老梅生出嫩枝之状。坐坤向丑，支分秀丽。下带平田数亩，中结宽阔者一，诸山围抱，泉水环朝，隐居潜穴。自癸未岁，吾兄

①②③康熙十五年（1676）《可乐山碑记》，《上庄王氏家谱》，现藏于阳城县上庄村王晋强家中。

勉力卜为茔域，于丁亥冬迁葬，葬吾父于斯焉"①。然后又听风水先生说，"此亦一善地也，名为回龙顾祖。再于西山之上，修建一塔，可应其善。"②于是康熙十六年（1677）春，王元机"以西山高丘之处，用价卜地，磐石一节，围丈九尺八寸之阔，砖砌四节，突柱清虚，共两丈七尺之高"③，并说此塔"上接云霞，远含山翠，势若星拱，昭其秀也"④。

### 三、祭扫坟墓

王元机在《上庄王氏家谱》记载了王国光万历十一年（1583）清明节到上伏上坪祖茔祭扫，并留下诗刻的情景。太宰公诗原刻卧石志于上佛坪上祖茔飨堂大庭左窗下。清明祭扫，感而赋此。

#### 其一

细雨初晴过上村，献浆犹若语音存。

王孙落泪空瞻草，客子回家忆倚门。

如泣松乌啼白昼，无情石虎卧黄昏。

制词幸得蟠龙碣，奕世扬名表后昆。

#### 其二

先世荫功在眼前，草庭槐荫岂徒然。

耳边诗礼思趋命，身后箕裘敢忘传？

旷野风声悲古木，高封云气彻重泉。

痴儿虚忝三朝禄，食报还应望后贤。

---

①②③④康熙十六年（1677）《可乐山茔地西山修塔志》，《上庄王氏家谱》，现藏于阳城县上庄村王晋强家中。

### 四、护祖茔

在华北，祖茔对于宗族的意义非常重要，为此就要千方百计维护祖茔，并与破坏祖茔的行为进行斗争。杨氏祖茔坐落在王村里的大坪山水坪，由于这里有丰富的煤炭资源，因而屡遭破坏。嘉庆十五年（1810），杨氏族人杨国良撰写的《邑侯秦太老爷大坪山水坪禁窑碑记》记载了杨氏祖茔三次被破坏的经过。"杨氏祖茔坐落大坪山水坪，康熙十五年，武安邦等在此开凿炭窑，大碍余茔。余先人具禀在案，蒙都慈枷责示众。伊立有信印拦约为证。"[1]康熙十五年（1676），武安邦等人在此开炭窑，危害了杨氏祖茔，于是杨氏宗族将其上报县衙，结果县太爷将武安邦等人施枷责罚示众。"洎乾隆十年卫映谦等复行开凿，余族偕坟邻孙郭诸君，赴县禀控。蒙谢慈勘明封禁，且许设立禁碑，赐以朱批云：'禁止大坪山水坪前后左右，永远不许开凿炭窑石窝。'其碑立于窑顶，其详志于庙壁，数十年来晏如也。"[2]乾隆十年（1745），卫映谦等人再次开凿，杨氏先人再次上告到县衙，县太爷做出了封窑并设立禁碑的决定。但60多年后，又有人在此开窑。"嘉庆十五年二月，突有武生张上林及裴锦中等竟在封禁处，仆碑开窑。"[3]于是杨家再行上告县衙，县衙也再次做出了有利于杨家的决议。"除将张上林移学戒饬，并将窑口堵塞外，合行出示永远严禁。为此示仰白巷、王村两里乡地居民人等知悉。此示之后，如有不法之徒再在大坪山水坪之处开凿窑口者，许杨姓等赴县禀报，以凭大法究治，绝不宽恕。"[4]

道光二十八年（1848），杨家祖茔又遭破坏。《县公刘太老爷再禁大坪山水坪开窑告示碑》记载了杨氏祖茔被破坏的经过。"兹据杨德福

---

[1][2][3][4]嘉庆十五年（1810）《邑侯秦太老爷大坪山水坪禁窑碑记》，碑存阳城县下庄杨家大院。

等具控郭福有于此山开凿炭窑，与伊等祖茔有碍等情。当经本县传集训明，查得郭福有又将封禁山场又行租出开凿炭窑，殊属违禁。"[1]县令的判决是：判决郭福有等人违法，勒令其退还租约，并再次立碑，永远严禁开窑。

对在杨家祖茔附近开窑的行为，杨家同仇敌忾，决不退让，不惜通过打官司来维护祖茔的完整。维护祖茔的抗争，激发了族人的使命感，使全族凝成一体，这是祖茔官司起到了团结族人的作用。

# 小　结

白巷里望族在形成之后，为了保证本宗族长盛不衰，纷纷采取修家谱、建祠堂、订家规、重祖茔等方式对宗族进行管理和整合。

修家谱。白巷里四大望族均有家谱存世。修谱者和续谱者均为宗族中精英人士，修谱是精英人士彰显自己和先辈的绝佳机会。考证宗族世系源流和续谱是修谱的主要内容。修谱目的有三：一是"严尊卑之等，序长幼之节"；二是教育和激励后人；三是重整家族文风。

建祠堂。祠堂是家族的象征和中心，四大望族均建有祠堂。订族规。宗族的有序运行和稳定发展离不开族训、族规。族训是宗族劝诫训示子孙后代、规范族人行为、处理宗族事务的言行准则。族规是调整宗族内部成员人身及财产关系的规范。族训带有劝诫性，族规带有惩罚

---

[1]道光二十九年（1849）《县公刘太老爷再禁大坪山水坪开窑告示碑》，碑存阳城县下庄杨家大院。

性。族训主要记载宗族祖先的善行、义举、言论等，以教育后人。族规最大的特点是带有"法"的性质，宗族成员若违反了族规，就会受到相应惩罚。族训、族规平抑缓和了宗族内部诸多矛盾，维护了宗族正常秩序。

重祖茔。祖茔对于沁河流域中游的宗族具有非常重要的意义。祖茔的选址、修建、迁移及保护是宗族建设的关键要素。记住祖先的埋葬地是家谱中反复强调的内容。祭扫坟墓是礼敬祖先、慎终追远的文化传统。祖茔对于宗族的意义非常重要，为此就要千方百计维护祖茔，与破坏祖茔的行为进行斗争，维护祖茔的抗争，激发了族人的使命感，增强了宗族的凝聚力。

总之，宗族在白巷里是得到普遍认同的组织。白巷里望族的组织化建设是持续进行的，绝不仅是一种"附庸风雅"之举。从白巷里望族的组织化建设来看，其宗族具有和南方宗族同样的特征。只是南方更重视祠堂，这里更重视祖茔。四大望族的组织化建设，维护了宗族秩序，增强了宗族内部的团结和凝聚力，为其在地方社会中发挥作用提供了可能。

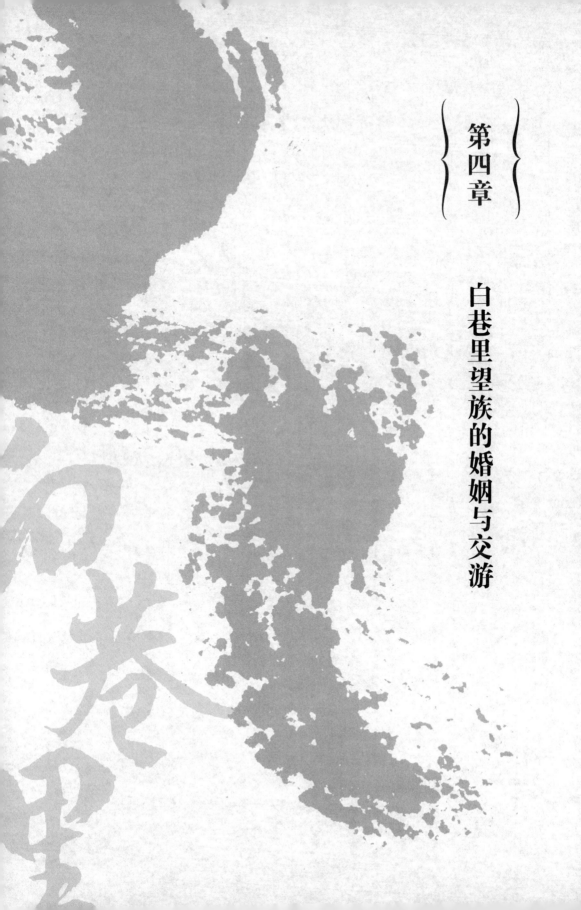

第四章

白巷里望族的婚姻与交游

《礼记·婚义》里讲："婚姻者，合二姓之好，上以事宗朝，下以继后世。"就是说婚姻是两个家族之间的事情，是为了祭祀祖先和延续宗族，所以宗族在缔结婚姻上非常慎重。张杰认为："在科举家族的婚姻行为中，除了从政治上考虑之外，更受重视的是双方的文化背景，在中间起决定作用的往往是家族的文化素养，而不是权力和财富，在相当大的程度上，科举家族的婚姻行为，突出体现出一种文化行为。"①

婚姻在宗族研究中是一个重要的方面。在对明清时期望族婚姻的研究中，南方主要是对徽州宗族的研究。陈瑞利用安徽歙县虹源王氏宗族的族谱资料对明清徽州宗族的婚姻圈进行了分析，他指出，明清徽州宗族婚姻圈有以下特征：一是婚姻缔结以县境地域范围为主；二是徽州境外的婚姻缔结与徽商的迁徙和经营地域圈扩大有关；三是徽州宗族的婚姻缔结以几个大的宗族为主要对象，相互之间结成世婚之家；四是较多以业儒仕宦为背景的宗族相互结成婚姻关系。②祁门善和程氏是徽州望族程氏宗族的重要支派，沈昕对该支派婚姻进行研究后，概括出了其联姻圈的基本特征，那就是婚配对象多为名门望族、聚居祁门本县、多为官宦世家、多通诗书礼仪等。③北方主要是对山东宗族婚姻的研究。于瑞桓、何成对明清时期山东望族新城王氏婚姻进行了研究，并概括出了其婚姻选择的几个特点，即注重与科举望族的联姻；婚姻选择具有浓厚的地域性色彩；在与其他科举望族通婚的基础上，与其中的某些家族形成了世婚。④何成在考察了新城王氏家族兴盛的原因后提

①张杰：《清代科举家族》，社会科学文献出版社，2003，第128页。
②陈瑞：《以歙县虹源王氏为中心看明清徽州宗族的婚姻圈》，《安徽史学》2004年第6期。
③沈昕：《宗族联姻与明清徽州地方社会——以祁门善和程氏为中心》，《安徽大学学报（哲学社会科学版）》2009年第6期。
④于瑞桓、何成：《明末清初新城王氏婚姻简论》，《烟台大学学报（哲学社会科学版）》2002年第2期。

出，与其他望族联姻是山东新城王氏维持门第不坠长达200余年之久的原因之一。[1]韩荣钧、孙才顺在考察了山东无棣吴氏家族婚姻后指出，成功的联姻策略是该家族保持望族地位的重要原因。吴氏家族联姻的特点为：注重与望族的联姻，注重与文化世家的联姻，注重地域婚，与某些科举家族形成了世代婚。[2]王春花对明清山东东阿秦氏家族婚姻进行了研究，她提出，东阿秦氏与当地望族于氏相结合，而于氏又与东阿一门三进士的刘氏结为姻亲，三个家族的强强联合，巩固了他们在东阿的望族地位。[3]

此外，还有学者对河北和上海的宗族婚姻进行过研究。于秀萍在对明清河北宗族兴盛的原因进行分析后指出，有选择的婚姻是河北宗族在明清获得较成熟发展的原因之一。[4]日本学者佐藤仁史对清代中期上海曹氏家族进行了研究，他提出，上海曹氏主要与上海地区的望族形成稳固而紧密的通婚网络，这表明当时上海的望族婚姻呈现出地域婚，以及注重与科举望族的联姻等特点。[5]

望族与外部的互动，除了通婚外，交游也占了很大比重。望族与地方官吏交往，可以为家族谋取利益，提升家族实力。望族成员为了在举业上取得成就，传播自己家族在文化方面的影响，也必须多拜名士为师，与文人交游。结社是望族交游的重要方面，明清时期望族士人的结

---

① 何成：《明清新城王氏家族兴盛原因述论》，《山东大学学报（哲学社会科学版）》2002年第2期。

② 韩荣钧、孙才顺：《无棣吴氏家族婚姻关系的特点》，《滨州学院学报》2013年第2期。

③ 王春花：《明清时期东阿秦氏家族的合族与婚姻》，《农业考古》2014年第1期。

④ 于秀萍：《明清河北宗族兴盛原因探析》，《沧州师范专科学校学报》2006年第3期。

⑤ 佐藤仁史：《清朝中期江南的一宗族与区域社会——以上海曹氏为例的个案研究》，《学术月刊》1996年第4期。

社之风非常流行。吴仁安认为"广泛的社会人际交往，是明清江南望族生存和发展的基础"①，他还提出了望族间人际交友的四种基本类型，即"望族士人授徒与从师类型的交游""望族间的'通家之谊'""科举考试历程中的'座师''门生'或'同年'之际的交往""望族士人同声相应、同气相求类型的交往"②。江庆柏在《明清苏南望族文化研究》一书中提出，广泛的社会交往，是苏南望族生存和发展的基础，广泛的社会交往扩大了苏南望族在社会上的影响，提高了家族在社会上的地位，同时也丰富了这些家族的生活内容。授徒和从师是在地缘基础上建立家族之间联系最便捷的方式和途径。苏南文人还利用结社和集会来构建起自己的联络圈子。③周成强在考察了安徽桐城望族诗人的交游后提出，桐城望族诗人的交游主要分两种情况：一种是基于地缘和姻亲网络的交游，一种是和当时诗坛硕彦、朋辈的交游。④


# 第一节　白巷里望族的婚姻


明清时期，望族之间通过联姻建立姻亲集团，通常被视为宗族组织扩大化的一个标志。本书主要通过《上庄王氏家谱》《白巷杨氏族谱》和相关的碑刻资料，来分析白巷里望族的婚姻状况。

---

①②吴仁安：《明清时期的江南望族》，上海人民出版社，2019，第202页。
③江庆柏：《明清苏南望族文化研究》，南京师范大学出版社，1999，第283-288页。
④周成强：《明清桐城望族诗歌研究》，武汉大学出版社，2017，第104页。

### 一、上庄王氏的婚姻

我们主要以王氏宗族王承让支和王洽支为例，来探讨王氏望族的婚姻。

#### （一）王承让支的婚姻

王承祖，王氏八世，原配为兰州吏目原辂之女。王承祖为王国光的父亲。文徵明为王承祖写的墓志铭记载："公讳承祖，泽之阳城人，世为晋阳著姓。……公凡三娶：原配原氏，兰州吏目原公辂之女。庄静若渊，明慧知书，尤娴礼训。归王，勤于女职，事舅姑、执妇道，维谨饬豆笾、洽昭穆，仁贤之声达于中外。不幸先公若干年卒，年仅二十有六。生子二人：长重光，次即国光。继曹，无子。再继张，生子奎光。侧室子近光、耿光。女四人：长适县学生李云鹤，余幼。"①原辂为阳城下交原氏家族七世。原氏自高平赤土坡迁移至阳城的下交村居住，在经过了大约十代的不懈努力与奋斗下，逐渐发展成了下交村人口众多、权贵显赫的高门望族，特别是到了明代中后期，更是根深叶茂，且英贤俊杰"科第缙绅辈出"。《阳城乡土志》记载："三世原仲和，为元沂州知州，升武德将军、河间万户府。四世原亨，明永乐初由贡士任费县知县。五世原矩，永乐庚子举人，任直隶大名县知县。原璿，正统辛酉举人，任陕西渭南县知县。原杰，正统乙丑科进士，历官南京兵部尚书，赠太子少保，谥襄敏。抚绥郧襄，为当世名臣。六世原宗纯，成化间贡士。任河南唐县知县。原宗礼，景泰丙子举人，任汝阳县知县。原宗善，成化丁酉举人，为秦王府长史。七世原应宿，成化癸卯举人，任松江府通判。八世原轩，弘治壬戌科进士，历任浙江按察使。十一世原从泗，贡生，任陕西凤县知县。十二世原体蒙，乡试副榜。历任邵武府

①文徵明：《故处士阳城王公墓志铭》，薛林平、刘烨、王鑫等：《上庄古村》，中国建筑工业出版社，2009，第122页。

知府。其间荫、监、廪、庠概不冗叙。"①王承祖自身没有功名，但他能与原氏家族联姻，长女又嫁给了县学生李云鹤，可见其家境是较为殷实的。

王国光，王氏九世，娶了阳城郭峪张元勋之女。康熙十年（1671），由白胤谦写的《清故儒士海山张公暨配窦氏成氏合葬墓志铭》记载："吾阳城之俗，初以郭谷为近古云。地多丰室大族，其姓张氏者，尤号蕃盛。近岁著人，自东山少司寇外，复有灵璧、永从二君。其前则有都宪、金宪、郎中三公，六人俱进士起家。……灵璧君，登世祖己亥榜进士，任江南灵璧知县，有政才，左调，人皆惜之。……君之王父讳天福，号寿庵，又号海山。曾王父讳问行，孝友姻睦，家既裕，好行其德，乡闾称之。一弟问士，拔贡生。高王父讳元勋，岁贡，历官阳曲王府教授。女适前冢宰疏庵王公，赠一品夫人。"②郭峪张氏是阳城望族。东山少司寇是指张尔素，官至刑部侍郎。灵璧君指的是张拱辰，任河南灵璧知县。永从君是指张于廷，官永从县令。都宪、金宪、郎中三公分别是指张鹏云、张好古和张好爵三人。张鹏云官至右佥都御史。张好古官至四川按察司佥事。张好爵官至户部郎中。六人均为明代进士。张元勋岁贡，历官阳曲王府教授，王国光娶的就是张元勋之女。

勒石于康熙七年（1668）春，由王国光曾孙王祚启自撰，陈廷敬补撰并书丹的《芥长墓志铭》记载了王国光一支的部分婚嫁情况。

"至曾祖公国光，官三公，继一品。夫人曾祖妣卫，生孝廉祖公

<hr />

① 杨念先、杨兰阶、田九德著，栗守田标点校注：《阳城县乡土志·阳城县金石记》，三晋出版社，2009，第74—75页。

② 白胤谦：《清故儒士海山张公暨配窦氏成氏合葬墓志铭》，李豫：《阳城历史名人文存（第二册）》，周君平、杨淮、张玉玲整理，三晋出版社，2010，第600页。

兆河，为嫡次子，配大参张公升女，生长子庠生考公于尹，配沁水韩银台公范女，生祚，名祖命也，外伯南司农张公慎言，字之开美，后自号芥长。我生万历壬寅年二月二十一日，兹四十有四，谢世离群，不可预期。娶本县廪生杨公宝女。生长子大任，娶杨公宝仲子廪生杨道光女；次大受，娶本里庠生杨于廷女。女一，许泽州庠生陈昌期之长子。孙登能，大任出。

明崇祯甲申春仲王祚启自记

止就其未及载者补之：公卒于大清康熙四年正月初六日午时，享年六十有四。自卜葬地于本村窑则沟。公之两子、长女、长孙自志已著矣。次女适润城庠生石补天，殇亡。长孙堂，即登能也，娶润城庠生杨施仁女；仲孙方，娶本里庠生李天维女，大受出。长孙女许沁水庠生孙云锦子，殇亡；次孙女未字，俱大任出。季孙女尚幼，大受出。曾孙一，训富；曾孙女一，俱堂出。以公之德，宜福寿绵永，胡为遽然长逝也。噫嘻！

大清康熙戊申春仲谷旦

赐进士出身钦授翰林秘书院检讨奉敕纂修明史辱婿陈廷敬顿首拜续志并书"[1]

从上述墓志铭，我们可以知道如下信息。

王兆河，王氏十氏，王国光次子，娶世宦之家张昇（升）之女为妻。张昇，字伯东，号田南，阳城屯城人，嘉靖二十九年（1550）进士，官至河南参政。王国光与张昇，既是好友又是亲家。

王于尹，王氏十一氏，王兆河长子，生员，娶沁水郭壁韩范之女为妻。今天的郭壁被分为郭南和郭北两个行政村，但他们在过去不仅连为一体，而且规模远甚于今，利用沁河水旱码头的交通优势，郭壁在明

---

[1] 康熙七年（1668）《芥长墓志铭》，碑存阳城县上庄村塑钢门窗厂。

清之际成为商贸重镇，素有"金郭壁，银窦庄"之说。明清时期的郭壁共产生过十六位进士，他们主要出自张、王、赵、韩四大望族。其中韩氏诞生了六名进士，韩君恩、韩范、韩肭仁、韩玙、韩张、韩性善；四位举人，韩希文、韩可久、韩麒趾、韩万户。韩范，字思谦，号振西，万历十四年（1586）进士，历官南京兵部武选司郎中，南京通政使右参政，顺天府丞，通政使右通政，俗称"银台"，后辞官还乡。韩范回乡后，终日咏诗著文，怡然自得，曾编修《常评事集》等。

王祚启，王氏十二世，王于尹子，生员，娶本县廪生杨宝之女为妻。王大任，王氏十三世，王祚启长子，娶本县廪生杨道光之女为妻，杨道光为杨宝的次子。王大受，王氏十三世，王祚启次子，娶白巷里廪生杨于廷女为妻。杨于廷为下庄杨氏三门十一世，庠生。王祚启的长女，适郭峪之中道庄（今北留镇皇城村）陈昌期长子陈廷敬为妻，诰封一品夫人。陈廷敬（1638—1712），字子端，号说岩，晚号午亭，顺治十五年（1658）进士，选为庶吉士，后曾担任吏、户、刑、工四部尚书等重要职务。康熙四十二年（1703），官拜文渊阁大学士兼吏部尚书，成为地位显赫的一代名相。王祚启的次女，适润城庠生石补天。

王堂，王氏十四世，王大任子，娶润城庠生杨施仁女为妻。王方，王氏十四世，王大受子，娶白巷里庠生李天维女为妻。王大受女，适沁水县庠生孙云锦之子。

勒石于康熙三十九年（1700）二月，由陈廷敬之弟陈廷愫题的《陈公鸿志墓碑》记载："公讳鸿志，字渐磬，泽州天户里三甲人，世居阳城县郭谷之中道庄。生子二：敏，……。朴，……。孙女三，一适白巷王赐铎，敏女。"[1]陈廷愫与陈敏均为郭峪陈氏家族九世。陈敏的女儿

---

① 王小圣、卢家俭主编：《古村郭峪碑文集》，中华书局，2005，第289页。

嫁给了白巷里王赐铎，王赐铎为王氏十五世，王方长子。

勒石于康熙五年（1666）十月二十四日，由卫贞写的《张太母田孺人祔葬墓志铭》记载："孺人故大司徒藘山先生副室，孝廉君伯坦生母也。……子一，履旋，登崇祯壬午科贤书，甲□□难□□□前太宰国光孙于尹女。"①大司徒藘山先生指张慎言（1577—1645）。张慎言，为张昇孙，字金铭，号藘山，人称藘山先生，阳城屯城人，明代思想家、诗人。他官至南京吏部尚书，加太子太保，为一品重臣。在书法上与董其昌齐名，明有"南董北藘"之称，著有《泊水斋文钞》《泊水斋诗钞》。田孺人是张慎言的侧室，张履旋的母亲。张履旋，字坦之，张慎言子，崇祯十五年（1642）举人，李自成攻陷阳城，投崖死，赠御史。张履旋娶了白巷里王氏宗族十一世王于尹的女儿。

《屯城张家族谱》记载："天和，昇次子，子汝明，号春吾，行二，廪生。以子慎言贵，赠光禄大夫、太子太保、吏部尚书。……娶王氏累赠一品夫人，白巷冢宰讳国光侄女，行二，……子慎言，出王女。"张昇的次子张天和，娶了王国光的侄女王氏。张天和与王氏生子张慎言，因此张慎言称王国光为外祖父。张慎言公在他为外翁国光公所记"墓表"中写道："子女嫁娶俱任族，详志壮中。"

张慎言撰写的《明奉直大夫山东按察司佥事廷芝张公及配宜人毕氏石氏合葬墓志铭》载："余友廷芝张公，今将与宜人合葬。……公讳志芳，字廷芝，号闻寰。其先高平赤土坡人，后徙阳城通济里，遂占籍焉。……子一，会中，庠生，娶廪生王兆民女，俱早卒……"。②此墓志铭的主人为张志芳，字廷芝。张志芳为明万历举人，阳城县通济里

---

①王小圣、石永乐编：《中国历史文化名村 中国传统村落 屯城》，第六批中国历史文化名镇（村）申报材料，第197页。

②山右历史文化研究院编：《山右丛书·初编（第五册）》，上海古籍出版社，2014，第407—410页。

人，初任山东阳兴知县，累迁景州知州，后任户部江西司员外郎。张志芳之子张会中娶了廪生王兆民的女儿。王兆民为王国光的四子。

从沁水窦庄的《张氏族谱》中，我们能找到窦庄张氏宗族与上庄王氏宗族联姻的记载。沁水窦庄张氏家族自万历二十年（1592）张五典中进士后，举业兴盛，先后有万历三十二年（1604）张铨、崇祯十六年（1643）张鎔、顺治三年（1646）张启元、顺治六年（1649）张道渥、雍正十一年（1733）张传焰、乾隆三十四年（1769）张心至六人高中进士。中举人者有张聪、张铪、张镦、张德堂、张道濂、张德臬、张德集、张诗铭、张诗颂等。张氏家族是沁水县历史上进士、举人最多的家族，可谓科甲连绵，名流辈出。

据窦庄《张氏族谱》记载，张五典长女适王国光孙王鸿编。王鸿编，王氏十一世，王兆星（王国光三子）长子。张五典（1555—1626）为张氏七世，字和衷，号海虹，万历二十年（1592）进士，历任山东布政司参议、河南按察司副使、山东布政司参政等职，加兵部尚书衔，卒赠太子太保。王鸿编女适窦庄张氏九世张道渥。张道渥，张五典孙，张镦子，字子礎，号涣之，顺治六年（1649）进士，官编修，改湖广宗道，调商洛道。休息民力，造士有方。后转天津副使，有政绩。年四十即辞职归里。张道渥极有才学，辞归后隐居乡里，吟咏自适。

另据《梦回沁水》记载，"（张洪翼）元配为阳城上庄王国光之子王兆渠女"[1]。张洪翼，出自沁水郭壁张氏家族，张之屏子，号万涵，万历三十一年（1603）举人，官河北威县知县，元配为王兆渠（王国光长子）之女。张之屏，万历二年（1574）进士，任河南禹州（今河南禹县）知州，升礼部员外郎中，历官山东布政使司参政、陕西布政使司左参政。

---

①田澍中、贾承健：《梦回沁水》，山西人民出版社，2012，第820页。

### （二）王洽支的婚姻

王洽，王氏十一世，王淑陵四子，字仁甫，号需寰，万历十三年（1585）举人。王洽娶沁水坪上村刘东星之女为妻。刘东星（1538—1601），字子明，号晋川，隆庆二年（1568）进士，官至工部尚书，在治理黄河、开河围湖、修筑桥梁等工程中，做出了重大贡献。

据窦庄《张氏族谱》记载，张五典的次子张铪娶了王洽的女儿为妻。张铪，张氏八世，张五典次子，万历三十一年（1603）举人，早亡。

张铪子·张道澍娶了王氏宗族王楷符女为妻。张道澍，张氏九世，康熙四十七年（1708）拔贡，官职不详。王楷符，王氏十二世，王淑陵孙，王溥（王淑陵三子）次子，康熙十二年（1673）岁贡，曾官山西大同府应州山阴县儒学教谕。九世张道泓，号瀚之，庠生，配王氏，庠生宗焜女。王宗焜，王氏十三世，王淑陵曾孙。

十世张德棨，字程公，号彦方，廪贡生，道湜长子，生平事迹不详。配王氏，参政王淑陵曾孙女，庠生煜女。王煜，王氏十三世，王洽孙。

勒石于康熙五年（1666）十月二十四日，由卫贞书的《张太母田孺人祔葬墓志铭》记载："孺人故大司徒藐山先生副室，孝廉君伯坦生母也。……孙一，泰茹，庠生，先娶王氏前大参王□淑陵孙、庠生□符女。"[1]张慎言的孙子张泰茹娶了王淑陵之孙、庠生王□符之女。

王氏宗族其他支的婚姻记载不多。目前仅知，王氏十一世、庠生王升俊之女，适陈廷敬伯父、浙江道监察御史陈昌言。王氏十二世王龙御（王徵俊子）之女嫁给了陈廷敬之弟陈廷宸。王氏十三世王复绘（王龙御子）之女嫁给了陈廷继（陈廷敬之弟）之子陈咸受。

---

① 王小圣、石永乐编：《中国历史文化名村 中国传统村落 屯城》，第六批中国历史文化名镇（村）申报材料，第197页。

## 二、下庄杨氏的婚姻

杨氏宗族的婚姻主要记载在《白巷杨氏族谱》。下文以长门杨献祯支，三门杨荣胤、杨丽云支，四门杨格支以及杨氏宗族与白巷里王、曹、李氏宗族的联姻情况，进行说明。

### （一）长门杨献祯支的婚姻

《白巷杨氏族谱》记载："杨献祯，杨氏长门十一世，字明山，号嵩岳，安堂公长子，生于隆庆三年十一月初六日，卒于天启六年八月初九日，享年五十有八，原配王氏，本里登公女，生忌载在志铭。继配李氏，王村里国阳公女，子三，长拱明，次辅明，三诚明。女四，长过聘而殁，次适本里李玉铉，三适本里李瑜，四适王村里王之栋，俱李氏出，公例赠文林郎。"[①]杨献祯的原配是上庄王氏宗族王登之女，继配是王村里李国阳之女。他的次女嫁给了白巷里李氏宗族的李玉铉，三女嫁给了白巷里李氏宗族的李瑜，四女嫁给了王村里的王之栋。

杨献祯的长子为杨拱明。《白巷杨氏族谱》记载："杨拱明，杨氏长门十二世，字端甫，号大椿，明山公长子，原配卢氏，郭谷里时擢公女，继配李氏，本里宗沆公女，卢氏李氏生忌载在志铭。又配王氏，郭谷里恩贡命新公女。子一，千顷，女一，适沁水川东参议同春王公子，江南江阴县知县敏资。公顺治辛卯举人，壬辰会试副榜，例授文林郎，吏部候选知县。"[②]杨拱明原配为郭谷里卢时擢之女，继配为本里李宗沆之女，又配郭谷里恩贡王命新之女。他的女儿嫁给了沁水川东参议王同春子、江南江阴县知县王敏资。王同春是沁水县土沃北里人，字世如，自号石幢山人，顺治三年（1646）进士，历任山东陵县知县、江南宣城（今安徽省宣城市宣州区）知县、江南安徽督学道佥事等职。

---

①②《白巷杨氏族谱》，现藏于阳城县下庄村杨玉章家中。

杨献祯的次子为杨辅明。《白巷杨氏族谱》记载："杨辅明，杨氏长门十二世，配窦氏，郭谷里窦公女。"①

杨献祯的三子为杨诚明。《白巷杨氏族谱》记载："杨诚明，杨氏长门十二世，字性甫，号实斋，明山公三子，原配李氏，本里天统公女。继配韩氏，沁水湘峪里庠生选公女。"②杨诚明的原配为白巷里李天统之女，继配为沁水湘峪里庠生韩选公之女。

杨拱明子为杨千顷。《白巷杨氏族谱》记载："杨千顷，杨氏长门十三世，字子波，号近泉，端甫公之子。原配张氏，润城里巡抚陕西、大中丞椿公女，未聘而亡，生卒载在志中。继配张氏亦中丞公嗣堂兄裕公女。子二，长世恩，次世宠。女三，长适沁水潘庄里庠生王为宠，次适本里曹如兰，三适本里李培植。"③杨千顷与润城里张珤之女有婚配，但该女未嫁早逝。《巡抚陕西兵部右侍郎兼都察院右副都御史伯珩张公墓志铭》中亦有记载："公讳珤，字伯珩，与余生同里，山西阳城人，少余十八岁，同年举进士，辱为莫逆交二十馀年于今矣。……婆曹氏，白巷乡耆学信女，累封淑人。二女，一归山东布政司参政沁水王君纪子官监生锡五，先卒，一受杨举人拱明子千顷聘，未嫁卒，拱明亦卒，公遗命尚令其家为千顷完婚，照视其成人。"④张珤，崇祯十六年（1643）进士，清初任河南原武（今属河南省新乡市原阳县）知县，官至陕西巡抚。张珤的一个女儿与杨拱明子杨千顷婚配，该女未嫁早逝，但杨拱明非常看重与润城张氏家族的联姻，仍然坚持要其子履行这项婚姻，类似冥婚。杨千顷的继配为张珤嗣堂兄张裕之女。杨千顷有三女，长女适沁水潘庄里庠生王为宠，次女嫁给了本里曹氏宗族的曹如兰，三

---

①②③《白巷杨氏族谱》，现藏于阳城县下庄村杨玉章家中。

④白胤谦：《巡抚陕西兵部右侍郎兼都察院右副都御史伯珩张公墓志铭》，《归庸斋集》卷三，庄严文化事业有限公司，1997，第34页上。

女嫁给了本里李氏宗族的李培植。

（二）三门杨荣胤支和杨丽云支的婚姻

杨荣胤支的婚姻。杨荣胤为三门十二世。对杨荣胤一支的婚姻，我们所知不多，只知道清代福建盐运使王崇铭的儿子娶了杨荣胤的女儿。《清故福建都转盐运使司运使心盘王公墓志铭》记载："心盘讳崇铭，少精敏多智计，读书刻厉强记，为文闳挚有波澜。年二十八举于乡，屡试礼部不得意。……侧室汪生一子仁濬，聘工部员外郎杨荣胤女。"[①]王崇铭，字心盘，阳城润城人。天启七年（1627）举人，仕清后任河北永年（今河北省邯郸市永年区）知县，后提升为计曹，管理江苏吴县浒墅关税收。历任户部郎中、浙江处州（今浙江省丽水市）知府。以剿抚明代残余军事力量，晋升为福建盐运使，卒于任上。

杨丽云支的婚姻。《白巷杨氏族谱》记载："杨丽云，杨氏三门十八世，学名昱宇，月亭公长子，生于乾隆六十年六月二十七日，卒于咸丰三年九月二十日，享年五十有九。原配延氏，北音型甫公讳铭之女。继配延氏，王村里万钟公女，享年三十有九。又配徐氏，享年七十有九。子四，长伯鹏，次仲骥，三叔雅，四季善，均继配延孺人出。公咸丰癸丑岁贡，例授修职郎。"[②]杨丽云的原配为北音延型甫的女儿，继配为王村里延万钟之女。

杨丽云的长子为杨伯鹏。《白巷杨氏族谱》记载："杨伯鹏，杨氏三门十九世，字正吾，号雪鸿，丽生公长子，生于道光三年九月十六日，卒于光绪二十年正月初五日亥时，享年七十有二。配李氏，本村孔配公女，生于道光元年七月二十五日，卒于光绪二十一年二十七日未

---

①白胤谦：《清故福建都转盐运使司运使心盘王公墓志铭》，《东谷集》卷五，庄严文化事业有限公司，1997，第35页上。

②《白巷杨氏族谱》，现藏于阳城县下庄村杨玉章家中。

第四章 白巷里望族的婚姻与交游

时，享年七十有五。"①杨伯鹏娶了白巷里李氏宗族李孔配之女。

杨伯鹏长子为杨念先，后过继给了杨伯鹏之弟杨仲骥。《白巷杨氏族谱》记载："杨念先，杨氏三门二十世，字少梧，一字矩曹，德称公嗣子，生于道光二十七年九月三十日，卒于民国八年四月十八日，享年七十有三。原配王氏，北音乡饮耆宾蓝田讳瑜公女。继配霍氏，润城乡饮耆宾耀南讳继明公女。……女四，长适上佛庠生马宝珂，次适北音王得臣，三适上庄庠生李瀛洲，四适润城张□□。"②杨念先原配为北音乡饮耆宾王瑜的女儿，继配为润城乡饮耆宾霍明的女儿。四个女儿分别嫁到了上佛、北音、上庄、润城，其中李瀛洲为李氏长门三支十四世。

杨伯鹏次子为杨景先。杨景先的妻子来自白巷里李氏宗族。《白巷杨氏族谱》记载："杨景先，杨氏三门二十世，字仰之，正吾公次子，生于咸丰四年三月二十三日，卒于民国四年五月二十七日子时，享年六十有二。……继配李氏本村□公女，……公邑庠生。"③

杨念先长子为杨兰阶。杨兰阶原配为樊氏，上庄玉麟公长女。继配孙氏，孙沟仁义公女。杨念先次子为杨兰台。杨兰台配王氏，上佛岁贡永珍公女。杨念先三子为杨兰沼，原配陈氏，郭谷福燦公女。杨念先四子为杨兰第，配李氏，本村家山公女。

### （三）四门杨格支的婚姻

杨格娶了白巷里李思孝之女。《白巷杨氏族谱》记载："杨格，四门九世，字汝正，号心泉，廷轸公次子。配李氏，赠孺人，本里七品散官思孝公女，生忌未详。公敕赠文林郎浙江会稽县知县。"④李思孝为白巷里李氏长门长支九世，明代阳城巨商。在杨格之前，杨氏虽在科举上已经取得了成功，但举业成就主要集中在杨氏三门。四门九世杨格成

①②③④《白巷杨氏族谱》，现藏于阳城县下庄村杨玉章家中。

了巨商李思孝的女婿，使得自己在经济上没有了后顾之忧。在这之后，他的儿子杨鹏翼专心举业，考中了进士。

如果说杨格的婚姻是与富户联姻，杨格子杨鹏翼的婚姻则是与仕宦家庭的联姻。《白巷杨氏族谱》记载："杨鹏翼，四门十世，字子羽，号屋山，心泉公三子，生于万历三十一年癸卯四月二十七日，卒于康熙十九年九月十五日，享年七十有八。原配沁水窦氏，赠孺人，遵化县少尹逵公女。继配延氏，封孺人，润城庠生人秀公女。又配罗氏，生忌俱详志中。子一，健，罗氏出。女二，长抚兄京元（杨鹏翼胞兄）女，适沁水孙述祖子振。次，罗氏出，适沁水陕西督粮道韩公讳兴子万泰。公崇祯庚辰进士，官浙江会稽县知县。"[1] 杨鹏翼先后娶了沁水窦氏遵化县少尹逵公的女儿、润城庠生延人秀之女。杨鹏翼的长女嫁给了沁水湘峪孙氏家族孙述祖之子孙振，次女嫁给了沁水韩兴（曾任陕西督粮道）之子韩万泰。

同治版《阳城县志》中记载："窦逵，遵化县丞。"[2]《梦回沁水》中，共罗列了沁水窦庄窦氏家族在明清时期获取科举功名者和敕赠者四十余位，其中有进士三人，窦心传、窦奉家、窦渥之；举人十人，窦杰、窦如壁、窦复俨、窦瑛、窦复僖、窦复伸、窦瑀、窦荣仁、窦铤、窦湘传。其他官职十八人，写到清保安县知县窦斯在的时候，提及"（窦斯在）父窦逵，县学生员"[3]。《白巷杨氏族谱》提及的遵化县少尹窦逵为沁水窦氏。那么窦逵到底是阳城籍，还是沁水籍呢？常利兵在《窦庄往事：田野调查与历史追踪》中写道："窦姓在整个沁河境

---

① 《白巷杨氏族谱》，现藏于阳城县下庄村杨玉章家中。
② 赖昌期总修，卢廷荣、谭沄纂修，王伟点校：《阳城县志》（清·同治版点校版）卷九《仕籍》，2016，政协阳城县委员会编，第240页。
③ 田澍中、贾承健：《梦回沁水》，山西人民出版社，2012，第850页。

内属于大姓，其始祖可以追溯到陕西扶风平陵，但未必都是同一族支的。"[1]无论如何，窦遴所在的窦氏家族在沁河流域都算得上是一个大家族。

润城延人秀，明代万历年间人，诸生，曾在润城三门街东岳庙西侧修建夫子庙。《泽州府志》记载："延人秀，邑诸生。习岐黄家言，高才负气。遇贼，被执索金，曰：'我贫士，安得金？'贼曰：'即无金，安得强项不跪？'曰：'我膝可屈，必不能屈于贼！'贼怒，断其臂而去。"[2]他钻研医学，医术极高，悬壶济世，为乡民除灾祛病。凡贫者来看病买药，分文不收。一次路遇盗贼，把他五花大绑，索要银子，被他拒绝，盗贼让他下跪，他把盗贼大骂一通。贼大怒，一刀砍下他的臂膀。

沁水湘峪孙氏家族为沁河流域鼎鼎大名的仕宦家族。孙氏家族中最有名的是孙居相、孙鼎相兄弟。孙居相，字伯辅，万历二十二年（1594）进士，据《明史》记载，孙居相"负气敢言"，多次上书皇帝，揭发官员罪行。曾任山东恩县知县、南京御史、兵部右侍郎、吏部左侍郎、户部尚书等职。孙鼎相，字叔享，又字玉阳。万历二十六年（1598）中进士。历官松江推官、户部郎中、吏部郎中、副都御史、湖广巡抚，与其兄孙居相一道，共为东林党名流。孙鼎相《明史》有传，"（居相）弟鼎相，历吏部郎中、副都御史，巡抚湖广，亦有名东林中"。天启三年（1623），为避战祸，孙居相、孙鼎相兄弟主持修建了湘峪古堡，崇祯七年（1634）古堡建成。在古堡中，有一座双插花

---

① 常利兵：《窦庄往事：田野调查与历史追踪》，山西人民出版社，2016，第66页。

② 朱樟编，晋城市地方志办公室整理：《泽州府志》卷三十七《人物志二》，山西古籍出版社，2001，第671页。

院，主房花梁上书写着"崇祯十一年二月十七日宅主孙述祖、孙率祖建立"。这里的孙述祖就是杨鹏翼的亲家。据孙氏家谱记载，孙述祖、孙率祖兄弟俩是孙氏九世。

杨鹏翼子杨健娶了陈昌期之女。《白巷杨氏族谱》记载："杨健，一名健昌，字行甫，屋山公之子。配陈氏，泽州恩贡、封通议大夫、官詹学士昌期公女。公清贡生，例授修职郎候选县丞。"[1]昌期公，指的是陈廷敬的父亲陈昌期。陈昌期虽然未能在科举上取得功名，但他的兄长陈昌言考中进士，在朝廷为官，他的儿子陈廷敬考中进士，官至大学士、吏部尚书，可以说是非常显赫。杨鹏翼与陈昌期结成儿女亲家，进一步提升了杨氏宗族在当地的社会地位。

### （四）杨氏与白巷里王、曹、李氏的联姻

四大望族同处白巷里，他们之间有广泛的联姻。从《白巷杨氏族谱》里，我们可以梳理出杨氏宗族与白巷里王、曹、李氏之间的联姻。

首先来看杨氏宗族与李氏宗族的通婚。长门。杨千钟，杨氏长门十三世，原配李氏，本里楼凤公女；继配李氏，本里仓萃公女；杨世恩，杨氏长门十四世，原配李氏，本里联锦公女；杨世宠，杨氏长门十四世，配李氏，本里厚生公女。继配王氏，本里璧公女。女一，适本里李有年；杨世福，杨氏长门十四世，原配李氏，本里芊公女；杨世守，杨氏长门十四世，又配李氏，本里正先公女；杨世济，杨氏长门十四世，女二，次适本里式沆李公；杨杲，杨氏长门十五世，女四，长适本里庠生李耀祖；杨敬业，杨氏长门十六世，配李氏，本里有吉公女；杨增业，杨氏长门十六世，配李氏，本里慕魁公女；杨涓业，杨氏长门十六世，原配李氏，本里存仁公女；杨维英，杨氏长门十七世，

---

[1]《白巷杨氏族谱》，现藏于阳城县下庄村杨玉章家中。

配李氏，本里宁武府训导景宣公女；杨克恭，杨氏长门十七世，配李氏，本里有吉公女；杨诗逸，杨氏长门十九世，生女三，次适本村李尔勤；杨仲书，杨氏长门二十世，继配李氏，本村经营公女；杨启铭，杨氏长门二十一世，配李氏，本村谷铖公女。二门。杨世昆，杨氏二门十四世，配李氏，本里果公女；杨佩玉，杨氏二门十五世，配李氏，本里若械公女；杨慎之，杨氏二门二十世，女四，长适本村李经榜。三门。杨时禄，杨氏三门十一世，女二，长适本里李象彩；杨昭应，杨氏三门十二世，女二，次适本里李箓；杨天民，生女三，三适本里李通；杨秀玺，杨氏三门十三世，女一，适本里李瀛；杨益泰，杨氏三门十四世，配李氏，本里泽口公女。女二。长适本里李有执；杨碧，杨氏三门二十二世，继配李氏，本村尔恭之女。

再来看杨氏宗族与本里曹氏宗族的婚姻。长门。杨世笃，杨氏长门十四世，女二，次适本里庠生曹良弼；杨珠，杨氏长门十五世，原配曹氏，本里本公女；杨晏，杨氏长门十五世，配曹氏，本里如祥公女；杨智，杨氏长门十五世，配曹氏，本里庠生瞻在公女；杨杲，杨氏长门十五世，女四，次适本里曹荣，四适本里曹藩；杨旬，杨氏长门十五世，配曹氏，本里伦美公女；杨建业，杨氏长门十六世，配曹氏，本里桂公女；杨诗泳，杨氏长门十九世，配曹氏，本里大义公女；杨新书，杨氏长门二十世，女二，长适中庄曹履坤。杨孟书，杨氏长门二十世，女三，次适曹氏；杨启豫，继配曹氏，中庄兰亭公女。二门。杨世通，杨氏二门十四世，女二，长适本里曹书魁。杨应恒，杨氏二门十六世，配曹氏，本里周公女。三门。杨任金承（金承是一个字），杨氏三门十三世，原配曹氏，本里漠如公女；杨宏基，杨氏三门十四世，子扩公三子，继配曹氏，白巷濬公女；杨生华，杨氏三门十四世，女三，次适白巷里曹玉枢；杨云，杨氏三门十九世，女一，适中庄曹；杨敬先，杨氏三门二十世，女二，长适中庄曹复信。

此外，《白巷杨氏族谱》还记载了杨氏宗族与本里王氏的通婚。如，杨献祯，杨氏长门十一世，原配王氏，本里登公女；杨杲，杨氏长门十五世，配王氏，本里庠生鸣玉公女；杨佩玉，杨氏二门十五世，女二，长适本里王丙辰。

### 三、下庄李氏的婚姻

《白巷李氏族谱》里没有记载李氏宗族的婚姻状况，我们只能从一些碑刻资料中寻找李氏宗族的婚姻情况。

李氏二门三支十二世、举人李兆甲娶了张鹏云之女。由南明吏部尚书张慎言撰、清浙江道监察御史陈昌言书的《清故大中丞都察院右佥都御史雨苍张公墓志铭》记载："公讳鹏云，字汉冲，别号雨苍。女二，一适举人李兆甲，一适庠生曹宜绳。"[1]雨苍公即前文提及的郭峪张氏五世、进士、官至右佥都御史的张鹏云。

李煜次子、二门三支十四世李启续娶了张尔质之女。勒石于康熙四十三年（1704），由陈廷敬撰的《皇清敕授文林郎河南开封府郑州粮河州判东岩张公暨配李孺人墓志铭》记载："君讳尔质，字子文，东岩其别字。女七，一适进士李君煜子启续。"[2]东岩公即为郭峪张氏七世、张鹏云侄孙张尔质。

李氏三门二支李易娶了郭峪张多学的女儿。由陈廷敬撰写的《西园先生墓志铭》"西园先生讳多学，字觉初。女三，一适贡监生李易"，[3]西园先生指的是郭峪张氏家族的张多学。

勒石于康熙五年（1666）十月二十四日，由卫贞书的《张太母田孺

---

①王小圣、卢家俭主编：《古村郭峪碑文集》，中华书局，2005，第222页。
②王小圣、卢家俭主编：《古村郭峪碑文集》，中华书局，2005，第299页。
③王小圣、卢家俭主编：《古村郭峪碑文集》，中华书局，2005，第283页。

人祔葬墓志铭》记载："孺人故大司徒蒙山先生副室,孝廉君伯坦生母也。女一,适前大京兆李公春茂季子庠生□□□。孺人卒。"①张慎言之女嫁给了白巷里李氏家族李春茂的四子、生员李瑛。

总之,婚姻网络将白巷里望族与附近的各个大家族紧密地联系在一起,他们相互支持、扶携、交往,保证了望族家风门风的发展和持续。

# 第二节  白巷里望族的交游

广泛的社会人际交往,是望族生存和发展的基础。广泛的社会交往扩大了白巷里望族的社会影响,提高了其社会地位,同时也丰富了他们的生活内容。

## 一、望族上层士人的交游——以王氏宗族王国光为中心

### (一)与阳城地方官员的交往

地方官员对一个地方有着重要影响。望族出于维护自己宗族利益的考虑,大都非常注重和地方官员的交往,通过与地方官员的交往,构建起本宗族在地方社会中的强大影响力。白巷里四大望族中,王氏宗族在政治上取得的成就最大,特别是王氏宗族的王国光,为明万历年间吏部尚书。郭象升在《濩泽杨氏世德吟编》序言中写到,"里中人门阀之

①王小圣、石永乐编:《中国历史文化名村 中国传统村落 屯城》,第六批中国历史文化名镇(村)申报材料,第197页。

高，莫先王氏，其名在史传者，疏庵尚书也"[1]。疏庵是王国光的号。本部分以王国光为例，来探讨望族与地方官员的交游。

1.与阳城前后三任知县的交游

王国光与隆庆到万历年间的李栋、张应诏、王象蒙三位阳城知县均有过较为密切的交往。

与李栋的交游。李栋（1533–1590），字尚隆，号吉轩，河北涉县人。隆庆五年（1571），李栋考取进士，隆庆六年（1572）四月任山西阳城知县。在任期间，审罪案，查田赋，惩除败类、为民兴利，政绩卓越。莅阳五年，升为山东道监察御史。后历任浙江道监察御史、大理寺丞、大理寺左少卿等职。

王国光在上庄村的故居——尚书弟的大门上有一块匾额，上书："巡按山西提督雁门等关右副都御史朱笈，尚书，阳城县知县李栋，万历二年九月，吉旦立。"此匾额即为万历二年（1574），由时任山西巡抚的朱笈题赠，时任阳城县知县李栋所立。

图4.1 "尚书"匾额

《阳城乡土志》记载："（李栋）御下以严，豪猾屏息。至问民疾苦，与诸父老咨画便宜，亹亹移日不倦。人以是爱而畏之。邑旧无铁税，所司岁加勾稽以为常，民大窘。栋独争于上，卒蠲其税。又改差役

---

①杨兰阶：《濩泽杨氏世德吟编》，国家图书馆古籍部藏。

为雇役之例，公私便之。其弭矿变，化村盗，裁里甲，立社仓，五年中善政不胜枚举。民立祠祀之。"①

王国光曾写《邑令李公生祠记》来记载李栋的功德。王国光先写了得知李栋被征召为御史后，阳城百姓的不舍，后写受百姓所托，为李栋立此"去思碑"。"此我阳城李侯去思碑也。先是侯召入为御史，邑父老与其子弟惊相谓：'奈何夺我父母？'已相与咨嗟攀援不能留，复相与伐珉请于余曰：'李父母实生我，吾侪安能一日忘侯？'惟是岁侯德在人心，治状在人耳目，愿碑之以垂永久。"②

接着王国光开始讲述李栋其人其事。李栋为人敦厚开朗，平易近人，对人没有偏见。他管理属下较严，登上大堂之后扫视一眼小吏，小吏们就没有敢仰起头直视他的，"舞滑为之屏息㩓身"③。李栋在阳城任职期间，为阳城减免铁税，"阳城无铁税，所司岁勾勒以为常。民大窘。侯独争于上，足蹶其征"④；阳城以前不管人们拥有多少土地都以户口来分配劳役，李栋改变了这种不合理的状况，受到了上级表彰。"邑旧以户口编力差，罔问腴瘠。一丁莫能支多跳者。侯剂铲之嫩恶，以登下其赋。均派九则征，贮于官而募给以时。为雇役之例，公私便之。当道俾著为令，通行一省，裁减里甲自纲银外，纤无横费"⑤；阳城有锡矿，当地人在利益的驱动下，争相挖掘，甚至打架斗殴，李栋追究了首事者的责任。阳城有土匪，李栋采取了措施，使其自行解散，这样阳城恢复了安宁。"乡有锡矿，土人争趋其利，变且酿矣。侯按其首事者，余置弗问。上下帖然。村盗数十辈啸聚崔苻，格弗止。侯廉其姓

---

①杨念先、杨兰阶、田九德著，栗守田标点校注：《阳城县乡土志·阳城县金石记》，三晋出版社，2009，第114页。

②③④⑤王国光：《邑令李公生祠记》，康熙二十六年（1687）《阳城县志》卷十四，国家图书馆藏本，第23页。

名榜于市曰："吾不忍即法汝，亟改行，赏汝辜。'盗闻之，速解散为良民。四封之内，凡绝赤白，不复闻犬惊①；李栋致力用德治教化来嘉勉老百姓，不搞刑讯逼供，判决诉讼案件，常能从双方的片言只语中获得事情的真相，百姓无不暗暗称奇。"侯为政，抑强扶弱，大指务德化嘉与百姓，更始不事鞭棰。每折讼得情以片言。庭往往空若洗。民有被雠以非命诬者，业论死，上爱书矣。侯察其有冤色，平反之，咸以为神明"②；李栋不贪民一钱，即使违反上官的旨意，也要庇护百姓，因而得到县民赞誉。王国光说他"莅阳五年，吏率于良，士向于教，民乐于业，职称天下第一"③。从《邑令李公生祠记》中，我们可以看出王国光对李栋非常了解，情谊深厚。

与张应诏的交游。张应诏，陕西咸阳县人，万历元年（1573）举人。万历初，以举人任阳城县知县④，任内"砖甃城垣，当岁饥而佣活甚众"⑤，还主持纂修万历版《阳城县志》。后历官贵州道监察御史、湖广按察司佥事。

勒石于万历六年（1578）三月，立碑于文庙，由王国光撰，白巷里进士李豸书，屯城进士张昇篆额的《阳城县修学记》，记载了万历年间阳城知县张应诏修学宫的功德。"夫学校，帝王为政者首重之。……张侯莅吾邑，注意百废。当疆场未靖之秋，晋又为边徼，首严城池楼堞而新之，屹然金汤之固。民既恃以安堵。每诣学，见庙宇倾敧，不避风

---

① ② ③ 王国光：《邑令李公生祠记》，康熙二十六年（1687）《阳城县志》卷十四，国家图书馆藏本，第23页。
④ 万历八年《阳城县志》卷三，王国光序云："张侯名应诏，陕西咸阳人。以乡进士宰吾邑。"明·粟魁周序云："张侯莅治三载……顾命严急，意再辞弗获，于是旁搜博采，芟烦撮要……与二三髦士参校编辑，厘为三卷，以应侯命……志修于万历庚辰哉生明，成于十月既生魄，绣梓完则辛巳七月晦也。"
⑤ 杨念先、杨兰阶、田九德著，粟守田标点校注：《阳城县乡土志·阳城县金石记》，三晋出版社，2009，第16页。

雨，曰：'何以妥神而课士哉？且国家所需在贤才，学校贤士所关，有司六事之先，岂容缓诸？'缮材鸠工，躬自稽程。不数月，庙庑斋舍严严翼翼，且出自权宜，民固不知也。"①

万历六年（1578），王国光撰写了《阳城县新筑砖城记》，来记载张应诏修阳城城墙的功劳。"（阳城）旧系土城，南北不足一里，东西仅三里。岁久颓窳者半。万历五年，新尹张君至，复慨然为忧。遂咨于父老议增缮，且决策用砖，佥以为然。于是，以六年三月起工。遂于十月城成。张君承德而日夕焦劳，善用其民。"②万历五年（1577）张应诏任阳城知县后，看到县城城墙年久失修，很危险。在准备充分之后，修复工程于万历六年（1578）三月开工建设，当年十月份就得以完工。这件事在《阳城乡土志》中也有记载。"张应诏，字叔宣。咸阳举人。万历间知县。有才识，到县即以邑城为忧。初，城墙未全砖瓮，岁久寖颓圮。会太宰王国光言及之，应诏即慨然力任。于是诹日鸠工，砖瓮一新，费官钱五千余缗而城郭完固。且值岁饥，民以佣活者甚众。"③张应诏拜会赋闲在家的王国光时，提及阳城城墙年久失修，二人商议后，决定修复阳城城墙。

与王象蒙的交游。王象蒙，字养吾，山东新城王氏六世，万历八年（1580）进士。新城王氏为明清时期山东最负盛名的科举望族。王象蒙初授河南河内（明清为怀庆府属县，今名沁阳市）知县，万历十年（1582）任阳城知县。当时的阳城，富户狡猾集结，相缘为奸，地主逃避赋役，勾结地方小官吏，化整为零分别记在贫困户或无地、绝户名下，王象蒙平心静气稽查核实，使国家减少了损失。

---

①②王国光：《邑令李公生祠记》，康熙二十六年（1687）《阳城县志》卷十四，国家图书馆藏本，第23页。

③杨念先、杨兰阶、田九德著，栗守田标点校注：《阳城县乡土志·阳城县金石记》，三晋出版社，2009，第114页。

《阳城乡土志》说他，"天性精明而临民持大体，不以苛细为务。士尚学农力田其效也"①。万历十四年（1586），王象蒙调离阳城，任江西道监察御史。后历任常州府推官、户部郎中、光禄寺丞、光禄寺少卿等职。

王象蒙任阳城知县的四年里，正是王国光走下政坛，返乡闲居的四年。万历十年（1582），王国光致仕。"给事中商尚忠论国光铨选私所亲，而给事中张世则出为河南佥事，憾国光，劾其鬻官黩货。国光再奏辩，帝再慰留，责世则挟私，贬仪真丞。及居正卒，御史杨寅秋劾国光六罪。帝遂怒，落职闲住。已，念其劳，命复官致仕。"②万历十年（1582）春，王国光受到吏部给事中商尚忠对其"铨选私所亲"的纠拾；吏部给事中张世则因被贬为河南佥事，对其怀恨在心，便以"鬻官黩货"的罪名弹劾王国光。二月初八日，王国光上疏进行申辩，请求朝廷调查落实。皇帝谴责张世则挟私泄愤，将其由河南佥事贬任江苏省仪真县丞。国光又上疏恳请辞职返家，皇帝再予慰留。六月二十日，首辅张居正逝世，反对张居正改革的顽固派得势，张居正的盟友王国光受到清算。十月十三日，云南道御史杨寅秋弹劾王国光"六罪"，分别为"擅支工部银一万两，修理火房""取抄没仇鸾家石狮充玩好""宴客宣武门楼""纳沧州知府张与行所献美女二人""勒司务胡诰引疾，而以内姻江学诗补之""复用贪副使韩应元、不谨知府薛纶，受其厚贿"③。"上览疏，大怒。诏王国光欺君蔑法，念系大臣，姑落职冠带闲住。"④从此王国光彻底离开了官场。

王象蒙到任阳城后，重新修缮了阳城县学，王国光为之撰文记载了

①杨念先、杨兰阶、田九德著，栗守田标点校注：《阳城县乡土志·阳城县金石记》，三晋出版社，2009，第114页。
②张廷玉，等：《明史》卷二百二十二《王国光传》，中华书局，1974，第2896页。
③④《明神宗实录》卷129，国家图书馆藏本，第2403页。

此事。《阳城县金石志》记载："《重修阳城县学记》。正书。王国光撰。赵尔守书。王象蒙篆额。万历十一年，今在城内文庙。王象蒙，山东新城人，万历十年任本县令。见《邑志·名宦传》。"①

万历十一年（1583）至万历十三年（1585），王国光在白巷里整理平生诗作结集《王疏庵率意稿》。万历十三年（1585）夏，阳城知县王象蒙和教谕赵守尔分别为《王疏庵率意稿》作序，并将其镌刻成版。王象蒙在序中对王国光的诗歌进行了总体评价："则见其气完而不分，其格正而见以奇；其调清越而逸，其玄而深远。盖洋洋乎之遗焉。嗟嗟三百篇而下，以殆于唐。号士务先资□□□□□，其时执策而赋者，阖可胜纪。乃终唐之世，三百年间擅名诗坛者如李如杜，如王岑高孟诸家，可屈指而数也。难言哉！"②接着王象蒙对王国光靠科举起家，四十年来先后担任顺天府尹、户部右侍郎总督仓场兼理西苑农场、户部尚书总督仓场、户部尚书、吏部尚书的任职经历做了介绍。"翁崛起濩泽，弱冠登仕籍；扬历中外，垂四十余载，非有较长挈短、磨砺岁月之程也。两为繁剧邑，已为兵吏尚书郎，已为侍中、囧卿、京兆，已督仓场，理西苑，开府两河，已为大司寇、司农、冢宰。"③

然后说王国光任职期间，虽然事务繁忙，没有时间去游山玩水，但是，一旦登山临水，睹物生情，浮想联翩，诗如潮涌，立马可就。不是他心如明镜，深谙诗之奥妙，而是他诗情如高山流水，永不枯竭。他的艺术成就超越唐代诗人，可领百年风骚。"盖□□居焦劳，为国家擘画便宜，皆钱谷刑名纷错事物。而总任统钧，厘正品类，尤日孜孜然吐

---

①杨念先、杨兰阶、田九德著，栗守田标点校注：《阳城县乡土志·阳城县金石记》，三晋出版社，2009，第250—251页。
②③王国光：《王疏庵率意稿》，上庄村手抄本。

握不遑焉。又非有登临游览、流连光景之暇也。然而物感于外，情动于衷，摛藻下笔，篇什立就。非夫镜澄灵府、神浪玄机、悬河注水、酌之不竭者，其孰能不缘耳目，独臻妙际如斯乎？可谓度越唐人，雄视百代者矣。”①

从王国光的诗句里，王象蒙感知到了王国光忠孝两全，足以成为后世之楷模。看到了他无意在诗坛争雄，却有意以诗为教化，从而达到立德、立功、立言的人生“三不朽”。“且诗非徒艺而已。歌之以贡俗，赋之以见闻，咏之以观风者也。余读翁诗，如《卧病》及《过赵州》诸作曰：‘白云亲舍远，湛露主恩稠。’曰：‘北堂萱老更愁肠，再见东山歌圣皇’，盖精忠尽孝之志溢于言表，一编之中三致意焉。异日者采之太史，播之声歌，真足以风天下后世之为臣子者。又岂争妍艺圃，竞秀词林，堪当于诗教者哉！古称立德、立功、立言，谓之三不朽。以余观于翁，出入三朝，始终一德。主上嘉其公忠端亮，而漠漠经制弹压坐镇之勋，烂然焉钟鼎竹帛间也。”②

王象蒙还介绍了王国光著的《司农奏草》《司铨奏草》《万历会计录》等著作，“所著有司农、司铨奏草，则又条列理财用人计甚悉。而论者以为与会典并传焉”③，并说王国光的诗集“名曰‘率意’，翁所自命也。抑又与风人之旨合矣”④。

万历十四年（1586），王象蒙调任江西道监察御史。王国光写了《朝天歌送养吾王尹》为其送行。王国光先写了王象蒙从河南河内知县调任阳城知县后，清赋税、惩凶暴，民得安生，政绩斐然，“汉家守令重循良，海宇争看列宿郎。一邑获真宰，万姓熙春阳。昔我绾篆视天曹，吾阳失宰民郁陶。河内近封得借寇，析城野外喜旌旄。凤凰城上坐

①②③④王国光：《王疏庵率意稿》，上庄村手抄本。

弹琴，侯心濮水清且深。河阳一现花争发，四野甘棠浓被阴"①。之后又写了王象蒙因为要担任御史而离开阳城，自己和阳城百姓不忍其离开，希望他以后再回来山西。"骊驹两遇朝天阙，弦歌之声暂停歇。含酸父老为侯言，珍重关河岁寒月。举头汉外望王乔，飞鸟何时下碧霄？帝尧侧席思贤哲，只恐仙踪不可要。仆老悬车购草堂，有侯安枕卧云乡。一朝分袂二千里，杯酒重重别话长。别话长，且发轫，圣明选最首西台，骢马还期临三晋。"②王国光把王象蒙视为"骊驹""骢马"，对其高度赞赏。

### 2.与阳城教谕的交游

与徐登的交游。王国光在《次韵有怀徐学博》中写道："初见即相惬，看君笑语真。敞袍知岁月，绛帐隔风尘。酒对黄花暮，歌连白雪新。江湖慰知己，醉倒一纶巾。"③徐学博，指嘉靖四十一年（1562）至嘉靖四十三年（1564）间阳城县教谕徐登。徐登，甘肃庆阳人，举人。学博是对其教谕官职的尊称。此诗当写于嘉靖四十四年（1565）王国光告病归家后，表示对徐登的怀念。

与张朝臣的交游。王国光在《送张学博司训大名》中写道："马前风叶助离声，把袂相看黯不行。书剑异乡谁共远，衣冠故里自多情。奇君磊落终云路，愧我迂疏尚月卿。斗酒临歧天欲暮，遥空鸿雁正飞鸣。"④此诗写于王国光任吏部尚书期间，赠万历五年（1577）任教谕后调任大名府学官的张朝臣（陕西长安人）。

---

①②王国光：《朝天歌送养吾王尹》，李豫：《阳城历史名人文存（第一册）》，杨淮、任健等点校整理，三晋出版社，2010，第318页。

③王国光：《次韵有怀徐学博》，李豫：《阳城历史名人文存（第一册）》，杨淮、任健等点校整理，三晋出版社，2010，第290页。

④王国光：《送张学博司训大名》，李豫：《阳城历史名人文存（第一册）》，杨淮、任健等点校整理，三晋出版社，2010，第301页。

与赵尔守的交游。相较徐登、张朝臣，王国光与赵尔守的交游则更为密切。赵尔守，字本斋，陕西盩厔（今陕西省西安市周至县）人，万历十一年（1583）至万历十四年（1586）任阳城县教谕。

万历十三年（1585）夏，教谕赵尔守为王国光的《王疏庵率意稿》作序。赵尔守在《序》的开头，交代了王国光与自己谈论诗词的经过，又讲到有一天，县令王象蒙拿来了王国光所写的两本诗集，并说自己已经给诗集写了《序》，请他再写一个《序》。"疏庵翁光与守谭诗，上自三百篇，下迄汉魏、六朝、三唐之体裁情致，靡不各诣其趣，守心服之。一日，养吾王公出翁所为诗二帙以承守，曰：'余已序之于前，子盍为翁跋之？'守敬诺，曰：'愚何足以知翁哉？'然翁之盛美，侧闻于词林之日久矣。翁以天成至性，渊海邃学，自隐居成志，以及策名清朝，馀数十年中间，回翔南北，履峻居夷，与朝绅林叟、近戚远朋，徘徊于甲馆长岩、水轩花屿，随其所寓，辄有题咏。"①

接着赵尔守对王国光诗歌的创造实践和艺术成就，进行了高度赞誉。"顾其言，温厚和平，溶畅尔雅，深而不僻，浅而不肤，华而不艳，淡而不枯。识其人如肖其貌，写其景如在山川云物中。此其胸臆，独得五行造物之妙，而非尅意探奇、悬情蹈古者所可企也。夫言而成文，文而中律，谓之诗。文王周公之作，与里巷歌谣，同以比之丝竹，配之干戚，亦能致太平、召仪凤者，以其志体声音，一出于和也。"②最后赵尔守提出要"使天下后世诵之不衰"。

万历十四年（1586）春，王国光写《南宫行送本斋赵学博北上春试》送教谕赵尔守赴京会试。"我昔平江宰花县，君叔长洲为开宴。谈

---

①②赵尔守：《王疏庵率意稿·序》，李豫：《阳城历史名人文存（第一册）》，杨淮、任健等点校整理，三晋出版社，2010，第277页。

君才藻期亢宗，时尚髫年未识面。"①在诗中，王国光首先回忆了自己与赵尔守叔父的交情。嘉靖年间，赵尔守的叔父曾任江苏长洲知县，与时任邻县吴江知县的王国光关系密切。"三吴多士少许可，得君片纸常话我。关中自古富名流，啧啧称君罕右左。过江匹马望长安，星斗文章士胆寒。扬眉艺苑舒怀素，举首秋闱振羽翰。灞陵桥外聚观者，曲江池上酒光泻。终南瑞气塞秦川，华岳灵涵出周野。"②随后，王国光对赵守尔的才气大为夸赞。"几度春风瞻杏花，时乎不偶未足嗟。暂向泮官需斗禄，皋比长铺谈大家。横渠增汉水，苏湖且慢夸。青衿蒙士沾时雨，无奈南宫转道车。河朔骅骝快着鞭，蛟龙岂得终深渊。螭头早上天人策，康吕齐肩日月边。一旦鸿名震八表，喜君关系非渺小。老人雀跃仰燕天，为国得贤非为赵。"③最后，王国光又预祝赵尔守考中进士。

从王国光与阳城三任知县、三任教谕的交游中，我们可以看到，其与地方官员的交往是非常密切的。

**（二）王国光与地方士人的交游**

**1.王国光与白巷里士人的交游**

王国光与李豸、杨枢的交游。王国光、李豸、杨枢、李养蒙均为白巷里进士。勒石于万历六年（1578）三月的《阳城县修学记》，就是由王国光撰，李豸书，张昇篆额。李豸，号西谷，比王国光早三年中进士。王国光病退在上庄家居之时，因故友李豸的弟弟李孚思念其做官在外的兄长李豸，王国光写了《怀谷图（西谷乃弟因兄宦游绘此以思）》。"晋山有西谷，次谷亦连峰。邃矣谪仙居，俯仰瞻高风。内有

---

①②③王国光：《南宫行送本斋赵学博北上春试》，李豫：《阳城历史名人文存（第一册）》，杨淮、任健等点校整理，三晋出版社，2010，第320页。

双玉树，老干凌苍穹。亦喜鹡鸰原，飞鸣共一丛。兄弟本如此，埙篪声且通。伯氏重经术，策身起南宫。扬历满休问，宦辙恒西东。仲氏甘草莽，匪云时不逢。放达任所如，凤兮不可笼。种谷南山田，看花瑶圃中。结茅在垄坂，四面皆青松。幅巾憩矮杌，翘首望中鸿。尔鸿其奚自，形影常相同。吾兄在大梁，再思洛与嵩。兄既适东鲁，海岱其蒙蒙。兄今居南楚，湘江道路穷。悠哉其怀哉，此情不可终。"①

杨枢，号慎斋，嘉靖三十八年（1559）进士，官给事中，终河南按察使。王国光曾做《和杨给事韵》，"银鞍临后巷，沁口驾仙槎。烟树千峰雨，笙歌两部蛙。舞腰怜楚细，高调入云嘉。醉别寻家巷，朦胧月已斜。"②

### 2.王国光与白巷里周边士人的交游

王国光与张昇的交游。张昇与王国光为儿女亲家。张昇，号田南，曾为河南卫辉知府。王国光的诗集中写了多首与张昇交往的诗词。有《至卫辉田南太守移酌舟中》，"太守才且贤，放衙高枕眠。忽临清水曲，独上故人船。花气熏杯酌，渔歌韵管弦。酒阑情未已，暮野起云烟""柳色弄晴新，回塘转绿阴。扁舟流水意，一笛故山音。槛外花明席，渡头风满襟。散樗终小隐，不负十年心。"③《雨中思田南亲友》，"美人新第近城头，欲话当时共酒瓯。一雨通宵难咫尺，独舒怀抱上层楼""举头云暗凤凰城，却步心悬鸥鹭盟。傍险

---

①王国光：《怀谷图（西谷乃弟因宦游绘此以思）》，李豫：《阳城历史名人文存（第一册）》，杨淮、任健等点校整理，三晋出版社，2010，第279页。

②王国光：《和杨给事韵》，李豫：《阳城历史名人文存（第一册）》，杨淮、任健等点校整理，三晋出版社，2010，第290页。

③王国光：《至卫辉田南太守移酌舟中》，李豫：《阳城历史名人文存（第一册）》，杨淮、任健等点校整理，三晋出版社，2010，第289页。

不辞今夕醉，草堂深处百年情。"①《寿仙歌贺田南张亲丈贵诞》："富贵留蒙士，孰早脱俗缠。百爱不能远，几多终乔年。参知达者悬悬车，仆亦归田近里庐。岂直通盟慰秦晋，臭味真纯更起予。世路浮云喜尽扫，秉暇槽头便倾倒。菊松径里豁胸襟，鸥鹭溪边随暮早。卧虎山前楼阁春，俯窥瑶圃百花痕。能得壶中消日月，敢希天上尽麒麟。兰桂茁芽繁阶砌，仙翁此外无长虑。庞眉皓首定期颐，南山隆耸常云际。飘飘摇摇，琴书右左。天壤之间，何以加我。孙登长啸动百泉，陈抟稳睡华山巅。赤松游去功成后，莫信东方吏隐仙。正月之吉，福星照临。人思岳降，孤悬之日。锦堂开宴，红袖绕膝。一天端气罩仙台，张果老人真再出。"②这首杂体诗饱含了王国光对张昇寿辰的祝福。王国光先是表达了对张昇的赞扬，之后又讲述了自己与张昇的深厚情谊，最后表达了对好友的真挚祝福，从中可见王国光与张昇的深厚情谊。

万历五年（1577），王国光还写了《屯城里新修水渠记》来纪念张昇为屯城修建水渠的功德。"常观水利，古多而今寡立。吾阳六十里，万山林立。计田不过十之二三。所谓瘠土之民，每遇亢旱则多菜色。蠢之众庶，忧思无策。东有聚落曰屯城。一川稍平，田几千亩，侯湘二水为上游。民不知灌溉之利者，思不逮，力不瞻也。田南张公，足智多谋。宦历四方，广所见闻。有心当事之务，所在兴利。暂归里中，因观二水不可虚也，首倡居人，躬请其所，随山凿石。所谋委曲，乃得元郑忠毅公引水故道，吁智谋之士，所建同如。此起侯河口，直抵村之南北

---

①王国光：《雨中思田南亲友》，李豫：《阳城历史名人文存（第一册）》，杨淮、任健等点校整理，三晋出版社，2010，第319页。

②王国光：《王疏庵率意稿》，上庄村手抄本。

可三里许。始于嘉靖四十三年三月初一日,四十天就工。……公守卫,引共城百泉,溉民田百余亩。……张名昇,嘉靖庚戌进士。陕西固原兵备副使,与郑同里人。"①忠毅公指的是元代曾任忠昌军节度使的郑皋。郑皋,屯城人,他曾用民力疏浚渠道,引侯郑、湘谷二水灌溉屯城农田。嘉靖四十三年(1564),张昇家居期间,在郑皋引水故道的基础上,修建了水渠,为村人办了一件大好事。张昇在任卫辉知府期间,也曾筑渠引水,方便百姓浇灌庄稼,因而深受民众爱戴。

王国光与柳遇春的交游。柳遇春(1522—1596),字时芳,号柳泉,一号三峰,沁水县土沃乡西文兴村人,嘉靖二十五年(1546)进士,任山东宁海知州,补陕西同州知州。柳遇春有五女,其中一个嫁给了张昇子张天与。王国光次子王兆河,娶了张昇之女为妻。通过张昇,王国光与柳遇春成了好朋友。

隆庆四年(1570),王国光与阳城人田宜庵、沁水人柳遇春同游历山(西坪),都有诗作传世。王国光写下诗作两首。第一首为《四月同田柳二丈游西坪宿谷南渠》,"肩舆临绝巘,振足且徐徐。曲路盘云盖,繁枝碍客裾。金声骇虎窟,樵语逼猿居。黄昏无可止,灯火谷南渠。"②这首诗是在柳遇春的陪同下,王国光和田宜庵同游历山途中所作。写路途的艰难、奇异的景色及所见所闻。当天没有到达,他们住在灯火通明的谷南渠。第二首为《游历山拜瞻虞庙》,"西坪石庙接云崖,回首山川近帝家。野草薰风还往日,令人寤寐忆重华。龙游当年禾御天,终身甘自往尧田。一从历数咨文祖,万国南风奏舜弦。"③柳遇春也作《游西坪》相和,"羊肠百叠步难留,猿鸟飞腾亦解愁。独有神

---

①万历五年(1577)《屯城里新修水渠记》,碑存阳城县屯城村文昌庙门前。
②王国光:《王疏庵率意稿》,上庄村手抄本。
③田澍中、贾承健:《梦回沁水》,山西人民出版社,2012,第115页。

驹跨逐电，摇身直上碧云头。"①王国光与田宜庵、柳遇春同登历山，同时歌吟，共同感受历山地僻路远，高耸艰险，难以登攀。

柳遇春曾邀请王国光到西文兴村住了一段时间，王国光给西文兴村的柳氏民居留下了诗文和墨宝，成为今天珍贵的文物。万历五年（1577）仲秋，罢官后的王国光从白巷里步行至润城云堆寺，陪同他的有当地乡绅十余人。他的亲家张昇、张昇的亲家柳遇春也前来看他，他们在云堆寺诗酒酬唱、看戏娱乐。王国光写下（《余因病告归，觅静云堆寺，寺居众山之中，前环沁水，一佳境也。游目赏心，若顿出尘世，不能即去。乃赋七言绝数首以志》）诗数首，其中一首写道："今古清光盼此时，同来二妙共襟期。南楼欢赏追豪兴，入夜歌声舞柘枝。（自注：秋日张田南、柳柳泉适至。"②

王国光与卫心的交游。卫心，阳城人，嘉靖二十九年（1550）进士，历官宜阳（今河南省洛阳市宜阳县）、临淄（今山东省淄博市临淄区）知县。在任锐意有为，开渠灌田，丈地均赋，为民拥戴。嘉靖四十四年（1565），王国光告病归乡后在县城西池居住。当年三月十五，王国光受卫心邀请于阳城东关的南川（即今之上川）饮酒，做了《三月望日卫进士招饮南川》，"九十春过七十五，李花桃花飞无数。拼尽日日杖头钱，城南城北辞春苦""主人邀我城之东，领取春风一笑中。花前痛饮不归去，忽讶山童报酒空。"③

王国光与栗魁周的交游。栗魁周，字镐山，又字汝元，嘉靖十四年（1535）进士，官陕西参议。王国光曾做《送栗镐山督饷雁门取道归省》，"霜月凉飙敞别筵，小亭乡语独无眠。暮年亲舍白云外，荒草

---

①田澍中、贾承健：《梦回沁水》，山西人民出版社，2012，第117页。
②田澍中、贾承健：《梦回沁水》，山西人民出版社，2012，第350页。
③王国光：《三月望日卫进士招饮南川》，李豫：《阳城历史名人文存（第一册）》，杨淮、任健等点校整理，三晋出版社，2010，第312页。

王程落照前。紫塞天高鸿雁急，彩衣秋老菊花鲜。司徒计国知才望，凤驾长河报九天。"[1]此外，明万历版的《阳城县志》，是在万历八年（1580）由张应诏修，栗魁周纂。王国光还为之写了序。"此吾邑人参议省事栗君所撰志，以吾邑张侯之请成之者也。……张侯惧旷日久而籍滋亡也。乃始请诸栗君。……栗君生阳城，能使阳城之邑重志明事独详，能使明之阳城尤重斯，不亦比之于昔之英贤者哉！盖栗君之志略曰阳城之以濩泽名也。……然则栗君重阳城，阳城亦交重君耶。……侯名应诏，陕西咸阳人，以乡进士宰吾邑，……栗君名魁周，嘉靖乙未进士。"

### 二、白巷里望族中普通士人的交游与结社

王国光代表了王氏望族中的上层士人，王豫泰则代表了王氏望族中的普通士人。下文以王豫泰为例，来考察望族中普通士人的交游。

#### （一）普通士人的交游——以王氏宗族王豫泰为例

王豫泰，字介山，号见山，清乾嘉年间人。学问渊博，尤长于古近体乐府。性清高，不求仕进。有诗集《此中有我山房集》《宋史乐府》，大部分散佚。民国九年（1920）杨兰阶手抄其残本，定名为《王见山先生诗稿残本》。

#### 1.与延君寿、延赏的交游

延君寿，字荔浦，阳城润城北音人，诸生，曾任浙江长兴（今浙江省湖州市长兴县）、山东莱阳（今山东省烟台市莱阳市）知县。离政返乡后，潜心于文学创作，同润城的张晋、陈法于、张为基等人组成"樊南吟社"，倡导一代文风，人称"骚坛四逸"。著有《六砚草堂诗集》

---

①王国光：《送栗镐山督饷雁门取道归省》，李豫：《阳城历史名人文存（第一册）》，杨淮、任健等点校整理，三晋出版社，2010，第300页。

四卷，《老生常谈》一卷，编有《樊南诗钞》四卷。

延君寿去莱阳上任前，王豫泰曾做《长歌行送延荔浦先生谒选都门》送别，"春明门外柳色新，金水桥上春莺鸣。我生未得长安去，送人西笑难为情。方今天子用贤广，一官一邑皆懋赏。绣鞍宝勒别者谁，延陵先生人所仰。我自去岁接丰标，先生意气元龙豪。慷慨说诗能破的，兴来洒墨挥霜毫。樊南诸生争学步，群推月旦朝复暮。结社要诗未几时，趋装谒选匆匆去。燕山三月风景嘉，随人春色到京华。骐骥原非百里足，及时且种潘安花。诸生携酒来相送，柳拂离亭莺声弄。先生畅饮莫辞杯，听我长歌为作颂。作颂官声播远方，甘棠自古说循良。政成应得天颜喜，金殿来含鸡舌香。"[1]

延君寿到莱阳任职后，王豫泰曾去拜访，并做《抵莱阳呈延荔浦先生》，"愧备药笼物，思扶大雅轮。一肩困行李，千里涉风尘。贱子初为客，先生知我贫。所欣官舍里，强半故乡人。"[2]

在莱阳停留期间，王豫泰做《抵莱阳寄怀延覃甫兼樊南诸友人》，"鸣鞭出门风怒吼，良朋洒泪各分手。簌林珊石下太行，回首家山却倒走。山东二月花未开，惊飚滚滚飞黄埃。车声砾砾不得住，直送离人海天去。海山苍苍，海水洋洋，故人遥睇隔千里。悲歌系节声偏长，却忆家山好，风清桃李香。诸公蜡屐樊溪口，日日偕吟复饮酒。醉后归来月上时，不知曾念离人否？"[3]延覃甫指的是延君寿子延赏。延赏，字伯嘉，一字覃甫，嘉庆二十三年（1818）拔贡，著有《树昏小屋诗抄》。

---

① 田澍中：《润城古代诗文选编 上庄卷 中庄卷 下庄卷》，山西人民出版社，2003，第54页。

② 田澍中：《润城古代诗文选编 上庄卷 中庄卷 下庄卷》，山西人民出版社，2003，第55页。

③ 田澍中：《润城古代诗文选编 上庄卷 中庄卷 下庄卷》，山西人民出版社，2003，第54—55页。

从莱阳回家乡后，王豫泰做了《戊辰八月自莱阳抱病归里，留别张隽三、延荔浦两先生，留幕中诸同人》，"旅魂夜绕太行路，临晨扶疾向西顾。客中别人如别家，一样依依不忍去。越阡度陌枉相存，两载叨承国士恩。丈夫原自重意气，琐屑寻常不足论。酬知欲奋凌云翼，偶病翻为六月息。功名富贵知何如，风雨此身宜爱惜。八月风高天气清，诸君海上送我行。我今归去且高卧，下里巴人纷相和。胸罗沧海已足夸，何必名山都经过？饮君酒，巾我车，吹风笛，歌骊驹，诸君不必为嗟吁。天涯能聚万金产，不换昂藏七尺躯。况我每见山水喜，只合安置岩穴里。归来结茅王屋巅，洗参同宿烟罗子。"①张隽三，指的是王泰豫老师、润城诗人张晋。

后来，王豫泰与延赏一起赴莱阳，在路途中闻延君寿罢官，做了《与延覃甫同之莱阳，至历下闻荔浦先生罢官。覃甫匆匆赴署，余留寓历下。覃甫作诗留别，诗以答之》，"执手不能语，相看涕泪倾。一身怜我病，多难识君行。游子穷途感，天涯落日情。共谁消别恨，懊恼子规声。"②

延君寿罢官回阳城北音后，王豫泰又去看望。做《秋日西坪访延荔浦先生留宿》，"有客掀帘入，先生方岸巾。绢因求字伙，身是罢官贫。沽酒百钱尽，吟诗一卷新。挑灯还夜话，篱菊放精神。"③

2.与张晋的交游

张晋，字隽三，润城村人，一生酷爱诗而淡于名利，中秀才后即放弃科考，游历全国达20年之久，与延君寿等四人结为"樊南吟社"。著

①田澍中：《润城古代诗文选编 上庄卷 中庄卷 下庄卷》，山西人民出版社，2003，第56页。

②田澍中：《润城古代诗文选编 上庄卷 中庄卷 下庄卷》，山西人民出版社，2003，第57-58页。

③田澍中：《润城古代诗文选编 上庄卷 中庄卷 下庄卷》，山西人民出版社，2003，第59-60页。

有《艳雪堂诗集》《续尤西堂拟明史乐府》《戒庵诗抄》《艳雪堂论诗绝句》等。京官周学芳学使评他的诗"意气平和,神致萧散,无名士虚矫之气""若隽三者,岂独雄视三晋,即以诗名天下可也"。周学芳认为《艳雪堂诗集》"工于言情,长于论古",《拟明史乐府》"质而不俚,婉而多风,节奏天然,断制精确"。①

王豫泰受业于张晋,张晋有诗赠他:"自得王郎后,为诗有替人。眼中吾未老,笔下尔何神。一笑倾家酿,高歌岸角巾。倘能频过从,敢惜指迷津。"②王豫泰做《题张隽三先生〈意庵行窝〉》:"足迹半天下,声名播四方。凤根留慧业,行宅取空王。托钵同禅子,容身即故乡。延陵题署处,小住又昌阳。"③

### 3.与李毅的交游

李毅,白巷里李氏二门三支十三世,号松溪。20岁时从张晋学诗,五年后便工雅超群,被补为博士弟子员,名噪一时。虽家中一贫如洗,但他毫不介意,整天以诗酒遣怀,痛饮狂歌。在延君寿任浙江长兴知县时,李毅只身前往,不幸客死长兴,时年30岁。延君寿将其遗作编为《松溪诗稿》刊行。延君寿在《松溪诗稿》的序里说,李毅的诗豪放流畅,"雄俊不可羁勒""凌厉肮脏之气独迈时流"④。近人郭象升说:"松溪之才实在其师隽三上,延荔浦叙隽三诗,以为与黄仲则相抗,隽三疏爽无沉郁之观,安得与仲则比?能比仲则

---

① 田澍中:《润城古代诗文选编 上庄卷 中庄卷 下庄卷》,山西人民出版社,2003,第10页。

② 田澍中:《润城古代诗文选编 上庄卷 中庄卷 下庄卷》,山西人民出版社,2003,第49页。

③ 田澍中:《润城古代诗文选编 上庄卷 中庄卷 下庄卷》,山西人民出版社,2003,第55页。

④ 延君寿:《松溪诗稿·序》,李豫:《阳城历史名人文存(第七册)》,耿建华、尹变莫等点校整理,三晋出版社,2010,第312页。

者其惟松溪乎！"①郭象升还推崇李毅的《芭蕉》诗："一往情深，令人惘惘。为古今芭蕉诗第一。"又批《大云寺怀霍桐柯曲》："此首前无古人。"批《雨后西池看荷花》："笔势亦如荷叶翩翩，倾露流波之态。"②

王豫泰到太原参加乡试落第，回去见到李毅后，做《太原归晤李松溪》，"折翮翻翻飞戢羽翰，故人相对泪阑干。怜君多被作诗苦，叹我长歌行路难。学业荒时因艺杂，名心热处为家寒。樽前且共倾风月，斯世何劳白眼观？"③王豫泰与李毅时常有书信往来。有一年秋，他在收到李毅的书信后，做《九月二日得松溪书》，"入秋六十日，过雁百千行。我友有书札，今朝到草堂。屋梁才落月，风雨又重阳。转觉不能寐，怀人愁夜长。"④

（二）白巷里望族的文学结社——以"七逸老人诗社"为中心

沁河流域中游美丽的自然风光，文人较高的文化修养，相对安定的社会局面，促成了文人频频的结社、集会。这种结社、集会成为望族成员构建联络圈子的绝好机会。清代中后期，当这里的科举成绩直线下降，仕宦大家纷纷没落之际，这些士绅之家的后人还在以文学结社的方式维持彼此之间的联系。

白巷里望族作为沁河流域中游重要的文化力量，在这些集会中成为最活跃的分子，在各种集会中，经常可以看到他们的身影。道光、咸丰年间，杨氏宗族的杨庆云和曹氏宗族的曹承惠组织起了文学团体——"七逸老人诗社"。这个诗社的中心在下庄，主要活动场所在下庄南神

---

①②田澍中：《润城古代诗文选编 上庄卷 中庄卷 下庄卷》，山西人民出版社，2003，第118页。

③田澍中：《润城古代诗文选编 上庄卷 中庄卷 下庄卷》，山西人民出版社，2003，第59页。

④田澍中：《润城古代诗文选编 上庄卷 中庄卷 下庄卷》，山西人民出版社，2003，第61页。

庙。成员有：下庄杨庆云，字星符，号釜山，又号闲逸，为领袖人物；中庄曹承惠，字化南，号柳逸；郭峪韩纪元，字书春，号倬山，又号书逸；北音延常，字石似，一字彝九，号心逸；上伏李焕章，字见塘，一字鉴塘，号涧逸；润城张贻谷，字子有，号云樵，又号樵逸；润城王萃元，字卯庵，号墨逸。后加入南神庙僧人本立，号莲逸，成为"八逸"，但人们习惯上仍把这个团体称为"七逸老人诗社"。除此之外，延彭年、杨叔雅也是诗社活动的参与者。

下庄杨庆云，杨氏三门十八世，增生，博学多通。性旷达，嗜吟咏，喜好白居易诗歌。平生足迹半天下，凡山川名胜皆记以诗。好交游，即使饮食不继，仍然宾客盈门，一时邑中名流无不与之交往。著有诗集《釜山诗草》。中庄曹承惠，诸生，编有诗集，已失传。郭峪韩纪元，道光二十年（1840）恩贡，力学笃行，收徒讲学，著有《养熙书屋诗集》。北音延常，咸丰八年（1858）恩贡，延君寿次子。上伏李焕章，诸生，幼嗜吟咏，师从延君寿、张晋，得其真传。因屡困科场，绝意仕进，遂得博览群书，学识大增。熟读唐宋以来诸名家诗集，任举其中一篇，无不琅琅成诵。又工书法，时人以其墨迹为宝。后以授徒为生，晚年归里与诗友酬答吟唱，继承其师延君寿遗志，"网罗遗失"，与延常共同编辑出版了《樊南诗钞别集》，与杨庆云编辑印刷了《梅花诗社同吟集》，对保存邑人著作、传承地域文化做出了重要贡献。著有《味无味斋诗集》。润城张贻谷，诸生，是数学家、汉学家张敦仁侄，为学渊博无涯，人称"经笥"。曾随叔父游历大江南北，周览名山大川，精通舆地之学。著有《太行考》《尊文馆诗文集》等。润城王萃元，同治五年（1866）贡生，诗文遗失殆尽。

北音延彭年，字寿民，咸丰九年（1859）举人。其家富裕，不入仕，在村中建"碧梧山馆"，储书数十万卷，四方名流常来造访，甚至有人常年在此居住。彭年广学博览，通晓诸子百家，诗古文皆工，曾参与编纂同治版《阳城县志》。又工小篆，前后临摹《琅琊台城隍庙碑》共有数百本，凡得到者都如获至宝，十分珍惜。著作有《纪灾诗》《碧梧山馆集》等。他在为《樊溪七逸游海会寺》写的序中说："白巷杨釜山先生达哉人也，读书好客。花晨月夕，联为吟社。常与会者得七人焉，年皆六十以至七十。书于额，镌于石，暨又绘为图，题为樊南七逸，以志一时之盛。自庚戌至辛酉已历十二年矣！今岁海会雅集，余亦幸陪末座，不揣固陋，敬赋一律，不胜高山仰止之思焉！"序中所说的庚戌，即道光三十年（1850），这是"七逸诗社"创办之年，辛酉，即咸丰十一年（1861），这是这次在海会寺举办诗会的时间。从道光三十年（1850）创办到咸丰十一年（1861）雅集，诗社已经活动有十余年。

杨叔雅，杨氏三门十九世，杨庆云侄，字以南，一字依兰，号伴石山人，庠生，著有《伴石山人诗草》。他的《题七逸游海会寺后》，表达了对"七逸"的追随和景仰，"胜会追随久，灵椿仰大年。达观情自适，高旷俗能蠲。快得长生诀，参将不老禅。香山兼洛社，输却此林泉。"[1]

# 小　结

婚姻与交游是望族与外部的互动。望族通过联姻建立姻亲集团是宗族组织扩大化的标志。白巷里望族的婚姻呈现出以下特点：第一，具

---

①田澍中：《润城古代诗文选编 上庄卷 中庄卷 下庄卷》，山西人民出版社，2003，第235页。

有浓厚的地域性色彩。乡村社会中的人们在结亲时必须考虑彼此空间距离的远近。就近嫁娶可以使亲戚之间保持较为密切的关系，降低相互来往的成本。对于出嫁的女子来说，娘家离得近，则可以方便地获得来自娘家的支持。美国学者威廉·施坚雅在对中国农村市场与社会结构的研究中提出了市场体系理论，认为市场圈等同于社交圈，通婚圈与基层初级市场是一致的，初级市场所在地即是通婚圈的中心。四大望族的联姻对象以白巷里为中心，离白巷里地缘愈近，与这个地区的世家联姻频率就愈高。白巷里周边的郭峪、屯城、润城、湘峪、郭壁、窦庄、坪上世家密集，经济文教发达，是四大望族的联姻汇集地。第二，注重与科举望族之间的联姻。白巷里望族在选择联姻对象时，主要看对方是否为科举望族。晚明时期的阳城恩贡白胤昌曾经批评过这种现象："徽俗重门族，凡仆隶之裔，虽贵显，故家皆不与缔姻。吾里则否，一遇科第之人，即紊其班辈，昧其祖先，忘其仇恨，行贿媒妁，求援亲党，倘可联婚，不恤讥联哄。最恶风也。"[1]第三，白巷里望族之间，以及在与其他科举世家通婚的基础上，与其中尤为有力者，进一步世代联姻，形成了所谓"世婚"。最初的两姓联姻使得两个家族产生了解，随着亲戚间来往的增多，两个家族未婚男女的情况不断被传递，再加上亲戚充当"媒人"，就会不断有新的婚姻关系产生，从而逐渐形成世代通婚的现象。白巷里四大望族之间的联姻贯穿了明清两代，沁水窦庄张氏望族与上庄王氏望族的联姻就达到了六起。

望族与外部的互动，除了通婚外，交游也占了很大比重。广泛的社会交往是望族生存和发展的基础，是望族构建联络圈子的绝好机会。白巷里望族交往的主要对象是地方官吏和本地士人。望族出于维护本宗

---

[1]白胤昌：《容安斋苏谭》卷二，国家图书馆善本阅览室藏，第9页。

族利益的考虑，大都非常注重和地方官吏的交往，以构建起本宗族在地方社会中的强大影响力。王氏宗族的王国光与隆庆到万历年间的李栋、张应诏、王象蒙三任阳城知县，与嘉靖到万历年间的徐登、张朝臣、赵尔守三任教谕均保持了较为密切的交往。除了地方官吏，望族还非常注重与地方士人的交游，他们以诗纪事，以诗抒情，以诗交友。王国光与白巷里进士李豸、杨枢、李养蒙，与白巷里周边的进士张昇、柳遇春、卫心、栗魁周等交往频繁。王泰豫与白巷里的李毅，白巷里周边的延君寿、延赏、张晋等文人都有很密切的来往。清中后期，当沁河流域中游科举成绩直线下降，仕宦大家纷纷没落之际，这些望族还以文学结社的方式维持彼此之间的联系。道光、咸丰年间杨氏宗族的杨庆云和曹氏宗族的曹承惠就组织起了文学团体——"七逸老人诗社"。可以说，望族与地方官吏交往，提升了家族地位。望族与士人交往、结社则丰富了家族生活内容，扩大了家族在地方文化上的影响力。

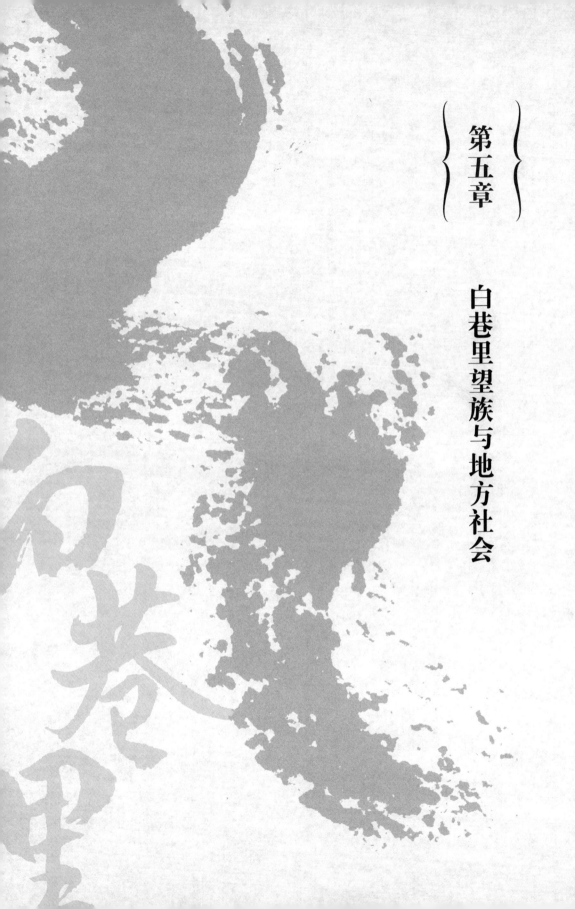

第五章

白巷里望族与地方社会

望族在形成之后，为了扩大本宗族的影响力，会积极投身地方社会，地方的社会进程也因此深深打上了这些望族的烙印。北方宗族与地方社会的关系受到研究者普遍关注。李永菊对明代河南归德沈氏家族进行考察后指出，军户移民沈氏利用各种途径走上科举入仕道路并转型为乡绅望族，反映了华北地区社会转型的内在机制。①常建华对山东青州邢玠家族进行研究后提出，邢玠家族对于改良社会风气、稳定社会秩序发挥了重要作用。②明清时期运河区域社会的地方性特征与宗族社会组织发展、衰落之间具有内在联系。③王洪兵对清代直隶顺天府宝坻县宗族进行研究后发现，宗族在调解族内纠纷、救助族人、维护宗族秩序、协调地方政府与乡村关系方面发挥着重要作用。④邓庆平以明清时期山西寿阳县科举起家的祁寯藻祁氏宗族为个案，揭示了祁氏宗族运用"文化资本""社会资本"两种象征资源，成为地方权威。当祁氏宗族的权威衰落之后，民众还在依靠历史记忆继续塑造这一地方权威。⑤

　　近年来，沁河流域宗族与区域社会的关系问题亦受到学界较多关注。杜正贞在对山西阳城上庄、中庄、下庄进行田野调查后指出："宗族在白巷里并不是一种得到普遍认同的社会组织，在乡村生活中并没有什么实质性的作用。"⑥之后，她进一步提出："与华南、江南地区相

---

　　①李永菊：《从军户移民到乡绅望族——对明代河南归德沈氏家族的考察》，《中国社会经济史研究》2008年第1期。

　　②常建华：《明后期社会风气与士大夫家族移风易俗——以山东青州邢玠家族为例》，《安徽大学学报（哲学社会科学版）》2012年第4期。

　　③吴欣：《明清京杭运河区域仕宦宗族的社会变迁——以聊城"阁老傅、御史傅"为中心》，《东岳论丛》2009年第5期。

　　④王洪兵：《清代华北宗族与乡村社会秩序的建构——以顺天府宝坻县为例》，《东北师大学报（哲学社会科学版）》2014年第6期。

　　⑤邓庆平：《名宦、宗族与地方权威的塑造——以山西寿阳祁氏为中心》，《清史研究》2005年第2期。

　　⑥杜正贞：《村社传统与明清士绅：山西泽州乡土社会的制度变迁》，上海辞书出版社，2007，第185页。

比，华北宗族力量的薄弱几乎已经成为定论；泽州的地方社会在金元以后就已经建立了以村社为核心的社会秩序和权力网络，宗族无法在此之外为乡村提供更多的、地方需要的制度设计，因此也就无法为普通人所接受。"[1]赵世瑜指出："白巷李氏的宗族建设基本上是一种'附庸风雅'之举，与其兴文教的风气相一致，也未对其商业经营产生什么影响。"[2]姚春敏认为，"宗族为何没有登上泽州基层统治的舞台，根本原因还是力量较为薄弱，这一现状使得宗族统治村落未在此地形成传统。宗族式微也直接导致了以村落为单元的地缘组织社的勃兴。"[3]这些研究说明，明清时期的泽州地方社会，是村社而不是宗族在发挥着作用。

吴逸飞研究了河南怀庆寨卜昌村王氏宗族，他指出王氏于明清之际因商而兴，接着采取了一系列措施来强化宗族建设，随后在灾荒、民变等危机面前，利用自身优势，整合地方社会资源积极应对，从而进入国家权威体系。[4]李留文以河南济源为中心，探讨了宗族在乡村社会变迁中所起的作用，以及宗族同村社的关系。[5]

本部分通过分析所收集到的白巷里王、曹、杨、李四大望族的族谱和相关碑刻资料，展示并探讨白巷里望族与地方社会的关系。笔者认为：白巷里王、曹、杨、李四大家族在发展起来之后，积极投身地方公

①杜正贞：《村社传统与明清士绅：山西泽州乡土社会的制度变迁》，上海辞书出版社，2007，第6-7页。

②赵世瑜：《小历史与大历史：区域社会史的理念、方法与实践》，生活·读书·新知三联书店，2006，第327页。

③姚春敏：《清代华北乡村庙宇与社会组织》，人民出版社，2013，第157页。

④吴逸飞：《明清时期家族兴衰与地方社会的整合——以寨卜昌村王氏家族为典型个案》，《中国文化研究》2008年第4期。

⑤李留文：《村社与宗族：明清时期中原乡村社会组织的演变》，赵世瑜主编：《大河上下：10世纪以来的北方城乡与民众生活》，山西人民出版社，2010年。

益事业，筑堡修寨，保卫乡里，为地方减轻劳役。望族是地方民间传说流行的背后动力。村社、里甲等基层组织的首事人多由各望族成员担任。望族在地方社会发挥着重要作用。

# 第一节　领导和保护地方

## 一、领导地方社会

社、会、里甲、乡约、地方、里老等是明清时期基层组织的重要组成部分，其职责是组织民众从事社会生产，维持基层社会风清俗正，维持良好的社会秩序。它们与宗族之间发生着关系，同时各种力量共同作用，互相角逐，构成了基层社会的多元风貌。

"社"是中国传统社会的基层组织，以信仰和祭祀为中心，同时兼有其他管理与整合功能，在地方社会事务中起着重大作用。社首在泽州又称为"维首""社领""社头"或者"社长"等。社首负责"管理社费，维修大庙以及村内其他庙宇，主要是一些小型的修修补补和祭祀什物的添置；主持春祈秋报的仪式、息讼、处理村际关系，是村落与其他村落交流时的形象代言；另外，还负责村落的日常治安维护，辅助乡地工作，甚至在特殊时期还负责赈灾。……社首即为清代泽州乡村中的无冕之王。"①社首一职是村落内宗族体现自己在村落话语权的主要平台。宗族为了维护和扩大自己的利益，往往利用各种机会争当社首。

①姚春敏：《清代华北乡村庙宇与社会组织》，人民出版社，2013，第200页。

"社首从大姓中产生保证了村社内大的宗族之间权力的平衡，有利于村社的稳定。"①

白巷里姓氏数量众多，但担任社首的绝大部分为王、曹、杨、李四大望族之人，他们对本社的重大事务有直接决定权。如，崇祯四年（1631）勒石的《崇祯四年菊月吉旦重修五帝殿记》记载"社首李盛时"②；顺治十年（1653）勒石的《创建拜亭碑记》中记载"社宰曹君，讳学信，号敬台"③；康熙十六年（1677）勒石的《整饬金妆五帝殿碑记》记载"本年社首李逢时、杨健、杨启胤、李振声"④；康熙三十一年（1692）勒石的《油画舞庭记》中记载"社首卫俊、曹鋐"⑤；康熙五十年（1711）勒石的《五帝庙增建廊庑记》记载"社首李奇珍、杨世蔚、李瑞、杨儁"⑥。

会与社在组织形式上具有相似性，也是乡村社会具有独立目的的自我管理组织。明清时期，晋东南会的种类较多，其意在积累资金，从事某项活动。⑦会的发起人，叫会首。在很多情况下，社与会交织在一起，共同承担起基层社会的组织、管理、控制之职。万历二十四年（1596）勒石的《白巷里下庄金妆三元大帝像碑记》记载："今有会首李四读等"⑧，可知当时的会首为李氏宗族的李四读。康熙十四年（1675）

---

①杜赞奇：《文化、权力与国家》，王福明译，江苏人民出版社，2006，第96页。
②崇祯四年（1631）《崇祯四年菊月吉旦重修五帝殿记》，碑存阳城县下庄村五帝庙。
③顺治十年（1653）《创建拜亭碑记》，碑存阳城县中庄村汤帝庙。
④康熙十六年（1677）《整饬金妆五帝殿碑记》，碑存阳城县下庄村五帝庙。
⑤康熙三十一年（1692）《油画舞庭记》，碑存阳城县中庄村汤帝庙。
⑥康熙五十年（1711）《五帝庙增建廊庑记》，碑存阳城县下庄村五帝庙。
⑦段建宏：《明清晋东南基层社会组织与社会控制》，中国社会科学出版社，2016，第61页。
⑧万历二十四年（1596）《白巷里下庄金妆三元大帝像碑记》，碑存阳城县下庄村五帝庙。

勒石的《金妆高禖祠记》中记载"会首庠生李珽、曹凤起"①。

里甲制是国家为催征赋税而实施的一种职役制度。进入明清时期，其职责已有所扩展，民众生活中的纠纷、案件，甚至治安、教化也被囊括进去。乡约是明清时期山西基础性的乡村行政组织，在乡村社会发挥着重要作用。在乡村社会生活中，碑刻等文献常常出现乡约、地方连用，以致简化为"乡地"，乡约侧重于宣讲，地方侧重于差役。雍正十三年（1735）勒石的《王公保全磐石寨城垣窑楼永禁拆毁墙碑》中，记载"里长曹如连，乡约王维亨，地方李灯"②。

明清时期，在乡村实行里甲制的同时，推行里老制，由品行端正、年高有德的人担任里老。里老有整顿社会秩序、社会教化、解决乡人纠纷、参与地方政治事务等方面的职能。康熙五十年（1711）立的《五帝庙增建廊庑记》中记载："白巷里旧有五帝庙，庙貌甚宏而廊庑缺焉。僧元印始发愿与里老李奇珍、杨郁应、杨昭应、李子复、李爽、李素馨、杨维新、杨忻、李蕊、李□、杨惕、李□、李端、李振声、李赳、杨世守、杨僎共为增修之举，工竣而请记于余。"③从碑文中看出下庄的里老均由杨、李两大望族中人担任，他们在地方的重大事务上发挥着重要作用。

清代礼制，每年从各州县访求年高而有声望的士绅详报都抚，举行乡饮酒礼。所举宾介称为乡饮耆宾，若乡饮后而间有过失则上报除名，并将举荐之官议处。雍正十三年（1735）勒石的《王公保全磐石寨城垣窑楼永禁拆毁墙碑》中，记载"乡饮介宾李安侯、李若桯，耆宾

---

① 康熙十四年（1675）《金妆高禖祠记》，碑存阳城县中庄村汤帝庙。
② 雍正十三年（1735）《王公保全磐石寨城垣窑楼永禁拆毁墙碑》，碑存阳城县中庄村汤帝庙。
③ 康熙五十年（1711）《五帝庙增建廊庑记》，碑存阳城县下庄村五帝庙。

李赳"①。

## 二、保护地方利益

宗族首要目的是维护本宗族的利益，但地方社区利益的受损，侵害的是包括宗族在内全体民众的利益。因此，在保护地方利益的事件中，宗族显得特别活跃，一些望族往往会积极维护整个地方社会利益。保护地方利益的成功，又反过来提高了他们的声望，加强了其在地方社会中的地位。

### （一）减免劳役

在白巷里与其他里发生利益冲突时，望族中的绅士常常站出来，带头维护本里利益。嘉庆元年（1796）十一月十五日立的《白巷里黄丝碑记》中记载："白巷里黄丝旧例每年纳官丝六斤，两孔、王村、蒿峪三里帮贴，白巷赔累难支，积年久矣。五十九年头甲里长李培楚、李立松、李成蹊同合里绅耆王纪德、曹端甫、曹时午、李法孔、杨卫恒、李从祖与三里兴讼，蒙县慈钧断，四里公办，每里办丝一斤半，各具遵依在案。后因两孔叠词不休，又断三里各办丝一斤，白巷办丝三斤。"②按照旧例，白巷里每年要缴纳官府六斤黄丝。不足部分，由两孔、王村、蒿峪三里承担。由于白巷里承担的黄丝赋税过于沉重，因此与两孔、王村、蒿峪三里发生了纠纷。白巷里头甲的里长李培楚、李立松、李成蹊无力单独与其他里对抗，于是在乾隆五十九年（1794）求助本里上中下三社的王、曹、杨、李四大望族，联合四大望族中的头面人物王纪德、曹端甫、曹时午、李法孔、杨卫恒、李从祖，共同与其他三里兴

---

①雍正十三年（1735）《王公保全磐石寨城垣窑楼永禁拆毁墙碑》，碑存阳城县中庄村汤帝庙。

②嘉庆元年（1796）《白巷里黄丝碑记》，碑存阳城县中庄村汤帝庙。

讼，打赢了官司。县令断四里各自承担一斤半的黄丝赋税。后虽因两孔里屡次兴讼，县令改判白巷里每年承担黄丝三斤，但相比之前每年要承担六斤黄丝来说，已经是一个较好的结果。

此时的白巷里，除包括上中下三社外，还包括披甲坨、大安头、沟西、小章沟、史家庄五社。在解决了白巷里与两孔、王村、蒿峪三里的纠纷后，白巷里内部上中下三社与其他五社的矛盾开始凸显。"但白巷养蚕之家，村社甚少，多半在五处乡社。向因黄丝赔累，里长滥抽茧用，以致各乡社所出之茧私卖他里，积弊愈多，殊非久全之计"[①]。于是"兹白巷三社，会同披甲坨、大安头、沟西、小章沟、史家庄五社，在乡约所公议，嗣后办丝照八社分办。三庄三社、五庄五社，过办丝时，每社各办丝六两，六八四十八两，以足三斤之数，办就经里长交纳。自后里长止收三庄之茧，照茧酌用，足偿三庄丝费，不得滥抽茧用。五乡社各照所出之茧任卖，摊费止备六两丝数，不致私卖，干咎彼此各便，永无弊害。合里绅耆李法孔、曹湛恩、曹泰甫、李谷成、王理清、杨中魁、王引伸等公呈恳官勒石垂久，永著为例"[②]。如果说在解决白巷里与其他里之间的纠纷时，需要里长与望族联手，在解决白巷里的内部纠纷时，望族则在发挥着更大的作用，"里长滥抽茧用"也被说成了白巷里内部纠纷产生的原因。为了对抗里长的贪污和不使披甲坨、大安头、沟西、小章沟、史家庄五社向上中下三社转移赋税，上中下三社王、曹、杨、李四大望族中的代表"李法孔、曹湛恩、曹泰甫、李谷成、王理清、杨中魁、王引伸"出面与披甲坨等五社进行谈判，维护本社利益。谈判的结果是八社共同平摊，"每社各办丝六两，六八四十八两，以足三斤之数"。

当里长营私舞弊，损害整个里的利益时，望族中的强人甚至会直

---

①②嘉庆元年（1796）《白巷里黄丝碑记》，碑存阳城县中庄村汤帝庙。

接到县衙控告。道光四年（1824）所立《采买黄丝归社办理并裁里长记》中记载："白巷里长一役，有奉县派定采买黄丝之例，历经权书舞弊，截吞丝价，折钱包办，岁岁加增，害无底止。"[1]白巷里的里长在收纳黄丝赋税的过程中，营私舞弊，截留吞没丝价，并年年加增黄丝的赋税，使得平民百姓深受其害。"曾于道光元、二等年，经五甲武生杨凤鸣县府历控，方奉堂断追出嘉庆二十三年本名充膺里长应领丝价。谕以白巷以前办丝三斤，后又工房簿注加增之丝，每年共采办丝平秤六斤十三两，每斤发价银五钱六分，每年缴丝领价，杨凤鸣具领。"[2]道光元年（1821）、二年（1822），杨氏宗族的武生杨凤鸣到县衙控告里长贪污，获得了胜诉，减轻了百姓负担。

"遵断结案，卷存县工房可查。兹本里六甲同三社公议，以蚕桑出自地亩，将此项黄丝归三社办买完缴，所费钱文除附里之小章沟、沟西、大安头、披甲坨、史家庄五处各照旧帮贴外，下少若干，三社赔补，各摊入本社地亩。归款收茧，并归三社，随每年南庙执事，仍在乡约所经办，行用充公。又查里长一役，久经县中裁汰，今将里长应办黄丝大差既归三社办理，其余应办公务无多，悉归地方经办，里中亦将里长裁去，各甲每次只充膺地方一年，乡约一年，仍照旧按六甲轮流周转。均永以为例。此记。"[3]乾隆五十九年（1794）至嘉庆元年（1796），在处理黄丝赋税的纠纷中，里长的作用虽然下降，却还在发挥着作用，但到了道光年间，在杨凤鸣的控告下，里长则被彻底裁撤了，采买黄丝的权力也由里长转移到社。

（二）保卫乡里

在动荡时期，王、曹、杨、李四大望族带领乡人修墙筑寨，抵御

---

①②③道光四年（1824）《采买黄丝归社办理并裁里长记》，碑存阳城县中庄村汤帝庙。

入侵，保卫乡里。明正德年间后，山西泽州地区陷入动荡。《阳城乡土志》记载："明正德七年，霸州贼刘六、刘七等至阳城东白巷里等村。村民多业冶，以大铁锅塞衢巷，登屋以瓦掷之。贼被创，即引去。嘉靖二十四年，河南贼突至县，扰下交都等村。阳城县典史王标追击之，于白桑遇害。万历四十四年，县西南八十里，沁水难川贼牛大等，假开垦山田聚众为乱。官兵讨擒之，斩数十人。"[①]王国光在为阳城县令李栋写的《邑令李公生祠记》中说"（阳城）村盗数十辈啸聚萑苻，格弗止"[②]。据《阳城县新筑砖城记》记载，"阳城在太行之西南，秦汉为濩泽县，迤西泽城里是已。魏兴安中徙今治。唐天宝乃易名曰阳城邑。……旧系土城，南北不足一里，东西仅三里。岁久颓嶎者半。往岁大狷啸聚近千，据难川为巢穴，劫夺村墟，煽动远迩将五六年。且易视城垣，数数窥伺，民惊怖四出至勤。官兵一剿，地方一大厄也。然而城卒未能治焉"[③]。阳城城墙系土墙，年久失修，阳城县城也因此而遭到附近贼寇的侵扰。这些盗贼原本是深山中以采矿或耕种为生的贫民，遇到灾荒或有其他原因时，他们就开始进行抢劫。"前尹李君莅此，留心民隐。初窘于费，稍稍补饰，五年间城中积赎谷三万余石。乡落称是，谋易钱修葺。乃以被召去不果。"[④]前任知县李栋曾经稍稍修补过，但随着他的调任，这项工作也停了下来。

"万历五年，新尹张君至，复慨然为忧。遂咨于父老议增缮，且决策用砖，佥以为然。即检仓庾积谷之红腐者并库余金，得若干请之当

---

①杨念先、杨兰阶、田九德著，栗守田标点校注：《阳城县乡土志·阳城县金石记》，三晋出版社，2009，第123页。

②王国光：《邑令李公生祠记》，康熙二十六年《阳城县志》卷十四，国家图书馆藏本，第23页。

③④王国光：《阳城县新筑砖城记》，康熙二十六年《阳城县志》卷十四，国家图书馆藏本，第8页。

道，皆可之。于是，以六年三月起工。抚台高公、御史台田公、臬司贺公，谓前费不足，各出赎援助其事。泽守于公往来赞襄，犒至再。遂于十月城成。"①万历五年（1577），张应诏到阳城担任知县。在这段动荡的时间里，如何保护县城的安全成了张应诏要考虑的头等大事。由于阳城县城城墙为土墙，经过长年的风吹雨淋，早已坍塌。无奈之下，张应诏来到白巷里向致仕在家的王国光求援。王国光带头捐出了朝廷专发用以本人修建私第的帑金，并倡议全县有能力者捐资，终于在万历六年（1578）建起了用砖修筑的城墙。万历六年（1578），王国光在《阳城县新筑砖城记》中写道："全城高三丈五尺，厚半之围，五百五十有九丈堞雉。视之，楼橹内严，洫沟外固，襟被周密，风气亦完。阳城之民，何厚幸矣！有备者无患，宜吾父老之愉愉也。"②可以说，在修阳城县城墙这个事上，张应诏和王国光通力合作，才得以完成这项工程。

康熙年间大学士、吏部尚书陈廷敬撰写的《阳城白巷里免城役记》也记载了王国光捐资修城墙的经过。"前明太子太保、吏部尚书、疏庵王公国光为户部尚书时，朝廷命有司即其所居之里，为置第以宠之。公谢不敢当。既而曰：'君命也，不敢辞。'顾竟以其治第之金，甃阳城县城。城故不甃。阳城之城至今甃，自公始也。"③"当公之时，天下承平无事。后十数年，流寇起秦，滋蔓天下。寇晋，晋郡县罔不破坏者。攻阳城，县城足赖甃以完。贼无所得引去。其后天下数更变故，城不被兵，甃之功为多焉。"④陈廷敬指出，正是由于王国光带头修复了县城城墙，阳城县城才抵御住了明末农民起义军的进攻。

---

①②王国光：《阳城县新筑砖城记》，康熙二十六年《阳城县志》卷十四，国家图书馆藏本，第8页。

③④陈廷敬：《阳城白巷里免城役记》，《午亭文编》卷三十八，上海古籍出版社，1987，第12页。

崇祯年间，泽州地区动荡加剧。崇祯三年（1630），陵川发生所谓的"回乱"，"贼以数千僭号九龙，窟穴于兹，盘踞五百余里。匪朝伊夕矣，有司匿不以报"①，"招纳亡命，聚集数千人，行劫乡村，戕杀多命，淫掳妇女，邀夺牲畜。居民不敢问，有司不能制。"②崇祯四年（1631）五月，陕西农民军王嘉胤部从高平进入沁水坪上等村，转掠至阳城南山，不久王嘉胤战死。农民军复推王自用为首，号紫金梁。至崇祯六年（1633）十一月，大约一年半的时间里，农民军在泽州各县城镇乡村之间流动作战。这些扫荡对于地方破坏之严重，时人都以为是泽州数百年从未经历的大灾难。

白巷里在明清两代为商贸重镇，这里也因此成为农民军抢劫财物的重点地区。崇祯四年（1631）至崇祯六年（1633），白巷里遭到农民军大规模侵袭。《阳城县乡土志》记载："（崇祯五年）八月，贼自沁水入县境东北乡，屠杀焚死者数百人。民牛多为杀食，所余者亦断其筋节，使不复可用。……九月，贼众数万自沁水入县之屯城、上佛、白巷、北留诸村。客将吴先与贼战于北留墩下，败死。兵民千数百人尽殁于贼。"③

崇祯十七年（1644）二月，李自成部将刘芳亮攻陷阳城。《阳城县乡土志》记载："李自成遣伪将军刘芳亮率众数万至县，伪置官吏，凌虐绅士，邑参政王征俊死之。"④刘芳亮攻陷阳城后，将丁忧归里

---

① 张慎言：《冀南道兵备副使王公（王肇生）平寇碑》，《泊水斋文钞》卷二，齐鲁书社，1997，第6页下。

② 吴玉：《分巡冀南道王公平回寇碑记》，乾隆四十四年《陵川县志》卷二十六《艺文二》，第64页。

③ 杨念先、杨兰阶、田九德著，栗守田标点校注：《阳城县乡土志·阳城县金石记》，三晋出版社，2009，第22页。

④ 杨念先、杨兰阶、田九德著，栗守田标点校注：《阳城县乡土志·阳城县金石记》，三晋出版社，2009，第23页。

的上庄王氏族人王徵俊掠去。王徵俊抗争不屈，在被释放回家后，上吊而亡。

　　在这场突如其来的大变乱中，明末军队败坏，无力保护乡民，他们甚至还加入劫掠地方的行列中。"时遣大将军前后至者凡三易，裨将暨材官率所部主客兵过吾邑者，积亦将强半于贼之数，边司马御史大夫直指兵使者郡丞司李往来无虚月。兵多咆休，将亦骄蹇无礼。且军容奉简书以监军来，上下相接之仪，率以意行之。"①地方无奈只能追求自保，自保的方式就是修筑堡寨。在明末清初的动乱中，堡寨在对付那些流动作战的农民军很有成效。今天在晋城地区随处可见的堡寨大部分是当时所建。如沁水窦庄古堡自天启三年（1623）开始修建，到崇祯三年（1630）结束，历时7年。沁水湘峪古堡于天启三年（1623）开始修建，到崇祯七年（1634）结束，历时12年。阳城郭峪古城修建于崇祯八年（1635）。阳城砥洎城竣工于崇祯十一年（1638）。

　　《阳城县乡土志》记载："李春茂，万历甲辰进士。藩臬秦楚。时募兵设饷，鼓铸转输，具尽心力。官至右都御史。里居时率众筑寨，以卫乡里，里人赖之。"②在陕西农民军进攻白巷里时，李氏宗族的李春茂已致仕居家，他率领众人筑寨保卫乡里，受到里人称颂。顺治十年（1653）五月立的《创建拜亭碑记》中记载："岁在辛卯，社宰曹君讳学信号敬台者，始谋诸同社筑基焉，结构焉，未几而亭成焉。……昔明崇祯癸酉，寇扰三晋，士女流离。曹君任劳任怨，总理修筑，创石寨于

---

①张慎言：《邑侯杨公生祠记》，《泊水斋文钞》卷三，齐鲁书社，1997，第3页。
②杨念先、杨兰阶、田九德著，栗守田标点校注：《阳城县乡土志·阳城县金石记》，三晋出版社，2009，第32页。

南山之巅，迄今恃干城焉。"①为了抵御农民军的侵扰，曹氏宗族的曹学信带领乡民在中庄修筑了防御性的石寨——磐石寨。

磐石寨占地26600余平方米，周围是3丈高、5尺厚的砖石寨墙。寨门东开，宽约7尺，裹有铁皮。寨门外有瓮城，瓮城门北开，宽约8尺。瓮城门内靠寨墙一周有坑洞上下两层，宽8尺左右，计有百余孔，可供村民避战乱时居住。寨中东台上有庭3间，正中有关帝像，故名关帝殿，可祭祀，也可作议事厅和指挥台。台之前有碾磨各一，为加工粮食用。另有房数间，可储备武器和粮食。寨墙有雉堞200余，每堞有瞭望孔。寨之拐角处皆有突出寨墙外数尺的防御设施。整个寨子形势险要，易守难攻。

动荡时期，望族带领乡人修墙筑寨，保卫乡里。和平时期，望族还是保存村内堡寨的重要力量。雍正十三年（1735），磐石寨遭受了一次洗劫，引发了一场官司。正是在曹氏宗族曹恒吉、曹韶美等人的干预下，磐石寨才得以保存。《王公保全磐石寨城垣窑楼永禁拆毁墙碑》记载了事情的经过。"此寨委系合村公建之物，告成后，有力者在寨中自修房屋，无力者在城窑借以存身，因年深日久，所以周围窑座四壁楼墙半属于村民，或典或买者，倘有踵而效之，藉口杨允绩持有分书，竟将西城楼拆毁，予独无文券分关可据乎？则此寨倾颓立见也。"②磐石寨本来为村中的公共建筑，但是自寨子建成后，有些人在寨中自修房屋，还有些人占据了寨中的窑洞，时间一长，寨子里的建筑竟有半数为私人所有。村人杨允绩借口持有分单，竟将寨子的西城楼拆毁，还有村人将寨内的房屋或典或卖，此寨顷刻间便会倒塌倾圮。

---

① 顺治十年（1653）《创建拜亭碑记》，碑存阳城县中庄村汤帝庙。
② 雍正十三年（1735）《王公保全磐石寨城垣窑楼永禁拆毁墙碑》，碑存阳城县中庄村汤帝庙。

为了保全磐石寨，在家等待吏部任命的进士曹恒吉与州同知曹韶美等人，一纸诉状，把杨允绩等人告到县衙。诉讼状里写道："里中奸险循利之徒，借此寨为肥己之具，愚夫俗子之类，视此寨为无用之图，殊不知昔日流寇蹂躏村庄，非寨堡，此村无遗类焉。曷不思前人创造之劳，竟等为羽毛之无关。生等非敢过渎天台，实欲保寨堡于无虞，上以荷皇恩子惠元元之雅爱，下以防私家流散纷纷之凄惨。"①

在接到曹恒吉、曹韶美等人的诉状后，阳城知县很快做出了裁决。"为禁约事，照得高山旧寨原为尔民一方保障，前人遗有陈迹，理宜互相修葺，以为有备无患之计，岂容奸民拆毁肥己。今据白巷里绅士曹恒吉等呈请保全寨堡，恩准勒石事等情到县。据此拟合出示严禁为此示，仰该村乡地里甲人等知悉：所有寨内墙垣房舍什物，嗣后务须各守己业，合力修葺，不许任意拆毁变价。该乡地人等不时严加巡查，一体看守。如遇前项不法之徒，擅行拆毁者，许尔等即刻扭禀赴县，以凭惩治，决不姑纵！遵之禀之毋违，须至示者。"②裁决提出，磐石寨是用来保一方平安的，不仅不应拆毁，还应进行修葺。如有人胆敢擅自拆毁，定会严惩。

知县的裁决下达后，磐石寨寨门被上锁，寨门前的道路被堵塞。为了让磐石寨永久保存，曹恒吉等人还专门立碑来警示后人。"因思近日之举，犹是扬汤止沸于一时，终非久安长治于百世，不得已再叩天台，恩准勒石。使觊觎之人无复妄想为典为卖，止许守为己业，不得擅自拆毁，庶几此寨永固不蔽矣。"③可以说，磐石寨能够保存，曹氏宗族曹恒吉、曹韶美功不可没。

---

①②③雍正十三年（1735）《王公保全磐石寨城垣窑楼永禁拆毁墙碑》，碑存阳城县中庄村汤帝庙。

# 第二节　修建公共设施

民间信仰在我国传统社会中占有重要地位，它与宗族密切相关。"许多乡村庙宇祭祀组织的背后，都有宗族在起支配作用。"[①]村庙是乡村居民进行宗教活动的公共场所，也是其所在社区的共同财产，村庙的修建和修缮自然少不了宗族的力量。白巷里王、曹、杨、李四大望族均十分注重对庙宇的维护与修葺，希望以此建立和加强对地方社会民间信仰的控制权。如今在三庄寺庙内保存的大量碑刻，记载了四大望族带领村民修庙的情形。我们以其中的几块碑刻为例进行说明。

## 一、上庄炉峰庵

上庄炉峰庵前身，是建于明正德年间的"三教堂"。万历十八年（1590）勒石，由王氏十一世王溥（王淑陵三子）书的《重修三教堂记》记载了重修的经过。"庵旧址山上半观音头，正德间迁于此。年远圮坏殊甚，祖母田淑人率众新之，半出已赀。祖母时年八十有三，不辞寒暄，日三复省试，遂成中堂。堂左右两楼，金槵碧栋，翠飞鸟革，视昔益光大焉。丙戌春正月经始，十逾月乃就。财不绌，人亦不困，若或使之者。于是祖母呼余，纪其始末。余方憾二氏之道不明于天下，其流

---

①陈春声：《"正统"神明地方化与地域社会的建构——潮州地区双忠公崇拜的研究》，《韩山师范学院学报》2003年第2期。

弊毒人心甚深也，因表而出之。效金诸善男信女书碑阴。"①田淑人为上庄王氏九世王言的夫人。王言为王国光堂兄，王淑陵之父。王淑陵历官至湖广布政使司左参政，诏晋阶二品。王言因子贵，敕封奉直大夫工部营缮司员外郎，同三品服色，其妻田氏被封赠淑人，称田淑人。田淑人是一位虔诚的佛教徒。三教堂自正德年间迁于现址后，由于"年远圮坏殊甚"，王府的这位83岁的田淑人，不顾年迈，不辞寒暄，亲自领工率众加以重修。自万历丙戌年（1586）春正月开始，历时逾十月修葺一新。重修后的三教堂重塑佛教始祖释迦牟尼、儒教始祖孔子和道教始祖老子三尊圣像，遂成中堂。堂左右增设两楼，金榱碧栋，鸟革翠飞，富丽堂皇。重修资金，半数以上均系田淑人所出，完工后则财不见绌，人亦不困。田淑人命孙儿王溥著文纪其始末，文即《重修三教堂记》。

勒石于顺治十六年（1659），由奉直大夫、户部湖广司主事王润身题的《新修关圣贤庙序》记载了重修炉峰庵内的关帝庙之事。炉峰庵内的关帝庙"形势卑甚。诸凡飨献恭谒，俱环曲迁就，不得长跽而顶礼之，有心者实共恫焉"②。"丙戌岁，余会同里人始以议修。举历丁亥，于原殿后扩基启宇，立正殿三楹，乃迁神像，神亦若欣然而就居焉。随即建左右辅房各一间，对南戏楼一座，东西厂廊缘地广狭以成厦第，是时门犹未构也。越癸巳，踵事增饬，崇起正门，而庙貌之规模奕然以立矣。兹之役先后十年许告垂成。人事方竣，神休将继此锡焉。里人曰勒石以记，余亦终不得辞之以序云。"③顺治三年（1646），王润身与里人商议后，决定在原址上重修关帝庙，经过十多年的努力，最终得以完工。

---

① 万历十八年（1590）《重修三教堂记》，碑存阳城县上庄炉峰庵。
②③ 顺治十六年（1659）《新修关圣贤庙序》，碑存阳城县上庄村炉峰庵。

康熙四十六年（1707），由王氏族人写的《重修南庵碑记》中记载："幸吾家有鸣玉者，乃曾祖天官宫保公六世孙肯斯之子也，目睹凋残，奋然慨任，于九月经始十二月告终，将水路之塞者通之，墙垣之颓者培之，梁柱之朽者撑之，檐瓦之破者换之……有族孙禹臣者……辅助鸣玉而左右之。"①上庄南庵（即炉峰庵）年久失修，墙垣塌毁，柱梁朽烂，急需修缮，这时王氏族人王鸣玉站了出来，他在另一名族人王禹臣的协助下，对南庵进行修缮，使其焕然一新。

## 二、中庄汤帝庙

中庄汤帝庙曾多次重修、补修。李氏二门三支十一世李一桂撰的《创建拜亭碑记》记载了顺治年间中庄汤帝庙创建拜亭的始末。"岁在辛卯，社宰曹君讳学信号敬台者，始谋诸同社筑基焉，结构焉，未几而亭成焉。收松峦之耸翠，映塔峰之参天，背三台而面笔山，一社之观瞻，千古之胜概也！且创壁于西，与东壁并峙，完矣，美矣！虽捐金者诸君有可书之绩，管理者李渐有赞勤之劳，而经营于朝夕者，曹君独瘁之力也。"②顺治八年（1651），曹氏宗族的曹学信担任社首，他同众人商议后在汤帝庙里建了拜亭。邑庠生李友白亦作文以鸣其盛，成《拜亭赋》。

康熙十四年（1675）十月立石，由李养蒙子、例贡、李氏二门三支十一世李一杜所撰，邑庠生曹辰垣书的《金妆高禖祠记》记载了金妆高禖祠之事。"吾乡之社之庙之有高禖，盖历有年所矣。齐宇曹君，宰社修葺庙貌，而高禖之祠，力不暇及。家侄庠生蓝田君，恻然奋兴，乃纠拱汉曹君募于乡之人，各捐资新之。一旦神威焕采，与正殿金碧辉映，

---

①康熙四十六年（1707）《重修南庵碑记》，碑存阳城县上庄村炉峰庵。
②顺治十年（1653）《创建拜亭碑记》，碑存阳城县中庄汤帝庙。

后观不坠前模，实侈乡之人奉粢牵牲乐观厥成。"①曹氏宗族中的曹齐宇牵头修葺了中庄汤帝庙，但由于财力不足，汤帝庙内的高禖祠没有得到维修。于是，李一杜的侄子李蓝田和曹氏宗族的曹拱汉联合起来，向乡民们募集资金，终于使高禖祠得以整修。

据康熙三十年（1691）勒石的《补葺汤帝庙重修舞亭记》记载，本次修缮在两位值年社首曹公的带领下完成。②舞亭建好后，没有进行油漆，勒石于康熙三十一年（1692）的《油画舞亭记》中记载了油画舞亭的经过。"兹舞亭者，合社重修较昔更为壮丽，然大功虽成，而丹采尚未加也。我俊、鉝二人蒙社妄举为本年社首，情愿油画，稍申敬神之意。于是施银六两七钱，以成厥事。因年岁凶荒，不敢滥扳社人，而匠工饮馔，则合社之力也，予曷敢隐其德？第碑石有限，未能花开谨志。九月初三日。社首：卫俊、曹鉝立。"③舞亭建好后，担任社首的卫俊和曹鉝共同施银六两七钱，又由全社承担匠人的饭食和酒菜，最终工程才得以完成。

乾隆四十三年（1778）八月勒石，由邑庠生曹沕撰、王征兆书的《重妆高禖殿神像记》，记载了曹辑瑞金妆高禖殿神像之事。"馆庙自丁酉岁，正三殿金妆神像，油画拜殿至东西偏殿，殿外一时俱新矣。但高禖神像自康熙十四年金妆，历年既久，黯昧已甚。今岁戊戌仲秋，辑瑞兄悦然好施，又重妆焉。工既告竣，爰勒石以为同志者劝。"④乾隆四十二年（1777），汤帝庙内的正殿、拜殿、东西偏殿都进行了整修，但高禖殿自康熙十四年（1675）之后，一直未再整修。乾隆四十三年（1778），曹氏宗族的曹辑瑞慷慨解囊，重修了高禖殿。

---

①康熙十四年（1675）《金妆高禖祠记》，碑存阳城县中庄汤帝庙。
②康熙三十年（1691）《补葺汤帝庙重修舞亭记》，碑存阳城县中庄汤帝庙。
③康熙三十一年（1692）《油画舞庭记》，碑存阳城县中庄汤帝庙。
④乾隆四十三年（1778）《重妆高禖殿神像记》，碑存阳城县中庄汤帝庙。

乾隆四十六年（1781）闰五月立石，李氏三门二支十五世、恩贡李广业撰文，邑庠生卫尔身书丹的《金妆正殿油画各拜亭记》记载了金妆汤帝庙正殿，油画各拜亭之事。"馆庙汤帝殿于乾隆癸未岁，阖社重修，则破折者易而新之，缺略者增而益之，其规模式廓，庶几告备。然神既有以妥其灵，而仪像蒙翳，栋梁暗淡，岂足以肃人心之敬而壮观瞻之丽哉？"[①]汤帝殿为汤帝庙正殿。乾隆二十八年（1763），全社重修了汤帝殿。此后随着时间推移，大殿里的神像、梁柱暗淡，不再有光泽。"今岁丁酉春，余等入庙荐享，咸有重新之举，第社中之积金有限，恐于事无济乎。"[②]李广业等人入庙祭祀时，都有重妆汤帝庙的想法，但社中的资金不够，于是众人共同"推举辑瑞曹君统理大事，应中曹君掌簿书记"[③]，又向社中百姓募集资金，终于使汤帝殿得以重妆。

嘉庆二十一年（1816）三月立石，庠生曹洵撰文，庠生曹成文书丹的《重修东西客房看楼钟鼓楼山门门外市房补葺一切碑记》记载了嘉庆十九年（1814）秋至嘉庆二十年（1815）冬修葺村中汤庙事。汤帝庙自创始以来，东西客房、看楼、钟鼓楼、山门旧制与殿亭、舞楼不相称，且年久失修。"十二年春，社中余族叔惠文公与余门人王元功、卫交泰、李儒林，族弟殊恩、泰甫、成文，意欲总理其事。因各出己财，做缘簿数函，募诸远方，然功大费繁，未便遽举也。至十九年秋，在社诸君复议其事，意犹未决。越数日，余表弟张学礼、张学易特邀诸君重为议之，慨然乐施。余于是亦深喜之，遂与诸君持缘簿，复募诸村中，并本里各社，一时莫不乐施焉。又出庙内松树一株，共得金若干。资用虽备，犹需总理有人。诸君佥曰：'是非老成经事者，恐不足以胜其

---

①②③乾隆四十三年（1778）《金妆正殿油画各拜亭记》，碑存阳城县中庄汤帝庙。

任。'因共举三人焉。得人以领其总，余等亦各分其所司，鸠工选材，革故更新。"①嘉庆十二年（1807），曹沕的族叔惠文公与曹沕的门人王元功、卫交泰、李儒林，还有曹沕的族弟曹殊恩、曹泰甫、曹成文商议，计划共同重修，但工程所需资金太多，所以事情迟迟未能取得进展。至嘉庆十九年（1814）秋，在曹沕的表弟张学礼、张学易支持下，得以开工。监生曹泰甫、李儒林、庠生曹成文总理工程，曹跟魁、庠生曹沕、王师旦、曹惠文、李作舟、监生张学礼、曹广基、曹友俊、曹兆龄、李谷林为工程分理。历时一年多，终于完成了工程。碑阴部分记载了重修过程中本村人的捐资情况。本村曹良善，十六两。监生曹泰甫，十二两。王师旦，十两。曹永福，十两。曹日麟，十两。刘学孟，十两。曹广基，八两。刘学曾，八两。曹时中，六两。王亢口（宰），五两。监生王元功，五两五钱。曹惠文、李儒林、曹友俊、曹兆龄、李口林，以上各五两。口自口，口口。张调元，四口口口口。口口口、李怡德、曹宏口、赵正邦，以上各四两。曹跟魁、李作舟、曹口基、李孟辅、李谷兴、李进祥，以上各三两。曹兆麟，二两二钱。李有执、庠生曹沕、曹永朴、永昌号、吉绍宗、曹煓、曹敬兴、徐口茂、李继祖、吉继宗、李思孔、李口、王口、刘青口，以上各二两。李培森，一两六钱。曹民生、卫交泰、曹焕采、曹成良、王正泰、李有立、李荣祖、曹玉振、段锡口、郭兴口、张口文、原声达，以上一两五钱。司庭训，一两一钱。李怡兰，一两一钱。延梁房、延漆铺、李慕宽、监生李遵孔、曹文中、曹敬祯、李谷燦、曹兴福、曹棠、曹正纶、曹培楚、曹培英、李绪孔、李孔口（锋）、邢聚连、孔行顺、王藩、孔兴洙、杨应魁、王克勤（又施西南鼓楼底地基一角）、张培善、张成口、田维受、赵聚

---

禄、常自明、王立稳，以上各一两。"①从捐资情况可以看出，曹氏宗族出资额远在其他家族之上。

### 三、下庄五帝庙、慈泉庵和菩萨阁

#### （一）下庄五帝庙

明清时期，下庄五帝庙曾多次重修、补修。崇祯四年（1631）勒石的《崇祯四年菊月吉旦重修五帝殿记》中记载了重修五帝殿的出资情况。"都察院右都御史李春茂施银五两，举人李蕃施银一两五钱，李春萱□刖子孙殿，杨时萃施银五两、外树四根，李一桂施银五两，李泰庆施银三两，李淮施银三两，李崇□施银三两，李四友施银二两，李九奎施银一两六钱，李星焖、李养□、李荣春、李星灯、李可畏、李安居、李安常、杨浤、李植、李四宇、李可桂、李起元、李藻、王天赐、王凤□，以上十五家各一两，共银十五两。"②从中可知，此次工程是在李氏宗族李春茂、李蕃等人带领下，主要由李氏族人捐资重修的。

康熙十六年（1677）四月勒石，由杨氏四门十一世、杨鹏翼子、例贡杨健撰文的《整饬金妆五帝殿碑记》记载了整修五帝殿的过程。"社中什物自丙午整饬后，不及十载而凋敝者过半。丙辰初夏，予谬应首事，与李君逢时、振声侄、启胤甫入庙，佥议更新。因谋于社众，各随心捐施。凡社中难移者移之，易创者创之，少者增，黯者膡，仅两月，与金妆。五帝殿工同日告竣。虽聊为改观，然于祈报大典未必无小补云

---

①清嘉庆二十一年（1816）《重修东西客房看楼钟鼓楼山门门外市房补葺一切碑记》，碑存阳城县中庄汤帝庙。
②崇祯四年（1631）《崇祯四年菊月吉旦重修五帝殿记》，碑存阳城县下庄五帝庙。

尔。"①五帝庙在康熙五年（1666）经过整修后，不到十年就变得凋敝不堪。于是康熙十五年（1676），杨健同李逢时、杨振声、杨启胤共同商议，整饬五帝殿，仅两个月就大功告成。在碑阴部分，记载了"输财物芳名"。

"庚辰进士杨鹏翼施银六两，丙戌进士杨荣序蟒袍二件，孔守德大伞一柄，李凤翮、李凤翎大伞一柄，杨笃胤、李士凯大伞一柄，贡生王恽小伞一对，李琮、杨于畿、李本元、李缵绪、杨蕃生、李之蕙、杨宗、李席珍、李士懿、李维洪、李塽、杨千钟以上各小伞一柄，李恩荣、李恩耀小伞一对，李恩锡、李友韩、杨庄胤、李凤翥、李永亨、曹秉先、李子以上各旗一对，杨步甲外银一钱，杨祺、卫宗桢、张崇兴、李萃芳以上各大旗一面，李振声银二两五钱，李逢时、杨启胤以上各银一两。"②如果说崇祯四年（1631）五帝殿的重修主要是靠李氏宗族的话，康熙十五年（1676）整饬金妆五帝殿，则主要是由杨氏宗族和李氏宗族共同完成的，杨氏宗族还在其中起了主要作用。

康熙五十年（1711）勒石，由兵部右侍郎田从典撰文，陈廷敬次子、礼部仪制清吏司员外郎陈豫朋书丹的《五帝庙增建廊庑记》记载了下庄五帝庙增建廊庑事。"白巷里旧有五帝庙，庙貌甚宏而廊庑缺焉。僧元印始发愿与里老李奇珍、杨郁应、杨昭应、李子复、李爽、李素馨、杨维新、杨恂、李蕊、李□、杨惕、李缉、李端、李振声、李赳、杨世守、杨㑆共为增修之举，工竣而请记于余。计开工于康熙五十年春二月，告成于康熙五十二年秋八月。余特记之，垂诸不朽。"③虽然五帝庙庙貌恢宏，但是缺少廊庑，于是里老李奇珍、杨郁应、杨昭应、李子复、李爽、李素馨、杨维新、杨恂、李蕊、李□、杨惕、

---

①②康熙十六年（1677）《整饬金妆五帝殿碑记》，碑存阳城县下庄村五帝庙。
③康熙五十年（1711）《五帝庙增建廊庑记》，碑存阳城县下庄村五帝庙。

李缙、李端、李振声、李赵、杨世守、杨僎共同商议，增建廊庑。康熙五十年（1711）春二月开工，康熙五十二年（1713）秋八月完工，历时两年半。

勒石于乾隆三十一年（1766），由杨氏四门十二世、杨健子、邑庠生杨维新撰文的《下庄大庙重修碑记》记载了这一年重修五帝庙之事。"吾社自康熙辛卯创建拜殿以来，自是再未举兴大工。岁值甲申，蒙众谬举予与凤扬李君、宁斋李君为总理。予等念庙宇残缺，无以妥神，因而请分理者十位，协力赞勤，均出募化。工始于乙酉之春，成于丙戌之夏。时予年老龙钟，不能胜任，幸赖催输派饭分理鸠工者，皆诸君董治之力，而注记一切者，有宁斋李君焉。至昼夜经营勚劳不倦者，凤扬李君为最。"[1]下庄五帝庙自康熙五十年（1711）创建拜殿之后，长期没有再整修。乾隆二十九年（1764），杨维新与李凤扬、李宁斋共同负责五帝庙的重修之事。工程启于乾隆二十年（1755）春，告竣于乾隆二十一年（1756）夏，历时一年多。碑阴部分记载了"本社捐资"。

李□，银□□□。杨佑，银八□。杨□玉，银五两。李式□，银四两三钱。庠生李□□，银四两，外募九田银一两八钱。□振□，银十一两八钱。□□□，银十八两三钱。史□，李恒正、李恒有，各五两。李恒祥，银五两三分。李桓，银二两七钱二分。李元泰，银二两六钱。李式浚，银二两五钱。李培业、李荣国、杨建西、杨荣春、李有则、延三泰、张福、李自本、曹春元，各二两。杨世升，银二两。远。张玉亭，银一两八钱六分。李扩声、田容，各一两八钱。李明诚、李式颜，银一两二钱。张玉柱，银一两六钱。李式洵，银一两六钱。李培楚、李恒岭、杨弘基、王永昌、杨金相、刘义，各一两五钱。李若荣，

①乾隆三十一年（1766）《下庄大庙重修碑记》，碑存阳城县下庄村五帝庙。

银一两二钱。杨中权、杨中魁，银二两二钱。杨世洪、杨琇，银一两。杨世信、李师荣、庠生曹永年、庠生杨联春、李慕全、李慕魁、李师执、李恒足、李□泰、李□吉、杨建芝、杨全仁、延顺泰、延文斌、王泰、李培楹、陈佐时、贾忠、李自发、李□叙、李晋和，各一两。□□美、□□美，银一两。杨璉偕弟珠，银一两。"①从捐资部分可以看出，本次重修还是由杨氏和李氏宗族在起主要作用。

勒石于道光六年（1826）六月，由庠生李谷城撰，祀生杨桂芳书的《重修社庙记》记载了道光五六年间下庄重修五帝庙事。"嘉庆四年，社中复有募金重修者，止舞楼成，而人已古，以致各殿宇尚待修葺。余向游四方，有募存馀金，垂暮归来欲继修，每以积少用宏难之。谋之诸君子，适予叔南轩公有出谱而存募金者毕集，村中更乐输者众，分猷效力者各踊跃争先，年馀而事成，焕然一新焉。"②五帝庙在嘉庆四年（1799）重修了舞楼，其他殿宇均未得到修葺。李氏族人李谷城募集了一部分资金，意欲重修五帝庙，但无奈资金缺口巨大，不能如愿。此时李氏宗族刚修完家谱，尚有余钱，于是拿出了这笔钱，又号召大家集资，终于使五帝庙得以重修。

光绪十六年（1890）八月立石，由庠生杨叔雅撰文，拔贡杨念先书丹的《重修葺社庙碑记》记载了同治末光绪初年下庄修葺社庙事。自道光五六年间下庄重修五帝庙后，寺庙墙壁倾颓，栋宇摧折。"于是同治十三年，因春祈之祭，凡我同社瞻拜之下，目睹心伤。众谓：'及今不修，后将难以措手。'乃公举杨宗宪、李贻瑾、刘广祥诸公等共任厥事。正在鸠工庀材之际，迨光绪三年，忽岁值大祲。因而工暂停止。微及至光绪五六年间，麦禾收成、流亡渐复，且有各处募化陆续

---

① 乾隆三十一年（1766）《下庄大庙重修碑记》，碑存阳城县下庄村五帝庙。
② 道光六年（1826）《重修社庙记》，碑存阳城县下庄村五帝庙。

寄至，于是葺其未备，补其缺略，乃无功亏一篑之憾焉。"①同治十三年（1874），杨宗宪、李贻瑾等人开始商议重修五帝庙，但不久光绪三年（1877）大灾暴发，工程被迫停滞。直到光绪五六年（1879—1880）间，工程才得以完工。

宣统三年（1911）勒石，由候选直隶州分州乙酉拔贡杨念先撰，候选儒学训导、贡生李衡书的《下庄大庙重修碑记》记载了宣统年间重修五帝庙事。下庄五帝庙经同治十三年（1874）修缮后，三十余年未整修。"前年余士彦族叔适膺宰社，于人所不能任者乃预任之，于人所不敢任者乃力任之，无畏难之心，无姑待之气，毅然招集社众筹议。以吾村商于豫者颇多，乃浼戬□李君、修府李君、士彦与开三族叔各携缘簿至周家口，共募化银百数十两。夫而后鸠工庀财，开工于宣统元年十一月，告成于二年十月。是役也，值工料同昂之日，当社中空乏之时，赖予士彦族叔任劳任怨……"②于是时任社首的杨氏族人杨士彦召集社众商议重修，并和李戬□、李修府、杨开三等人各携缘簿至河南周口，向本村在外经商的村人募集资金，在经过一年的修建之后，终于在宣统二年（1910）完工。

### （二）慈泉庵和菩萨阁

慈泉庵，创建于康熙年间。康熙二年（1663）勒石，由进士杨鹏翼撰文，杨时萃书丹的《创建慈泉庵碑记》记载了创建慈泉庵的经过。"慈泉庵者，庵以泉而得名也。泉以慈名者何？儒曰慈仁，道曰慈宝，佛曰慈悲。庚子岁，亢阳布炎，疫疠流行，有饮兹一勺水而愈者，于是挈瓶抱瓮，络绎如云，病者辄饮，饮者辄愈。以至河东、上党之区，百里间咸以菩萨为大医王，泉流为回生饮。拜祷焚求，殆无虚日。余家

---

①光绪十六年（1890）《重修葺社庙碑记》，碑存阳城县下庄村五帝庙。
②宣统三年（1911）《下庄大庙重修碑记》，碑存阳城县下庄村五帝庙。

□□诰封中宪大夫德符公与众谋曰：菩萨悯众生沉溺苦海，假泉水为济渡慈航，因水起便，□导引以无方；见相生心，应感鬼于有奇。欲广慈□之化，暨怅瞻仰之门。乃乘良缘，首辟善地。爰协群力，缔造鸿基。清凉殿特建五楹，禅悦□（堂）跹修二座。巍乎！兽脊楼霞高浮碧瓦；灿矣！星簷飞翠遍烂黄金。塑大士像，以表皈依。"①顺治十七年（1660），瘟疫流行，诸药无效，有人饮用了这里的水，病就好了。于是口口相传，病者皆来取水治病，饮之即愈，以至河东、上党数百里外皆以菩萨为大医王，泉流为回生甘露。时中宪大夫杨德符首倡建庵，群策群力，不日建成，取名慈泉庵。德符为杨氏三门十一世杨时萃的号。杨时萃，字星聚，号德符，别号宽忍居士，因其子杨荣序贵，诰封中宪大夫。

菩萨阁原址位于庄河入东河口处。道光六年（1826）勒石，邑庠生李发荣撰，李在田书的《补修菩萨阁并庙内后门栅记》记载了补修菩萨阁的经过。菩萨阁建设年代久远，到道光年间时已破败不堪。庙中住持见墙倾像覆，就想进行补修，于是求助于延君。延君向周边村庄筹得数千文钱，都仍不够工费。"适豫章李君旋里，亦久有是心。各捐已财数千，于像之覆者扶之，墙之倾者筑之。簷头屋脊均为补葺齐全，共襄共事，复□□垩粉饰，不盈月而焕然一新。固二公之善念勃发亦何？莫非神之灵应有以感之也哉。兹将捐资使费详列于后，以垂不朽云。"②正在此时，李氏宗族李豫章返村。在其大力帮助下，工程才得以完工。

---

①康熙二年（1663）《创建慈泉庵碑记》，碑存阳城县下庄慈泉庵。
②道光六年（1826）《补修菩萨阁并庙内后门栅记》，李尔勤：《三庄志》，油印本，1987年。

## 四、海会寺

海会寺亦名龙泉寺，位于白巷里之东四公里处，今属阳城县北留镇大桥村，为阳城县境内主要寺院之一。该寺初创于隋代，唐初已有僧人。根据《阳城县志》载，唐乾宁元年（894）十月二十五日，唐昭宗"遂降敕文，额为'龙泉禅院'"。北宋太平兴国七年（982）三月初三，宋太宗又赐额"海会寺"。后历代重修、增修，规模宏大，明清之际遐迩闻名。

《白巷李氏族谱》记载："按余族之首发者，自伯曾祖七品散官云楼公父子兄弟始。公曾修功德院于海会寺东，内建浮图二，费金十一万有奇，故亦自号双塔主人。"[1]李思孝，李氏长门长支九世，字云楼，自号双塔主人，明代阳城巨商，他捐资修建了海会寺十三层琉璃塔。

勒石于隆庆二年（1568）九月二十九日，由王国光所撰的《龙泉寺重修宝塔佛殿记》亦记载了此事。"吾邑名招提以十数，惟龙泉为最优。寺东有塔一供舍利，以翼丛林；势渐倾欹，或不可久。欲复，而中力讪未能。居士云楼公笃信释氏，顾而叹曰：'吾其图之！'继曰：'基弗固，则难立。重塔可乎？'乃于其北诛茅穴土，既深既阔；伐石垒基，既密既固。树砖瓮壁，既广既峻。凡十三级，为如来塔。于塔之北，创佛殿二十间。始于嘉靖乙丑之春，落成于隆庆戊辰之秋。所费二千金有奇，不以十方之力。诸殿设佛像几千，皆金身。印经典几万卷，皆裹以彩。公名思孝，白巷人，吾阳望族；以赀授品官，世有名宦。"[2]李思孝经商致富后，不忘乡里，在海会寺塔院内小塔旁筹建

---

[1]《李氏长门重修合族世谱序》，《白巷李氏族谱》，现藏于阳城县下庄村李尔和家中。

[2] 隆庆二年（1568）《龙泉寺重修宝塔佛殿记》，碑存阳城县海会寺。

十三层如来佛塔，塔旁修二十余间佛殿，塑金身佛像几千尊，印佛经数万卷。工程"始于嘉靖乙丑之春，落成于隆庆戊辰之秋"[①]，耗时三年多建成。

除了修建寺庙外，村内的水井也主要由望族修建。水乃人之命脉，井为水之来源。水井是古人生产生活中必不可少的基础设施，望族则是修建水井的重要力量。

药王庙，又名火星庙，在村东约半里的三皇沟内，依山傍崖，一水带流。勒石于万历二十二年（1594）四月初八日，由王国光撰写的《重修药王庙碑记》记载："白巷上庄有药王庙。庙之东沟有六角石井，水常盈溢。井南石壁书吾老祖名二十子文与乡间数人浚凿焉者。名圣水井，乃成化二十年四月初一日也。"[②]根据"成化二十年（1484）四月初一日"的刻记可知，此井名为圣水井，是王氏六世王子文与乡间诸人建造。"今废塞几六十年，崖下清泉散漫旁出，见者乐而修焉。因叹吾祖之不终在念也。遐思其事不可泯灭。侄尧山修庙有为命可□□侄笃相协之。仆旦夕视事，改为丈余石池。"[③]后来石井淤塞、圣水旁出，又经十世王尧山、王笃（王国光的两个侄子）二人将庙井修缮一新，改石井为丈余石池，从而方便了村内百姓用水。

上庄的滚水泉也由王氏族人修建。上庄村西磨头坡下有一股温泉水。泉水冬暖夏凉。寒冬腊月，村里的姑娘媳妇们都喜欢到泉下的方塘里洗菜、淘麦、浣洗衣裳，准备过年。因气候愈冷，水温逾高，数百年来，村人就叫它滚水泉。康熙十六年（1677），由王元机撰写的《重修水泉记》记载："窃记先人言传，水泉经始起自嘉靖初年。当我高高祖寿官公处世，常以义方于人，凡村居便用之物无不备具，若碾硙井泉更

---

①隆庆二年（1568）《龙泉寺重修宝塔佛殿记》，碑存阳城县海会寺。
②③万历二十二年（1594）《重修药王庙碑记》，碑存阳城县上庄炉峰庵。

为人之所深谋者。每念吾乡居人繁众，所食泉井得一渊源之水，方可供用。岂意天从人愿，偶尔于祖居北山之下，中溪林壑之所，凿石取炭，得此渊源之水，蠹不知其幽深所止。是时辟地修渠，引水暗流至上硇头，修石井于路西。复修渠引水于南山脚下，治其池圃，种莲养鱼，茂林修竹，设葺野庐二所，修成石泉，故名为水泉头。原泉水浑浑，昼夜水声潺潺，公同乡用之不竭，余流而仍泻溢于田园之域。"①嘉靖初年，王氏七世王鼎觉得村人"共饮一渊源之水"，很不方便，经勘量开凿石垒将井水引向村西的磨头坡下砌成此泉。数百年来，饮用方便，涌流不竭。万历十八年（1590）八月初七日立，由时任四川布政使司右参政王淑陵撰写的《明故寿官爱莲居士曾祖王公墓表》记载："曾祖一意园圃，凿池引水，种莲养鱼，花卉果实，茂林修竹，宛然方外境也"。②王鼎，字廷器，别号爱莲居士，为王淑陵曾祖。这块墓表也证实了滚水泉是由王鼎开凿的。"至甲午乙未之间，山水冲塞原渠。于丙申春，乡众亲友共议重修，一复如故。于丁巳夏六月十三日，大雨如注，鸡鸣而起，午后方止，山水又将原渠冲坏。蒙众乡亲复议，创建者难，重修者易，再当重修旧源，使水有所归，而功易成矣。于是择定八月开工，九月告竣，则后人踵事增修之功，与先人之祚庶乎均不泯矣。谨书此以志其事焉。"③顺治十一年（1654）至顺治十二年（1655），水渠被冲坏。顺治十三年（1656）年，王元机的乡人、亲友一起把水渠修复了。康熙十六年（1677）六月十三日，水渠又被大水冲坏，众人商议重修，历时一个月，工程在九月得以完工。

---

①康熙十六年（1677）《重修水泉记》，《上庄王氏家谱》，现藏于阳城县上庄村王晋强家中。

②万历十八年（1590）《明故寿官爱莲居士曾祖王公墓表》，《上庄王氏家谱》，现藏于阳城县上庄村王晋强家中。

③康熙十六年（1677）《重修水泉记》，《上庄王氏家谱》，现藏于阳城县上庄村王晋强家中。

## 第三节　推动民间传说流行

在近来的传说研究中，陈春声、陈学霖、陈泳超、施爱东等人的研究告诉我们要把民间传说放进地方社会脉络中，考辨与传说相关的历史渊源，加深对民间传说的理解。[1]王明珂、赵世瑜、陈泳超对传说研究的见解提示我们要追问传说背后的动机[2]。连瑞枝、陈学霖、刘志伟对传说的分析则提醒我们要注意"大传统"和"小传统"、大历史与小历史之间的互动。[3]

在白巷里流传着很多传说，这些传说主要与王氏宗族的王国光有关。王国光是有明一代阳城职位最高的官员，在民间影响很大。从古至今，坊间乡里，到处都有关于他的故事传说。这些故事传说，有的直接来自《王氏家谱》，有的则由《王氏家谱》衍生出来。

---

①陈春声：《乡村的故事与国家的历史》，黄宗智主编：《中国乡村研究》第2辑，商务印书馆，2003年；陈学霖：《刘伯温与"八月十五杀鞑子"故事考溯》，《明初的人物、史事与传说》，北京大学出版社，2010；陈泳超：《民间传说演变的动力学机制》，《文史哲》2010年第2期；施爱东：《中国现代民俗学检讨》，社会科学文献出版社，2010。

②王明珂：《华夏边缘》，社会科学文献出版社，2006；赵世瑜：《大历史与小历史》，生活·读书·新知三联书店，2006年；陈泳超：《民间传说演变的动力学机制》，《文史哲》2010年第2期；赵世瑜：《泰山是一部"天书"》，叶涛编：《泰山香社研究》，上海古籍出版社，2009。

③连瑞枝：《隐藏的祖先：妙香国的传说与社会》，生活·读书·新知三联书店，2006；陈学霖：《刘伯温与哪吒城：北京建城的传说》，生活·读书·新知三联书店，2008；刘志伟：《女性形象的重塑："姑嫂坟"及其传说》，苑利主编：《二十世纪中国民俗学经典·传说故事卷》，社会科学文献出版社，2002。

### 一、《王氏家谱》中有关王国光的民间传说

《王氏家谱》中的"王氏先贤行实录"记载了有关王国光的"城隍庙借笔""山神土地夜求饶""葫芦仙子""免接帖""祈雨黑龙显灵验"五则民间传说。

"城隍庙借笔"的传说。王国光少年时，与几个同乡到阳城县城参加童子试，晚上在城隍庙借宿。同行的伙伴对他说："城隍最灵，吾辈中谁敢夜半入庙，将案上朱笔取来，见他胆量大，即许他今回入泮。"[1]王国光回答说："我敢。"那几个伙伴暗地计划让其中一人预先藏在神案桌底下来吓唬他。庙祝前半夜把香点着后，就把殿门锁上离开。到三更时分，大家催促他去。他到了城隍庙，殿门已锁，就把手伸进门缝里，不知不觉笔已到手中。取回笔后，众伙伴大觉惊讶。"因呼庙祝开门，寻前所匿人，其人云：'我初藏神案下，见庙祝上香毕，将门锁了，我不敢言。少顷，闻城隍爷问鬼判曰：'案下伏生人何也？'鬼判答曰：'是应考童生，著此人恐吓王天官耳。'城隍曰：'速将此人绑了，勿令惊贵人。'鬼判应：'诺。'我遂昏迷，不知何故。"[2]众伙伴返回见到王国光说，"你今回定入泮，后前程远大，不可限量。"[3]王国光确实于当年考入县学。"城隍庙借笔"的故事是为了说明王国光少年时期就非常有胆略。

"山神土地夜求饶"的传说。王国光中秀才后，在海会寺读书，晚上经常要路过黄沙岭湾的险僻小路回家。在他十几步前常有灯悬空引路，却不见有人，到了龙掌沟就没了灯。经过几次之后，他自己也感到非常奇怪。有一天，他跟朋友交谈甚晚。夜半月黑，回家之路很是艰

---

①②③《王氏先贤行实录》，《上庄王氏家谱》，现藏于阳城县上庄村王晋强家中。

难。他暗自思量：往常有灯照明，今晚怎么就没了呢？莫非是山神土地欺负我吧。我一定要把他们贬到云南充军去。就在当夜，他母亲梦见有两个人蓬头垢面戴着枷锁跪在地下求饶。"太夫人问曰：'汝何人？因甚枷锁？'二人云：'我等本境土地山神，因失误伺候天官。王大爷将我二人贬云南充军，明日即行。求太夫人赦免。'太夫人许诺。及明以梦语公。公云：'我往时深夜回家，有灯导引，昨夜竟无，我原有是言。'太夫人云：'不要胡说，惹神圣怨怒，获罪不浅。'公云：'我戏言耳，谁交他去？'次夜，太夫人复梦二人穿官服来谢。"①本地土地山神，因为伺候天官王大老爷不周，被他罚往云南充军，于是到王国光母亲这里求情。在其母向王国光求情后，山神土地得到赦免。"山神土地夜求饶"的故事，讲述了王国光具有支配山神土地的神力，神话了王国光，让后代敬畏。

"葫芦仙子"的传说。"公户部家居，一日假寐，见书案上葫芦内有青烟几缕，起尺许，结成云。云内立一绛衣仙子，手捧敕书，对公云：'公已拜吏部尚书，明日午时京报至。'公惊异，视青云犹在，而仙子不见。公大异之。次日，令人扫除庭院以俟。及日中，京报果至，如葫芦仙云。今公家犹有葫芦仙人画像一轴，以记其事。"②王国光从户部尚书职务上辞退家居后的一天，梦见书桌上的葫芦里面，有一股青烟如缕升至一尺高，结成了云，中间站着一个身穿大红衣裳的仙女。仙女手捧皇帝诏书对他说，你已受任为吏部尚书，明日午时从京城下发的任命书就会到达。王国光惊愕而醒，看见青云仍在，仙女却不见了。第二天，他叫人洒扫庭除做好准备。等到中午，如同葫芦仙女说的那样，

①②《王氏先贤行实录》，《上庄王氏家谱》，现藏于阳城县上庄村王晋强家中。

京报果然到达。葫芦仙子让王国光提前得知，皇上要任命他为吏部尚书，表明王国光能惊动神仙，让其先知先觉。

"免接帖"的传说。"公吏时往泽州，至十里铺，见旋风中落一简帖，书州城隍名。公大惊，使人问风，高呼曰：'不劳远接。'及入城，旋风复在轿前，公心不安。后每入城，必预写免接帖置庙中，且从僻问，趋过不由大街。"[①]王国光从户部尚书任上辞职后，初往泽州，到了西长河川底岭上二十里铺时，看见从旋风中落下一封信。信封上署有晋城城隍的名字。王国光于心不安，以后每次入泽州城，必先写免接帖放入庙里。

"祈雨黑龙显灵验"的传说。王国光起任吏部尚书前，阳城大旱不雨。"公诣楼龙池祷雨，祝以灵应，为之请旨封王。越一日，大雨果雨沾足。公将赴京，梦一神，皂衣金冠，形貌甚伟。谢曰：'吾黑龙神也，时尚未宜封王。公万勿轻请，以重吾过。'嗟夫！幽明悬隔，感而遂通。非甚盛德，易能语此。《周书》曰：'黍稷非馨，明德惟馨。'其斯之谓欤。"[②]王国光向九女仙台方向的黑龙潭神祷雨，并允诺如若下雨，会向朝廷请示封黑龙神为王。过了一天，果然下了大雨。赴京途中，他梦见黑龙神前来致谢。"祈雨黑龙显灵验"的故事表明王国光能支配黑龙，为民降雨。

### 二、由《王氏家谱》衍生出来的民间传说

《王氏家谱》中"祈雨黑龙显灵验"的故事，还衍生出了王国光与崦山白龙爷的传说。

龙是传说中的一种有鳞有纹、能兴云作雨的奇异动物，也是古人信

---

①②《王氏先贤行实录》，《上庄王氏家谱》，现藏于阳城县上庄村王晋强家中。

仰的一种神灵。龙王降雨的功能，在民间影响很大，许多地方都建有龙王庙，干旱则必向龙王祈雨。龙的祭祀多是村落性的，有时要几个村庄联合起来进行。祈雨活动一般在五六月举行。主要有献牲、唱神戏、抬龙王祈雨、跪庙四种。

龙神是泽州地区流行的雨神之一。在晋城城区、阳城、高平、陵川等地都有祭祀龙神的专祠。晋城城区的五龙宫，早在唐代就有祭祀。高平的五龙庙："在王河，宋祥符元年，五龙见于丹河，金皇统初龙复见，故立庙。"[1]在阳城，龙神是遍及乡村的崇拜："龙祠：无里不建。"[2]"白龙庙为阳城主要祈雨的地方，每到时日，县大夫会率领僚属去斋戒祭祀。给神献以鱼、羊、美酒等祭品。"[3]

白龙庙位于阳城县城北的崦山上。崦山，海拔1024米，总面积35平方公里，其中约20平方公里属原始森林。乾隆版《阳城县志》记载："崦山，在县北三十里，方山之右，耸拔奇峭，松柏参天。上有龙漱龙祠，邑人祷旱于此。"[4]山上古建众多，有关帝庙、修德龙池、八卦神池、望雨楼等，但最壮观的是绿树掩映、翠柏环抱的白龙庙。崦山白龙的信仰盛行于阳城县北部和河南河内县（今河南省沁阳市）北部。

王国光曾游览过崦山白龙庙，并留下了《登白龙崦》的诗词："石磴穿斜径，灵山仰雨师。云低失乱壑，谷转出清池。虬柏苍波漾，龙宫白玉滋（时有雪）。王侯时秩望，遐迩慰民思。户部尚书、可乐山

---

① 高平市志办公室点校：《高平县志·清·顺治版点校本》卷二《建置志·坛庙》，山西人民出版社，2015，第43页。

② 赖昌期总修，卢廷莱、谭沄纂修，王伟点校：《阳城县志》（清·同治版点校版）卷四《坛庙》，2016，第99页。

③ 郭永平：《搜神记：沁河流域的村庄神明》，山西人民出版社，2016，第84页。

④ 乾隆二十年《阳城县志》卷二《山川》，国家图书馆藏本，第8页。

人王国光书。"①在阳城留下了王国光与崦山白龙爷的众多传说。

（一）王国光到崦山还愿的传说

崦山白龙庙的周围生长着许多天然柏树。传说在明朝时，崦山的柏树长得又高又大，树围粗得两三个人合抱不住，树头长得千姿百态，巧夺天工，人们称之为"仙柏"。

王国光上京赶考前，亲到崦山白龙庙向白龙爷上香求愿："若白龙爷保佑国光得中金榜前茅，登殿之日供献真猪一头。"王国光赴京考试果然中榜，他不忘前日所许，回乡后立即前往崦山还愿。

按当时常规，凡向白龙爷求愿后如愿以偿者，上供奉献的都是公猪，忌用母猪，而且焚香跪拜之后，还要取一点供品投入纸火之中，如果供品随着火势腾空而起，即为白龙爷得祭受礼，还愿者心安理得、眉开眼笑。如果供品只在火中化为灰烬，飞腾不起，则是白龙爷恼怒还愿者心意不诚，以不理予以惩戒。王国光汗流浃背爬上山，进得白龙庙，上供的却是一口肥头大耳、毛净皮白的老母猪。众人十分惊讶，个个目瞪口呆。王国光不以为然，焚香化纸后，将供品丢入火中，不料红光顿时熄灭，冒出一团团黑烟。王国光知白龙爷不悦，据理力争说："当时我许你一头猪，并没讲明是母猪还是公猪。我笃诚守信，中榜还愿，为何计较小事不受我礼？"白龙爷惹不起王国光，又觉他言之有理，只好受礼。待王国光二次烧钱化供时，一股清风吹来，供品带着火花呼地飞起，在空中旋转良久至正殿屋脊方落。王国光还了心愿，一身轻松，出了白龙庙便从东向西绕了个大圈子，饱览崦山风光，陶醉于苍松翠柏之中，特别是看了一株株如龙赛凤的柏树，更是羡慕不已，赞不绝口。他累了，便走到一株大柏树下歇息，抬头一看，树高数丈，杆粗两围，长得通丝顺纹，直如笔杆，再看树冠如宰相官帽，两根旁枝随风摆动，正

①大德元年（1297）《登白龙崦》，现存阳城县北崦山白龙庙。

像帽翅上下摇颤。他站起来，左右端详，不忍离去，沉思了好大一会儿，决计向白龙爷索要此树，做个送终寿器。传说白龙爷十分小气，谁都拿不走山上的一草一木，即使偷窃了，也下不了山，因为山上的东西都会变，小木变小虫，大木变大蟒，不少人为此吓得丧命。王国光命人砍了这株柏树，抬下山底，放上车子扬长而去，白龙爷因惹不起皇帝命官，只好作罢。

王国光考中进士后，用母猪为贡品到白龙庙还愿，还砍掉崦山柏树做寿材，而白龙爷敢怒不敢言。这则民间传说是为了说明王国光很有本事，连神仙都不怕。

（二）王国光与白龙爷的敕封

阳城流传着"崦山白龙显圣"的传说，该传说里提到，白龙爷的"显圣王"封号是明万历年间由王国光向朝廷争取的。

"阳城崦山有座白龙庙，庙里的大殿中塑着白龙的神像：白袍、红脸。殿门上挂着一块匾额，上写'显圣王'。白龙为什么是红脸，为什么又称'显圣王'呢？请你听听这个美丽动人的传说吧！

王国光做了吏部天官之后，一天正午休，忽见一人，白脸白须，跪在面前，请求替他讨封。天官问：'你是何人？'

他说：'崦山白龙。'

天官说：'你是神，我是人，如何替你讨封？'白龙说只要如此这般就行。

第二天上朝，王国光向皇上奏曰：'阳城崦山白龙求臣向皇上讨封，并且扬言，如不答应，就要雹打御花园。'皇上闻奏，龙颜不悦，心想：哪里小神，敢口出狂言，我倒要看看你有多大能耐。于是传下圣旨，把御花园用牛皮严严实实地遮盖起来。白龙虽然神通不小，下起了暴雨冰雹，但是总没法打进御花园中。怎么办呢？白龙急得满面通红，才想出一个办法来，他把冰雹从水道眼打进去，击落了御花园中的花瓣。皇上面对百花凋零的情景，不禁发出'真正显圣啦'的感叹，皇帝金口玉言，一言九鼎，于是崦山白龙有了'显圣王'的封号，面色却从此红如重枣。"①

图5.2　"白龙显圣王"牌匾

虽然此传说在阳城地区流传甚广，但仔细考察后，笔者发现它是对明代之前白龙庙白龙爷相关传说的改造。金泰和二年（1202），由双溪遗老韩士倩撰并篆额、石门士乐懋书丹的《复建显圣王灵应碑》记载了阳城崦山白龙庙白龙神于前代灵迹托化、累受敕封的历史。

"其在李唐天后之世，壬戌长寿中，灵迹托化，祠宇肇兴，旱祷则应。逮中宗嗣位，乙巳年间，天下亢阳，此时再现，故改元神龙。上遣重臣降香，仍赐服焉，祷于庙庭，甘澍滂沱，封为'应圣侯'。降及昭宗戊午光化中，进封'普济王'。至五季之末，周世宗即位，改元显德。于此白崖上，真相变现，云势暝合，风声怒起，暴雨倾注。厥后庙像愈兴。至宋太宗朝，丙子太平兴国三年，斯池上现本形数十丈，飞腾而去。朝廷闻之，增封'显圣王'，载在祀典。及明昌壬子岁，自冬经春无雨，民废稼事，前许福躬发诚恳，前诣祈水，度日清斋，三步一礼，行达庙庭，出三门，立东隅，彷徨四顾，未得求水去所。忽有大蛇

_____

①天官王府历史文化丛书编委会：《王国光民间故事选编》（内部资料），2017，第82—83页。

丈余，堕步武间，赤睛玄吻，缬色花纹，盘屈不动，就福外踝摩拭，面目似有所告。福惊惧曰：'尊神化现，如此暴怒，小民等焉敢时来？'祷请毕，引首上东庑，延及门里，下舞庭。时有数村人在庙焚香拜谢，淞水窦出。下至池南，福又曰：'此地莫是取水处？'即化灭不见。福乃就燥土磶石地，掘土宫覆之，须臾水潮，泓澄清洁，挹十一杯入瓶。即日擎担，后二日至本社应王殿上奉事。未久如风声发，双瓶摇动，水溢流，泛盆缶，几案盈满，即时乃降足。后至丙辰，维夏中旱，福依前祷请，又获感应。"①

从碑刻中可知，白龙爷最早于武则天时开始现身。唐中宗时封为"应圣侯"，唐昭宗时进封"普济王"，宋太宗时增封"显圣王"。金章宗明昌三年（1192），村民许福去祈雨，见到丈余大蛇，在蛇的指引下，找到泉水。

勒石于元大德元年（1297）五月的《重修显圣王庙记》记载了白龙显圣王庙的地理位置、历史影响和重新修建的缘由经过，以及修建过程中的灵异现象。碑文中记载，"爰自唐室天后世壬辰，改元长寿，神迹始托，祠宇肇兴。以至能大小，能幽明；白崖现像，或飞腾，或潜隐，灵沼示形。由是观之，则灾害不至，里社修祠，膏泽荐臻，朝廷封赐。封赐之节，皆载诸史册；灵应之迹，观其前代所立之碑，昭然可见矣。"②

由此可见，崦山白龙庙早在唐代就已存在，在唐中宗时就已获封，在宋太宗时已经得到了"显圣王"的封号。但是在民间传说中，却认为白龙爷"显圣王"的封号是到了明代万历年间才有的。

（三）王国光与白龙涌泉的传说

白巷里南北两岭中夹庄河，庄河从上庄村东流出，流到中庄时，

---

①泰和二年（1202）《复建显圣王灵应碑》，现存阳城县北崦山白龙庙。
②大德元年（1297）《重修显圣王庙记》，现存阳城县北崦山白龙庙。

从地下流过，成为潜流，到下庄又流出。上庄王氏宗族利用这一自然现象，制造了王国光与白龙涌泉的传说。

"白龙受封后，王国光奉旨责专人为他重修殿宇，再塑金身，原先的白脸白面换成了红脸红面，头上加上了金镂王冠，身上也披上了蟒袍玉带。

白龙很感激王国光的提携举荐之恩，就送给了王国光一把白云裁就的天然伞，只要王国光出门，这把伞便如影随形地罩在王国光头上，晴天当凉伞、雨天作雨伞。热了遮阴凉、冷了御风寒。更让王国光喜出望外的是，白龙准备送给上庄一股泉水。能解决老家的吃水问题，王国光自然喜形于色。他赶紧通知老家百姓，贡献三牲，以最隆重的礼节迎接泉水。

上庄、中庄和下庄的百姓，世代忍受吃水难的艰辛。听到白龙爷要给家乡送水，个个欣喜若狂、人人笑逐颜开、家家欢天喜地、户户张灯结彩。上庄村民把三牲贡献在村子的最上游，期冀着泉水能从这里流出好让全村人受益。他们倾全村之力，出动了三支乐队，组织了三支秧歌队，在村口奏乐跳舞，迎接泉水。村里其余的人则是手捧香烛，闭目求愿。下庄村也不甘落后，他们同样在村口贡献三牲，锣鼓喧天、鞭炮轰鸣、燃表焚香，迎候泉水。中庄夹在上下两庄之间，贪求讨个小便宜，指望泉水能服从水往低处流的自然法则，乖乖从上庄流到中庄，再从中庄流到下庄。所以，中庄村口无一炷香、无一声炮、无一声音乐、无一点献食，只有一群期盼着水从村边流过的村民。

时辰到了，一股清澈的泉水从上庄百姓希望的地方喷涌而出，顺着村边的沟渠哗哗流淌。说来也怪，当水到中庄时突然遁去，沟渠里的水消失得无影无踪一滴不剩。快到下庄时，泉水又从地下汩汩流出。这股泉水，丝毫不受天旱雨涝的影响，终年不断。看到此情此景，上下两庄的喜悦自然毋庸言表，中庄村民个个后悔不迭。当时在民间流传着这样

一首歌谣：

　　上庄接水上庄流，

　　下庄接水下庄有。

　　中庄不接干渠沟，

　　要得吃水跑两头。

　　直至今天，上下庄有水，中庄人吃水就要跑到上下庄挑水。"①

　　这一传说认为，白龙给三庄送水，是为了感谢王国光的提携举荐之恩。而这眼泉水从上庄流下，又从下庄流出，偏偏撇下中庄干滩依旧，不见水流，这是因为中庄人心不诚、耍心眼。这则传说反映了上庄王氏宗族利用王国光的影响力，联合下庄，污名化中庄。

### 三、有关王国光的其他传说

　　智返故乡。因有奸臣奏本，朝廷要贬王国光往边远穷荒之地受罪。王国光想回自己老家阳城，便逢人就说："不论把我贬到哪里，可千万不敢把我贬回老家。您真不知道那是什么鬼地方：云蒙山日日雾罩、小尖山赛似天高、芦苇河不知深浅；眯山虫，人来大；稀屎胡同八百里"（眯山虫，暗喻挖煤工人；稀屎胡同，其实是稀柿胡同，指盛产柿子）。同时，他在居舍也这样哭哭啼啼，自言自语。这些话被监视他的锦衣卫密探听到，就向上打了报告。朝廷中了他的"蒋干传书计"，认为他不想回阳城这个苦地方，就偏偏打发他回阳城受罪。他便如愿以偿返回老家。

　　智骗巡抚。王国光罢官返家后，朝廷派山西巡抚以看望老臣为名来白巷里考查他是否心怀不满，如有怨气，即严加处治。王国光知其来

---

①天官王府历史文化丛书编委会：《王国光民间故事选编》（内部资料），
2017，第80-81页。

意，便用茶水和柿子招待他。巡抚喝的茶水是苦的，柿子是涩的，几乎要吐。然而王国光却大口喝茶，大口吃柿，谈笑如常。巡抚简直不可理解，急忙告辞，进京向朝廷报告："王国光生活苦得很，吃的都不是人能吃的东西，喝的不是人能喝的茶，但是他以苦为乐，毫无怨言。"皇帝十分感动，立即起用他任吏部尚书。原来是王国光略施了一个小计，他给巡抚放的是苦茶和涩柿，而自己吃的是香茶和甜柿。巡抚哪里知道上了他的当。

老狗想起洞屎。王国光，乳名洞喜。四岁亲娘就去世。少年时候，家境不大好。每天从上庄担炭到沁水县端氏村去卖，常在必经之路的武安村（今沁水县嘉峰镇武安村）大路口一家煎饼铺歇脚。铺掌柜名叫老狗，为人心善，常给王国光吃个煎饼。天长日久，有些怠慢，只是隔天给吃一个。说来也怪，给王国光吃的那天，老狗的煎饼就卖个一干二净，不给吃的那天就一个也卖不出去。老狗觉得真是神了！他猛然醒悟，就天天给王国光吃，而且给成两个，后来居然发了家。当王国光官任户部右侍郎总督仓场的时候，老狗已年过古稀，老妻去世，儿女双亡，生活难过，这时老狗想起了王国光，便沿路讨饭进京找王国光。王国光不忘旧恩，予以盛情接待，给他换上新衣，让他在京城逛了几天。后来又给他带了五十两银子返家，用来安度晚年。本来是老狗想起"洞喜"，可是人们传来传去，却讹传成"洞屎"。把"狗"跟"屎"连到了一起。这样"老狗想起洞屎"就成了阳城县一个民间谚语，意思是讥笑一些人莫名其妙地想起了陈芝麻烂谷子的往事。

除此之外，还有王国光杀牛惩治土财主、上门撕休书、翼城选皇妃、巧夸米羹饭、封山护矿、避难仙人洞、挥笔见天掌、笑斥风水先生等传说，这些传说的背后都隐隐透露着望族的影响。

第五章　白巷里望族与地方社会

# 小 结

　　白巷里四大望族凭借累世不绝的宦望以及所占有的资源，积极投身地方社会事务中，以巩固和扩大其在地方社会中的影响力，地方的社会进程也深深打上了这些强宗大族的烙印。

　　从四大望族投身地方社会事务的实践中，可以看到，望族是地方基层组织的领导者。社、会、里甲、乡约、地方、里老等是明清时期基层组织的重要组成部分，它们与宗族之间发生着关系，共同构成了基层社会的多元风貌。白巷里姓氏众多，但这些基层组织的领导者绝大部分由四大望族中的人担任，他们对本里事务有直接的决定权。

　　望族是地方利益的保护者。地方社区利益受损，侵害的是包括望族在内全体民众的利益，因此在保护地方利益的事件中，这些望族显得特别活跃。保护地方利益的成功，又反过来提高了他们的声望，加强了其在地方社会中的地位。在有关黄丝赋税的纷争中，四大望族中的士绅站出来，带头维护本里民众利益。在动荡时期，四大望族则带领乡人修墙筑寨，抵御入侵，保卫乡里。

　　望族是修建公共设施的重要力量。首先是修建村庙。村庙是乡村居民进行民间信仰活动的公共场所，也是社区的共同财产。四大望族均十分注重对庙宇的维护与修葺，希望以此扩大本宗族影响和加强对地方民间信仰的控制。其次是兴修水利设施。水乃人之命脉，井为水之来源。水井是古人生产生活中必不可少的基础设施。白巷里望族在修建水井方面可谓是不遗余力。

望族是地方民间传说流行的背后动力。白巷里流传着很多传说，这些传说主要与王氏宗族王国光有关。王国光是有明一代阳城职位最高的官员，在民间影响很大。从古至今，坊间乡里，到处有关于他的故事传说。这些故事传说，有的直接来自《王氏家谱》，有的则由《王氏家谱》衍生出来。可以说，王氏宗族推动了有关王国光传说在当地的流行。

结　论

白巷里望族能够形成，与其抓住了经济发展机遇密切相关。明清时期，沁河流域中游地区凭借着丰富的矿产资源和有利的区位优势，形成了手工业生产和资源密集型的商业市镇，同时也产生了大批商人。白巷里蕴藏有丰富的铁矿和煤炭资源，这给当地冶铁业的兴旺发达，奠定了很好的物质基础。明代白巷里人口大量增加，人多地少的矛盾逐渐尖锐。耕地不足体现出的人口压力也成为当地发展冶铁业的重要原因。明清两代是白巷里冶铁业的兴盛时期。白天铁炉相望，夜间火光烛天，因而又有"火龙沟"之称。随着冶铁业的发展，为了贩卖铁器，越来越多的人走上了经商的道路，逐渐形成了一个为数众多的商人团体。这些冶铁业作坊主和商人以王、曹、杨、李氏四大家族居多。这四大家族抓住了冶铁业发展的机遇，是其成为望族的首要原因。

　　白巷里望族能够形成的关键是辉煌的科举成就。明清时期，科举成为影响家族升沉兴废最为重要甚至唯一的因素。明清时期沁河流域中游，人才济济，科甲连绵，是中国古代人才成长的密集地。白巷里为文化之乡，在明清时期共产生了16位进士，17位举人，数百位贡生、廪生、增生、秀才等。白巷里四大家族雄厚的经济实力，是支撑其科举的物质基础。封建社会中，作坊主和商人经济实力强，社会地位却低，历来为世人所轻视，始终居四民之末。为了提升社会地位，这些家族投入巨大财力，支持族人考取功名。重视文化传承是四大家族取得科举成就的重要原因。家族文化的传承在族内形成了浓郁的文化氛围，促使着族人在科举上取得持久的成功，而辉煌的科举成就又促使四大家族成为当地望族。值得一提的是，四大望族的科举成就主要集中在明嘉靖到清康熙年间。康熙年间之后，捐官现象大幅增多，抑制了乡村学子投身科举的积极性。此后白巷里科举成绩逐渐下滑，四大望族也随之走向衰落。

　　白巷里望族在形成后，为了保证本宗族长盛不衰，纷纷采取修家谱、建祠堂、订家规、重祖茔等方式对宗族进行管理和整合。修家谱。

结
论

修谱者和续谱者均为宗族中的精英人士，修谱是精英人士彰显自己和自己先辈的绝佳机会。修谱是为了"严尊卑之等，序长幼之节"，是为了教育和激励后人，以重整家族文风。建祠堂。祠堂是家族的象征和中心，四大望族均注重祠堂的修建。订族规。宗族的有序运行和稳定发展离不开族训、族规。族训带有劝诫性，族规带有惩罚性。族训、族规平抑缓和了宗族内部诸多矛盾，维护了宗族正常秩序。重祖茔。祖茔对于沁河流域中游宗族具有非常重要的意义。祖茔的选址、修建、迁移及保护是宗族建设的关键要素。四大望族的组织化建设，维护了宗族秩序，增强了宗族内部的团结和凝聚力，为其在地方社会中发挥作用提供了可能。

组织化建设是望族对内的管理与整合，婚姻与交游则是望族与外部的互动。望族通过联姻建立姻亲集团是宗族组织扩大化的标志。白巷里望族的婚姻呈现出以下特点：第一，具有浓厚的地域性色彩。四大望族的联姻对象以白巷里为中心，离白巷里地缘愈近，其与这个地区的世家联姻频率就愈高。第二，注重与科举望族之间的联姻。白巷里望族在选择联姻对象时，主要看对方是否为科举望族。第三，白巷里望族之间，以及在与其他科举世家通婚的基础上，进一步世代联姻，形成了所谓的"世婚"。广泛的社会交往是望族生存和发展的基础，是望族构建联络圈子的绝好机会。白巷里望族交往的主要对象是地方官吏和本地士人。地方官吏对一个地方有重要影响，望族出于维护宗族利益的考虑，大都非常注重和地方官吏的交往。除了地方官吏，望族还非常注重与地方士人交游，他们以诗纪事、以诗抒情、以诗交友。望族与地方官吏交往，有助于提升家族地位，为家族谋取利益。望族与士人交往、结社则丰富了家族的生活内容，扩大了家族在地方社会文化上的影响力。

白巷里四大望族凭借累世不绝的宦望以及所占有的各种资源，积极投身地方社会，以巩固和扩大其在地方社会中的影响力，地方的社会进程也深深打上了这些强宗大族的烙印。从中可以看到，望族是地方基层组织的领导者。白巷里姓氏众多，但社、会、里甲、乡约、地方、里老等基层组织的领导者绝大部分由四大望族中的人担任，他们对本里事务有直接决定权。望族是地方利益的保护者。在保护地方利益的事件中，这些望族显得特别活跃。保护地方利益的成功，又反过来提高了他们的声望，加强了其在地方社会中的影响力。望族是修建公共设施的重要力量。村庙和水井等公共设施均主要由四大望族修建。望族还是地方民间传说流行的背后动力。在白巷里流传着的很多传说背后都有望族的身影。

从白巷里望族的宗族实践中，我们看到其与东南、徽州等南方宗族有很多共同之处，比如都有家谱、祠堂、家规家训、祖茔等宗族的构成要件，都注重与科举望族的联姻，都注重与地方官吏和士人的交游，都在地方社会中发挥重大作用。特别需要指出的是，白巷里望族与南方宗族均在"创造"宗族。族谱是宗族制度的主要表现形式，是宗族历史发展变迁的见证。族谱中宗族祖先的身世是宗族构建的重要内容，而南北双方有关宗族的祖先来源，均经历了一个"创造"的过程。陈春声指出，在读书人的观念里，国家正统文化发源于中原，南方的广袤地区在远古时代曾是未受教化的蛮夷之地，为了说明自身不是"化外之民"的后代，他们编造了自己祖先由教化程度更高的外地迁到本地定居的故事。①白巷里望族同样如此。康熙十二年（1673）的上庄王氏族谱说"吾王氏为潞安府小石桥人，始而迁居可乐山，继又迁居白巷里"②。康熙三十五年（1696）的王氏族谱又说"夫吾王乃太原王氏，五迁而籍

①陈春声：《地方故事与国家历史：韩江中下游地域的社会变迁》，生活·读书·新知三联书店，2021，第236—237页。
②《王氏宗谱序》，《上庄王氏家谱》，现藏于阳城县上庄村王晋强家中。

于白巷"①。显然宗族先祖来自中古时期的太原王氏望族，是上庄王氏宗族自身建构的结果。下庄杨氏说先祖于金承安元年（1196）由关中弘农迁来，这样就把自己的祖先追溯到了中国历史上的名门望族弘农杨氏。中庄曹氏也说，相传先祖由洪洞县之曹公村迁来。此外，王氏宗族还创造了大量民间故事来神话其先祖。

白巷里望族与东南宗族尽管有一致性，但双方的差异性也同样明显。第一，宗族的生存环境不同。经济基础不同。南方宗族所在地区主要为稻作地区，而白巷里望族所在地冶铁业较为发达。社会环境不同。南方宗族所在村庄很多为单姓村，而白巷里望族所在村庄为杂姓村。明清时期的白巷里除了王、曹、杨、李四大姓之外，还存在着众多姓氏。第二，族产规模不同。南方宗族的族产，特别是族田，规模庞大。"'粮户归宗'之后，宗族正式成为赋役负担的单位，购买族田、捐赠义田专门用于承担赋役负担，更是成为各个宗族普遍的做法。"②而白巷里望族族产规模很小，只有曹氏宗族买了专门用于祭祀的祭田。王、李、杨氏宗族均未有祭田的记载。第三，对族人的管控程度不同。南方宗族中的上层控制着族产，对宗族成员有举足轻重的影响力，对族人也有着较严密的管控。而白巷里望族由于缺乏族产，难以对族人产生实际影响力，导致对族人的管理较为松散。第四，影响地方社会的方式不同。南方宗族所在村庄多为单姓村，宗族与村庄政权组织常常合而为一，使族权有了政权性质。而白巷里为杂姓村，单一宗族无法控制整村事务，于是就出现了几个望族各自派出代表进入村社等基层组织，共同行使村庄权力的结果。第五，祠堂和墓地的重要性不同。南方宗族重视

---

① 《王氏统宗谱序文》，《上庄王氏家谱》，现藏于阳城县上庄村王晋强家中。
② 陈春生：《地方故事与国家历史：韩江中下游地域的社会变迁》，生活·读书·新知三联书店，2021，第234页。

祠堂，而白巷里望族更重视墓地。白巷里四大望族的族谱中，详细记载了各宗族祖坟，分支坟地，甚至每个人的坟地。从康熙十五年（1676）到道光二十八年（1848），杨氏祖茔四次遭到破坏，每次杨氏宗族都是举全族之力顽强斗争。白巷里望族对于祠堂的重视程度明显不如祖茔，李氏宗族更是到了道光二十六年（1846）才有了合族宗祠。

总之，南方有宗族，沁河流域中游也有宗族，只是不同时代不同区域，宗族有不同的表现形态而已。过去有些学者把宗族功能当成了宗族本身，并以此来衡量沁河流域中游的宗族，从而得出该地区宗族弱小或者残缺，甚至无宗族的结论。沁河流域中游地区创建宗族，并不是为了让宗族具有南方宗族的救济、调解、仲裁等功能，而是为了拜祖祭祖，为了"慎终追远，敬宗收族"，为了"严尊卑之等，序长幼之节，述宗子之法，明远近之亲，纪品秩之实，辨同异之分"[①]。沁河流域中游宗族与南方宗族的差异性，是由多方面原因造成的。沁河流域中游由于战乱频仍，少数民族大量迁入，宗族基础遭到严重破坏，再加上靠近中央政权，国家对基层社会治理的根系比较发达，代表国家政权的社、会、里甲、乡约、地方、里老等基层组织发展充分，宗族组织发展受到压制，导致这里的宗族组织更注重文化表达性和意识形态性，而不是南方宗族的实际性和功能性。

①《李氏长门创修世系碑记》，《白巷李氏族谱》，现藏于阳城县下庄村李尔和家中。

参考文献

## 一、史料

### （一）正史

[1] 脱脱，等.宋史［M］.北京：中华书局，1977.

[2] 宋濂.元史［M］.北京：中华书局，1976年.

[3] 李贤，彭时，等.明一统志［M］.清文渊阁四库全书本.

[4] 明实录［M］.上海：上海书店出版社，2018.

[5] 张廷玉，等.明史［M］，北京：中华书局，1974.

[6] 清实录［M］.北京：中华书局影印本，1986.

[7] 赵尔巽.清史稿［M］.北京：中华书局，1998.

### （二）方志

[1] 成化十一年.山西通志［M］.深圳：庄严文化事业有限公司，1996.

[2] 雍正十三年.泽州府志［M］.太原：山西古籍出版社，2002.

[3] 顺治十五年.高平县志［M］.北京：线装书局，2001.

[4] 同治六年.高平县志［M］.国家图书馆地方志家谱中心藏.

[5] 康熙三十六年.沁水县志［M］.海口：海南出版社，2001.

[6] 万历八年.阳城县志［M］.国家图书馆地方志家谱中心藏.

[7] 康熙二十六年.阳城县志［M］.国家图书馆地方志家谱中心藏.

[8] 乾隆二十年.阳城县志［M］.国家图书馆地方志家谱中心藏.

[9] 同治十三年.阳城县志［M］.台北：成文出版社，1976.

[10] 宣统元年.阳城县乡土志［M］.台北：成文出版社，1968.

[11] 乾隆五年.陵川县志［M］.国家图书馆地方志家谱中心藏.

[12] 乾隆四十四年.陵川县志［M］.国家图书馆地方志家谱中心藏.

[13] 上庄村志编纂委员会.上庄村志（内部资料），2001.

[14] 李尔勤.三庄志（内部资料），1987.

（三）文集与族谱

［1］白胤谦. 东谷集［M］. 深圳：庄严文化事业有限公司，1997.

［2］白胤谦. 归庸斋集［M］. 深圳：庄严文化事业有限公司，1997.

［3］白胤昌. 容安斋苏谭［M］. 国家图书馆善本阅览室藏.

［4］毕振姬. 西北文集［M］. 太原：山西古籍出版社，1997.

［5］陈廷敬. 午亭文编［M］. 上海：上海古籍出版社，1987.

［6］田澍中主编. 润城古代诗文选编·上庄卷、中庄卷、下庄卷
［M］. 太原：山西人民出版社，2003.

［7］杨兰阶. 濩泽杨氏世德吟编［M］. 国家图书馆古籍部藏.

［8］张慎言. 洎水斋文钞［M］. 济南：齐鲁书社，1997.

［9］上庄王氏家谱. 现藏于阳城县上庄村王晋强家中.

［10］白巷曹氏族谱. 现藏于阳城县中庄村曹加仓家中.

［11］白巷杨氏族谱. 现藏于阳城县下庄村杨玉章家中.

［12］白巷李氏族谱. 现藏于阳城县下庄村李尔和家中.

（四）碑刻资料

［1］胡聘之编. 山右石刻丛编［M］. 太原：三晋出版社，2018.

［2］张正明主编. 明清山西碑刻资料选 第1辑［M］. 太原：山西
人民出版社，2005.

［3］卫伟林主编. 三晋石刻大全 晋城市阳城县卷［M］. 太原：三
晋出版社，2011.

［4］李拴纣主编. 晋城金石志［M］. 北京：海潮出版社，1995.

［5］杨念先，兰阶，田九德著. 栗守田标点校注：阳城县乡土
志·阳城县金石记［M］. 太原：三晋出版社，2009.

［6］王小圣，卢家俭主编. 古村郭峪碑文集. 北京：中华书局，
2005.

［7］王小圣编. 海会寺碑碣诗文［M］. 北京：山西人民出版社，2002.

上庄碑刻

［8］创建高禖神祠记（万历年间），碑存阳城县上庄村炉峰庵.

［9］重修三教堂记（万历十八年），碑存阳城县上庄村炉峰庵.

［10］新修关圣贤庙序（顺治十六年），碑存阳城县上庄村炉峰庵.

［11］炉峰庵碑记（道光十一年），碑存阳城县上庄村炉峰庵.

［12］祚启公自撰之墓志铭（崇祯十七年），碑存阳城县上庄村炉峰庵.

［13］陈廷敬为岳父祚启公补撰并书之墓志铭（康熙七年），碑存阳城县上庄村塑钢门窗厂.

［14］重修药王庙碑记.（万历二十二年），碑存阳城县上庄村委会大院.

［15］金妆太清诸神圣像并修补二卧碑记（万历四十二年），碑存阳城县上庄村崇仙庵.

中庄碑刻

［16］创建拜亭碑记（顺治十年），碑存阳城县中庄村汤帝庙.

［17］拜亭赋（顺治十年），碑存阳城县中庄村汤帝庙.

［18］金妆高禖祠记（康熙十四年），碑存阳城县中庄村汤帝庙.

［19］油画舞庭记（康熙三十一年），碑存阳城县中庄村汤帝庙.

［20］王公保全磐石寨城垣窑楼永禁拆毁墙碑（雍正十三年），碑存阳城县中庄村汤帝庙.

［21］重妆高禖殿神像记.（乾隆四十三年），碑存阳城县中庄村汤帝庙.

［22］金妆正殿油画各拜亭记（乾隆四十六年），碑存阳城县中庄

村汤帝庙.

［23］白巷里黄丝碑记（嘉庆元年），碑存阳城县中庄村汤帝庙.

［24］重记阳城县白巷里免修城役碑记（嘉庆元年），碑存阳城县中庄村汤帝庙.

［25］重修东西客房看楼钟鼓楼山门门外市房补葺一切碑记（嘉庆二十一年），碑存阳城县中庄村汤帝庙.

［26］大学生张学礼施银碑（嘉庆二十一年），碑存阳城县中庄村汤帝庙.

［27］采买黄丝归社办理并裁里长记（道光四年），碑存阳城县中庄村汤帝庙.

［28］重修馆庙各神殿暨拜亭、舞楼、钟楼施财芳名碑（中华民国三年），碑存阳城县中庄村汤帝庙.

［29］张仙祠新置田产暨修巽峰塔碑记（雍正三年），碑存阳城县中庄村丁字巷之南口菩萨阁下.

［30］曹氏宗祠置产栽树碑记（道光四年），碑存阳城县中庄村曹氏祠堂.

### 下庄碑刻

［31］白巷里下庄金妆三元大帝像碑记（万历二十四年），碑存阳城县下庄村五帝庙.

［32］崇祯四年菊月吉旦重修五帝殿记（崇祯四年），碑存阳城县下庄村五帝庙.

［33］整饬金妆五帝殿碑记（康熙十六年），碑存阳城县下庄村五帝庙.

［34］五帝庙增建廊庑记（康熙五十年），碑存阳城县下庄村五帝庙.

［35］下庄大庙重修碑记（乾隆三十一年），碑存阳城县下庄村五帝庙.

［36］重修社庙记（道光六年），碑存阳城县下庄村五帝庙.

［37］补葺正殿前檐小记（道光三十年），碑存阳城县下庄村五帝庙.

［38］重修葺社庙碑记（光绪十六年），碑存阳城县下庄村五帝庙.

［39］下庄大庙重修碑记（宣统三年），碑存阳城县下庄村五帝庙.

［40］杨氏祖茔禁窑碑记（嘉庆十五年），碑存阳城县下庄村杨家大院.

［41］县公刘太老爷再禁大坪山水坪开窑告示碑（道光二十九年），碑存阳城县下庄村杨家大院.

［42］创建慈泉庵碑记（康熙二年），碑存阳城县下庄村慈泉庵.

［43］补修慈泉庵记（嘉庆十九年），碑存阳城县下庄村慈泉庵.

［44］补修菩萨阁并庙内后门栅记（道光六年），碑存阳城县下庄村慈泉庵.

## 二、著作

［1］常建华. 中国文化通志·宗族志［M］. 上海：上海人民出版社，1998.

［2］常建华. 明代宗族研究［M］. 上海：上海人民出版社，2005.

［3］常建华. 宋以后宗族形态的形成及地域比较［M］. 北京：人民出版社，2013.

［4］〔美〕丹尼尔·哈里森·葛学溥. 华南的乡村生活——广东凤凰村的家族主义社会学［M］. 周大鸣，译. 北京：知识产权出版社，2012.

［5］〔美〕杜赞奇. 文化、权力与国家［M］. 王福明，译. 南京：江苏人民出版社，2006.

［6］冯尔康：《清人的宗族社会生活》［M］.天津：天津人民出版社，1990年。

［7］冯尔康，等.中国宗族社会［M］.杭州：浙江人民出版社，1994.

［8］何炳棣，明清社会史［M］.徐泓译注，台北：联经出版事业股份有限公司，2013.

［9］濑川昌久.族潜——华南汉族的宗族·风水·移居［M］.钱杭，译.上海：上海书店出版社，1999.

［10］林济.长江流域的宗族与宗族生活［M］.武汉：湖北教育出版社，2004.

［11］林济.长江中游宗族社会及其社会变迁——黄州个案研究（明清—1949）［M］.北京：中国社会科学出版社，1999.

［12］林耀华.金翼——中国家族制度的社会学研究［M］.庄孔韶、林宗成，译.北京：生活·读书·新知三联书店，1989.

［13］林耀华.义序的宗族研究［M］.北京：生活·读书·新知三联书店，2000.

［14］杨懋春.一个中国村庄：山东台头［M］.张雄，等译.北京：生活·读书·新知三联书店，1998.

［15］〔美〕许烺光.祖荫下：中国乡村的亲属·人格与社会流动［M］.王芃、徐隆德，译.台北：南天书局，2001.

［16］〔英〕莫里斯·弗里德曼.中国东南的宗族组织［M］.刘小春译，王铭铭校.上海：上海人民出版社，2000.

［17］〔美〕施坚雅.中国农村的市场和特别结构［M］.史建云、徐秀丽，译.北京：中国社会科学出版社，1998.

［18］杜正贞.村社传统与明清士绅——山西泽州乡土社会的制度

变迁［M］.上海：上海辞书出版社，2007.

［19］段建宏.明清时期晋东南基层社会组织与社会控制［M］.北京：中国社会科学出版社，2016.

［20］费孝通.江村经济——中国农民的生活［M］.北京：商务印书馆，2001.

［21］费孝通.乡土中国［M］.北京：北京出版社，2009.

［22］郭荣生.清朝山西进士［M］.台北：山西文献社，1976.

［23］行龙.沁河风韵系列丛书（全31册）［M］.太原：山西人民出版社，2016.

［24］黄仁宇.万历十五年［M］.北京：生活·读书·新知三联书店，2015.

［25］江庆柏.明清苏南望族文化研究［M］.南京：南京师范大学出版社，1999.

［26］刘伯伦.王国光评传［M］.太原：北岳文艺出版社，2016.

［27］潘光旦.明清两代嘉兴望族［M］.北京：商务印书馆，1947.

［28］钱杭.地缘与血缘之间——中国历史上的联宗与联宗组织［M］.上海：上海科学院出版社，2001.

［29］钱茂伟.国家、科举与社会［M］.太原：北京图书馆出版社，2004.

［30］山西省政协《晋商史料全览》编辑委员会，晋城市政协《晋商史料全览·晋城卷》编辑委员会编：《晋商史料全览·晋城卷》［M］.太原：山西人民出版社，2006.

［31］申红星.明清以来的豫北宗族与地方社会［M］.北京：光明日报出版社，2019.

［32］天官王府历史文化丛书编委会.王国光民间故事选编（内部

资料［M］. 2017.

［33］唐力行. 徽州宗族社会［M］. 合肥：安徽人民出版社，2005.

［34］田澍中、贾承健. 明月清风：沁河流域明清时代人文景观·润城卷［M］. 太原：山西古籍出版社，2007.

［35］田澍中、贾承健. 梦回沁水［M］. 太原：山西人民出版社，2012.

［36］王笛. 跨出封闭的世界——长江上游区域社会研究（1644—1911）［M］. 北京：中华书局，1993.

［37］王海林编. 历史的回声：天官王府古建人文遗存短篇系列（内部资料）［M］. 2004.

［38］王铭铭. 社会人类学与中国研究［M］. 北京：生活·读书·新知三联书店，1997.

［39］王日根. 中国科举考试与社会影响［M］. 长沙：岳麓书社，2007.

［40］王小圣，石永乐编. 中国历史文化名村 中国传统村落 屯城［M］. 第六批中国历史文化名镇（村）申报材料.

［41］温小国，等编. 走近沁河［M］. 郑州：黄河水利出版社，2008.

［42］吴仁安. 明清时期上海地区的著姓望族［M］. 上海：上海人民出版社，1997.

［43］吴仁安. 明清江南望族与社会经济文化［M］. 上海：上海人民出版社，2001.

［44］吴仁安. 明清江南著姓望族史［M］. 上海：上海人民出版社2009.

［45］吴仁安. 明清时期的江南望族［M］. 上海：上海人民出版

社，2019.

［46］王振忠. 徽州社会文化史探微——新发现的16—20世纪民间档案文书研究［M］. 上海：上海社会科学院出版社，2002.

［47］谢国桢. 明清之际党社运动考［M］. 上海：上海书店出版社，2004.

［48］薛林平，刘烨，王鑫，等. 上庄古村［M］. 北京：中国建筑工业出版社，2008.

［49］徐茂明. 江南士绅与江南社会（1368—1911）［M］. 北京：商务印书馆，2004.

［50］徐茂明，等. 明清以来苏州文化世族与社会变迁［M］. 北京：中国社会科学出版社，2011.

［51］徐扬杰. 宋明家族制度史论［M］. 北京：中华书局，1995.

［52］姚春敏. 清代华北乡村庙宇与社会组织［M］. 北京：人民出版社，2013.

［53］张杰. 清代科举家族［M］. 北京：社会科学文献出版社，2003.

［54］张中秋. 中西法律文化比较研究［M］. 南京：南京大学出版社，1999.

［55］赵世瑜. 大河上下：10世纪以来的北方城乡与民众生活［M］. 太原：山西人民出版社，2010.

［56］赵世瑜. 小历史与大历史：区域社会史的理念、方法与实践［M］. 北京：生活·读书·新知三联书店，2006.

［57］郑振满. 明清福建家族组织与社会变迁［M］. 长沙：湖南教育出版社，1992.

［58］周成强. 明清桐城望族诗歌研究［M］. 武汉：武汉大学出版

参考文献

社，2017.

[59] 庄孔韶. 银翅——中国的地方社会与文化变迁 [M]. 北京：生活·读书·新知三联书店，2000.

### 三、期刊

[1] 艾尔曼. 中华帝国后期的科举制度 [J]. 厦门大学学报（哲学社会科学院），2005（6）.

[2] 白寿彝. 明代矿业的发展 [J]. 北京师范大学学报，1965（1）.

[3] 常建华. 近年来明清宗族研究综述 [J]. 安徽史学，2016（1）.

[4] 常建华. 近十年明清宗族研究综述 [J]. 安徽史学，2010（1）.

[5] 常建华. 明代徽州的宗族组织化 [J]. 中国史研究，2003（3）.

[6] 常建华. 明后期社会风气与士大夫家族移风易俗—以山东青州邢玠家族为例 [J]. 安徽大学学报，2012（4）.

[7] 常建华. 明清北方宗族的新探索（2015—2019年）[J]. 安徽史学，2020（5）.

[8] 常建华. 明清时期的山西洪洞韩氏——以洪洞韩氏家谱为中心 [J]. 安徽史学，2006（1）.

[9] 常建华. 明清时期华北宗族的发展——以山西洪洞刘氏为例 [J]. 求是学刊，2010（2）.

[10] 冯尔康. 清代宗族祖坟述略 [J]. 安徽史学，2009（1）.

[11] 陈春声. "正统"神明地方化与地域社会的建构——潮州地区双忠公崇拜的研究 [J]. 韩山师范学院学报，2003（2）.

[12] 陈华、秦利国. 明清时期上党宗族与民间信仰 [J]. 长治学院学报，2016（3）.

[13] 陈瑞. 以歙县虹源王氏为中心看明清徽州宗族的婚姻圈

［J］.安徽史学，2004（6）.

［14］杜正贞，赵世瑜.区域社会史视野下的明清泽潞商人［J］.史学月刊，2006（9）。

［15］段建宏.明清以来晋东南区域的宗族与民间信仰：兼论华北宗族的完整性［J］.农业考古，2018（6）.

［16］韩荣钧，孙才顺.无棣吴氏家族婚姻关系的特点［J］.滨州学院学报，2013（2）.

［17］何成.明清新城王氏家族兴盛原因述论［J］.山东大学学报（哲学社会科学版），2002（2）.

［18］焦帅帅.显赫一时：明清以来高平孝义祁氏宗族研究［J］.地方文化研究，2017（5）.

［19］兰林友.论华北宗族的典型特征［J］.中央民族大学学报，2004（1）.

［20］李留文.清代中原乡村社会联宗现象探析［J］.中州学刊，2009（5）.

［21］李留文.宗族大众化与洪洞移民的传说——以怀庆府为中心［J］.北方论丛，2005（6）.

［22］李永菊.从军户移民到乡绅望族——对明代河南归德沈氏家族的考察［J］.中国社会经济史研究，2008（1）.

［23］刘巧莉.近十年明清时期华北宗族研究述评［J］.中国史研究动态，2015（5）.

［24］钱杭.沁县族谱中的"门"与"门"型系谱——兼论中国宗族世系学的两种实践类型［J］.历史研究，2016（6）.

［25］钱杭.宗族构建过程中的血缘与世系［J］.历史研究，2009（4）.

［26］秦利国，李振武.华北宗族研究——以山西地区宗族研究为例［J］.史志学刊，2017（3）.

［28］申红星.明清北方宗族的组织化建设［J］.兰台世界，2015年（13）.

［29］申红星.明清时期豫北地区移民问题探析——以山西洪洞大槐树移民传说为中心［J］.求是学刊，2010（2）.

［30］申红星.明清以来北方宗族发展的历程——以豫北地区为中心［J］.新乡学院学报，2009（4）.

［31］申红星.明清以来豫北族谱修撰问题研究［J］.新乡学院学报，2016（5）.

［32］沈昕.宗族联姻与明清徽州地方社会［J］.安徽大学学报（哲学社会科学版），2009（6）.

［33］王春花.明清时期东阿秦氏家族的合族与婚姻［J］.农业考古，2014（1）.

［34］王振芳，吴海丽.明代山西进士的地域分布特点及其成因［J］.沧桑，2002（5）.

［35］吴欣.明清京杭运河区域仕宦宗族的社会变迁——以聊城"阁老傅、御史傅"为中心［J］.东岳论丛，2009（5）.

［36］吴逸飞.明清时期家族兴衰与地方社会的整合——以寨卜昌村王氏家族为典型个案［J］.中国文化研究，2008（4）.

［37］杨春宇，胡鸿保.弗里德曼及其汉人社会的人类学研究——兼评中国东南的宗族组织［J］.开放时代，2001（11）.

［38］于瑞桓，何成.明末清初新城王氏婚姻简论［J］.烟台大学学报（哲学社会科学版），2002（2）.

［39］于秀萍.明清河北宗族兴盛原因探析［J］.沧州师范专科学

校学报，2006（3）.

［40］张俊峰，李佩俊. 聚焦山西：中国宗族史研究的新区域
［J］. 青海民族研究，2017（1）.

［41］张俊峰，张瑜. 结构与建构：沁河流域的宗族实践——以山
西阳城县张氏家谱为中心［J］. 青海民族研究，2020（1）.

［42］张俊峰. 北方宗族的世系创修与合族历程——基于山西阳城
白巷李氏的考察［J］. 南京社会科学，2017（4）.

［43］张瑜. 北方宗族史研究述评［J］. 社会史研究，2018（2）.

［44］赵世瑜. 社会动荡与地方士绅——以明末清初的山西阳城陈
氏为例［J］. 清史研究，1999（2）.

［45］赵世瑜. 祖先记忆、家园象征与族群历史——山西洪洞大槐
树传说解析［J］. 历史研究，2006（1）.

［46］佐藤仁史. 清朝中期江南的一宗族与区域社会——以上海曹
氏为例的个案研究［J］. 学术月刊，1996（4）.

## 四、学位论文

### （一）博士学位论文

［1］陈加林. 明清以来苏州汪氏家族与社会变迁［D］. 上海：上
海师范大学，2013.

［2］黄金元. 明清之际济南府望族与诗歌研究［D］. 济南：山东
师范大学，2010.

［3］王霞蔚. 金元以降山西中东部地区的宗族与地方社会［D］.
天津：南开大学，2010.

［4］王洋. 金元时期山西社会的四个面向 ——以碑刻史料为中心
（1127—1368）［D］. 太原：山西大学，2020.

［5］赵尔波. 明清时期祁门谢氏宗族及其遗存文书研究［D］. 合肥：安徽大学，2011.

［6］张小军. 再造宗族：福建阳村宗族复兴的研究［D］. 香港：香港中文大学，1997.

［7］周晓冀. 宋元以来鲁中山地宗族谱碑研究［D］. 上海：上海师范大学，2016.

［8］仲兆宏. 晚清常州宗族与社会事业［D］. 苏州：苏州大学，2010.

（二）硕士学位论文

［1］任健. 明王国光《司铨奏草》研究［D］. 太原：山西大学，2010.

［2］高婧. 金元以来曲沃靳氏宗族的历史建构及其实践［D］. 太原：山西大学，2016.

［3］刘晓琴. 明清以来晋中地区的宗族与村落变迁——以上安村牛氏宗族为例［D］. 太原：山西大学，2017.

［4］裴孟华. 从金元到明清：山西汉人世侯家族研究［D］. 太原：山西大学，2018.

［5］武丽伟. 明清以来晋水流域的武氏宗族与地域社会［D］. 太原：山西大学，2017.

［6］石英凤. 明代王国光《率意稿》整理与研究［D］. 太原：山西大学，2021.

附　录

# 碑 文

## 一、上庄碑文

### 王国光诗刻

太宰公诗原刻卧石志于上佛坪上祖茔飧堂大庭左窗下。

清明祭扫，感儿赋此：

### 其一

细雨初晴过上村，献浆犹若语音存。

王孙落泪空瞻草，客子回家忆倚门。

如泣松乌啼白昼，无情石虎卧黄昏。

制词幸得蟠龙碣，奕世扬名表后昆。

### 其二

先世荫功在眼前，草庭槐荫岂徒然。

耳边诗礼思趋命，身后箕裘敢忘传？

旷野风声悲古木，高封云气彻重泉。

痴儿虚忝三朝禄，食报还应望后贤。

　　赐进士第光禄大夫太子太保吏部尚书，赐麒麟服，侍经筵，愚孙男

王国光谨书。

　　万历癸未三月之吉

## 明故寿官爱莲居士曾祖王公墓表

　　按志，曾祖讳鼎，字廷器，别号爱莲居士，世居阳城白巷里。曾祖之高祖讳怀英，乃十之子，四之孙也。以前不可考，虽美弗彰。曾祖讳得刚，抱志秉礼，足为一乡善士法。尝以里中事入官府，奇其状貌，礼之，竟以干济称。祖讳聪，尚明义文章，尝谓富民周氏曰："尔万镒，何如吾子一经！"其后，叔高祖讳遵，果以名士领成化甲午科第二名，人皆曰：某可知义方也。父讳子文，素以节概自豪，见者无长少皆敛容。以曾孙之贵，追赠光禄大夫太子太保吏部尚书。母□□，赠一品夫人，天顺□年二月十三日生。曾□□□群既壮，磊落旷达，长于贾，故尝行货洮陇间。不屑屑刀钱，而视时贸易，占资日愈多。父惟性严，左右常得欢心，友爱出天性，斗粟尺布，不异于弟。诸妹于归，时问寒温，周所不逮。其笃伦理如此。质直长厚，乡邻有争辩，咸从取平。岁时享社，饮不择味，令人乐与。年已高，厌尘俗，委其家事于吾祖，讳纬。吾父讳言，尤以不书香不继念，命吾、叔化、若道，延甥嘉靖甲午科第七名李保轩公督诲焉。曾祖一意园圃，凿池引水，种莲豢鱼，花卉果实，茂林修竹，宛然方外境也。日携宾客饮酒至数斗，醉后颓然，花草为椆，若不知天之高地之阔。其与世相忘如此。举乡饮礼，敦请不就。以年如例给冠服，终其身不着。每家宴呼诸孙罗列，抚掌大笑曰：吾乐在是矣，此外何足多？且戒之曰：尔辈力学，恪乃是用，光我先人。有不率教，怒目视之，弗与语。没数年，叔化应已未岁荐，历教授；道领丙午乡荐，历户部尚书郎；陵举进士。吾儿恰占万历乙酉科第八名，孙枝繁衍秀发，不饥不寒，宁非积善之馀存庆也耶！曾祖卒于嘉靖十九年六月二十九日，享年八十有四，葬于上坪之原。配曾祖母杨氏，继段氏，至今称齐德云。

　　呜呼，曾祖心不设机械而荫骘可以延后，性不专章句而识见可以超时，身不离畎亩而行谊可以风世，古所谓隐隐□□，其人欤？其人欤！每忆曾祖卒之年，陵方十龄，曾祖日与□行分饮食，食之。夜与之卧，老年尝谓足冷，令抱足而眠，□爱周至，迄今犹可想见已。窃虑志石已填墓中，令德必不传远，乃述志之所载行实与闻于父祖所言，谋重刻于石，永垂不朽，以表孝思云。

万历十八年岁次庚寅秋八月初七日立

四川布政使司右参政曾元孙淑陵谨识

元孙溥跪书

乙卯夏月十二世孙元机谨述

十八世孙道亨重抄

## 可乐山茔地西山修塔志

可乐山原发自艮脉，层峦叠耸，峰回溪转。其山川形势若老梅生出嫩枝之状。坐坤向丑，支分秀丽。下带平田数亩，中结宽阔者一，诸山围抱，泉水环朝，隐居潜穴。自癸未岁，吾兄勉力卜为茔域，于丁亥冬迁葬，葬吾父于斯焉。彼有地理者云，此抑一善地也，名为回龙顾祖。再于西山之上，修建一塔，可应其善。余于丁巳春吉，以西山高丘之处，用价卜地，磬石一节，围丈九尺八寸之阔，砖砌四节，突柱清虚，共两丈七尺之高。上接云霞，远含山翠，势若星拱，昭其秀也。呜呼！人谓爽气生□荣福厚，我谓名器久而志不忘。人以豪强势胜为宜，我以安贫育贤为乐。故不愿一时之富贵，惟望千秋之景慕也。□忆后之视今，亦犹今之视昔，虽时殊事异，所以与怀者一也。惟愿后世之孝子贤孙，书香勿替，不忘先人用意之苦心为幸耳。

康熙十六年岁次丁巳四月初一日孝子元机谨志

十八世孙道亨谨抄

## 重修水泉记

窃记先人言传，水泉经始起自嘉靖初年。当我高高祖寿官公处世，常以义方于人，凡村居便用之物无不备具，若碾硙井泉更为人之所深谋者。每念吾乡居人繁众，所食泉井得一渊源之水，方可供用。岂意天从人愿，偶尔于祖居北山之下，中溪林壑之所，凿石取炭，得此渊源之水，蠹不知其幽深所止。是时辟地修渠，引水暗流至上硙头，修石井于路西。复修渠引水于南山脚下，治其池圃，种莲豢鱼，茂林修竹，设葺野庐二所，终日教子训孙："尔等力田力学，恪乃事用，光我先人"。嗣余叔曾祖户部郎中、伯祖大参公其父子叔侄兄弟果皆登达位、膺厚禄、封前锡后，增修遗业。因而吾祖教读公亦修龙掌前新舍，遂按此水于斯焉。修成石泉，故名为水泉头。原泉水混混，昼夜水声潺潺，公同乡用之不竭，余流而仍泻溢于田园之域。余堂曾祖太宰公杖履优游，因修与乐园于其旁，刊先贤诗赋于其上，盖取与乡同乐之意，真可谓一方之胜概也。呜呼！迄今百有余岁，享庇无穷。至甲午乙未之间，山水冲塞原渠。于丙申春，乡众亲友共议重修，一复如故。于丁巳夏六月十三日，大雨如注，鸡鸣而起，午后方止，山水又将原渠冲坏。蒙众乡亲复议，创建者难，重修者易，再当重修旧源，使水有所归，而功易成矣。于是择定八月开工，九月告竣，则后人踵事增修之功，与先人之祚庶乎均不泯矣。谨书此以志其事焉。

元机谨撰　道亨重抄

咸丰建元新正月谷旦

以上碑文均载于《王氏宗谱》。

## 创建高禖神祠记

诗："天命玄鸟，至而生商。"盖简狄以玄鸟至之时，祈于高禖而生契，若自天而降下耳。故《月令》曰："玄鸟至之日，以太牢祠于高禖。天子亲往，后妃帅九嫔御。"祈嗣之礼，所从来旧矣。余以为人之祈神，当自祈其心。神之应人，实因材而笃。东吴袁了凡先生着《祈嗣真诠》十篇，始改过积善，中聚精养气存神，而终之以祈祷。了凡先生不欺我哉！其言曰："予气清而禀弱，苦乏嗣，夙讲于星占术数之学，知命艰于育，且安之矣。后游建康之栖霞，遇异人授以祈嗣之诀，谓天不能限，数不能拘，阴阳不能阻，风水不能囿。信而行之，果生子。"夫吾人□□□□聚精养气存神而改过积善，正其聚养存事也，是真能祈祷者也。祭祀忏悔持咒诵经，不过祈祷之文尔。余所云自祈其心□□□□此之谓"人苟崇其真，修其文，无不验矣！"了凡十篇□在可按而求之，况虔祷神圣，见像作福之念易生，更庙貌尊严，斯念愈益□□□□莫可止遏，此高禖神会之所由起，祠之所由创建□□灵感格之若斯也。会起自万历丁酉正月十七日，余与同志二三人□□□□于南庵高禖祠中，期以二簋用享，乃不约而至者□□□，因立会约，每月朔望二献，至正月十七日一总献，俱不事煲大而□□□□生子者施银一两，悬匾一面。神圣应感，不踰年而咸□□□孙皆俊秀聪颖，众颇异之。至今十有六年，计施资财四十余金。万历□□□神庙大工兴，尽彩高禖神殿，既妆饰圣像，用银十两。又□□药神庙三门落成，用银二两。而南庵高禖神祠则因仍其旧殿制□□□□□傍无院宇瞻礼，更无高禖圣祖像，止圣母三尊，年久□□正议聿新之期，余惟会中银两尚多，不及今改创后益因循□□□□□院东楼四间。尼僧如□募化，所成本小而工不坚，如□□愿以此基改建圣殿，移东楼于旧殿基□，亦两便

之道也。会议□□□□□□五月吉旦，遂用东楼基创建高禖神殿四间，中三□□高禖神像四尊，南偏间塑风善圣母一尊，即将旧殿基重修尼□□□□□□楼一间，前后灿然一新，视先光大几十倍矣。计费□□□三十余两。

（下缺字约一行多）

明万历□□□吉旦会首里人太学生王元桢撰文

里人王泳沐手代书

## 重修三教堂记

宣圣继往开来，功昭宇宙，阙里一祀，万世宗师焉。明兴益□□学统一圣真，家诗户书，庶几三代之治。都邑里闾，像而礼之，乃参二氏祀为三教。夫佛生周昭王时，韩子谓后汉其法始入中国。大□□□然常寂为真，空洞不虚为实，广大不荡为际，教人清心静欲，归于无为。老氏当景王时仕周，为藏室史，著书传于世，皆借物以明道，因时世习尚就以谕之，史称李耳。无为自化，清静自正，岂其与吾道判若水炭，固引吾儒而异端哉？古今道一而已，安得而三之？盖一为三之宗，三者一之分。故曰推一而万，则事无非真；混万而归一，则真无非事。今圣贤心法，载在六经，不过一民心，同好恶，令天下平耳。二氏即与我不同道，不闻谆谆焉教人暴戾恣睢以戕此心，亦不闻谆谆焉教人趋淫毒正以拂此性。假令天下而尽率二氏也，则清心静欲之治，自化自正之谊，天下岂足平哉？且佛法孔孟时尚未有也。老氏曾仕周，其子孙相继至汉，犹振振必非去君臣离父子者，孔孟所谓异端，谅不为二氏云也。乃释老者流过为崇尚，故其言易至于诞。而读者未得其所以言，辄群起而绌之，不复参究，是以学释老者亦复绌儒学，皆过也。乃挽世尤有可慨者焉，偶睹一斑，辄居全觉，独取只字，自标法门，胡其谲也！羁鞿仁

236

义，缨璪道德，驾言堕黜，自决含珠，胡其妄也！欲以眷摄其党与？令天下欢欢然，交臂而拜，同声而赞，彼于二氏之旨亦岂能闯其藩篱，究厥奥窔邪！甚且易实践口清谭、变绁绎为号叫、转心斋为口斋。十人为伍，百人为群，踵于白莲，托于无为，此又二教中之大罪人也。且孟氏称尧舜之道，孝弟而已矣。必其人人孝出弟始可尧舜，未有终日闭门诵孝弟二字，即可跻尧证舜者也。彼释老者流，匪直蠹人亦自蠹也。然其初岂与吾道尽畔哉？溯流穷源，毋令二氏道终晦焉。庵旧址山上半观音头，正德间迁于此。年远圮坏殊甚，祖母田淑人率众新之，半出已赀。祖母时年八十有三，不辞寒暄，日三复省试，遂成中堂。堂左右两楼，金榱碧栋，翠飞鸟革，视昔益光大焉。丙戌春正月经始，十逾月乃就。财不绌，人亦不困，若或使之者。于是祖母呼余，纪其始末。余方憾二氏之道不明于天下，其流弊毒人心甚深也，因表而出之。效金诸善男信女书碑阴。

大明万历十八年岁庚寅冬十二月二十二日树

里人王溥著并书

## 新修关圣贤庙序

古有功劳于世者，生则爱之，殁则祀之。虽至数千年之后，抚其榱桷，尚发讴吟思慕之心，况在关帝君生气凛列，沁人心骨？盖历晋隋唐宋元明，无不人人而尸祝之，世弥久而思弥深也。南山古刹原有圣贤祠，在本院西南角，形势卑甚。诸凡飨献恭谒，俱环曲迁就，不得长跽而顶礼之，有心者实共恫焉。丙戌岁，余会同里人始以议修。举历丁亥，于原殿后扩基启宇，立正殿三楹，乃迁神像，神亦若欣然而就居焉。随即建左右辅房各一间，对南戏楼一座，东西厂廊缘地广狭以成厦第，是时门犹未构也。越癸巳，踵事增饬，崇起正门，而庙貌之规模奕

237

然以立矣。兹之役先后十年许告垂成。人事方竣，神休将继此锡焉。里人曰勒石以记，余亦终不得辞之以序云。

时顺治十六年岁次己亥正月吉旦

奉直大夫户部湖广司主事王润身谨题

## 续修庙前舞楼记

关帝庙大略既竣之后，里人因时修筑以酬神德，自顺治丁酉迄夫辛丑凡五年矣，所未快者，院宇逼窄，每一飨献则俳优侏离弗克展其技也，是年因山坡前修大士阁，议及南北两庵悉有补葺，欲渐次经理襄兹舞楼之工，而会首马世俊及王腾聚极力向总社五家酌瓦木匠价等费，更设法化缘催工督力仅逾两月而告完，盖五家者有祥符、楷符、宗灼三翁，以既不肖龙皆与其中，而始终与俊聚经尽者惟吾叔发身翁居多，亦犹之同会惟众而效力者俊与聚为专也。顾兹役垂成，劳者有劳，施者有施，余亦从而识之以扬其盛事云。

康熙三年七月吉日邑庠生王人龙谨记

## 上庄科举仕宦碑刻

进士：

王国光，明嘉靖癸卯科举人联登甲辰科进士，历官刑部尚书两京户部尚书、抱神宗御极特进光禄大夫太子太保吏部尚书，赐麒麟服玉带侍经筵崇祀乡贤。

王淑陵，明嘉靖戊午科举人登乙丑科进士，历官正议大夫，资治尹，整饬大梁道清军兵备副使，兼理河务川南右参政转湖广左参政，诏进阶二品。

王徵俊，明万历壬子科举人，登天启乙丑科进士历官亚中大夫，整饬宁前道兵备副使兼督学政，山东右参政，甲申遭逆闯之变，身殉国难尽节忠臣，崇祀乡贤。

王润身，清顺治乙酉科举人，联登丙戌科进士，历官奉直大夫，户部湖广清吏司主事。

王兰彰，清顺治乙酉科举人，联登丙戌科进士，授官文林郎，山东济南府阳谷县知县。

举人：

王遵，明成化甲午科亚元。

王道，明嘉靖丙午科举人，历官奉政大夫户部陕西清吏司郎中。

王兆河，明万历壬午科举人，拟授别驾。

王洽，明万历乙酉科举人。

贡士：

王化，明嘉靖辛酉岁贡官河南汝宁府固始县儒学训导升南京卢州府巢县儒学教谕转鄢陵王府教授。

王雍熙，明万历丁亥岁贡，官山西平阳府万泉县儒学教谕。

王如春，明万历乙巳岁贡，官湖广承天府当阳县儒学教谕以子徵俊公贵，诰赠文林郎陕西西安府韩城县知县。

王溥，明万历乙酉岁贡，官山西平阳府临汾县儒学教谕署本府大宁县事。

王楷符，清康熙癸丑岁贡，官山西大同府山阴县儒学训导。

官生：

王兆渠、王于率。

武举：

王永彰，清康熙丁卯科举人。

贡监：

王兆星，官崇府右长史。王兆云，王準，王元祯，官江西南安府经历。王龙御，王复绘，候选县丞。王恽，候选县丞。杨进，候选州同知。

生员：

王昺，以孙国光公贵，诰赠光禄大夫太子太保吏部尚书。王于、王淑曾，候门教读。王淑艾、王兆行、王厚、王笃斐，廪生。王冲，孝子，奉旨建孝节坊。王洋、王沛、王津、王于瞻、王奭孙、王好善、王衡俊，廪生。王师俊、王永康、王祥符、王拭符、王奎光、王尧日、王兆官、王兆佳、王鹤翔、王如夏、王淳，增生。王济、王公用、王鸿编、王益孙、王籲俊、王相俊、王相文、王惟玄、王楫符、王元枢、王国士、王尧风、王兆民，廪生。王端、王笃恭、王如秋、王治，廪生。王泽，廪生。王涛、王于尹、王步夔、王荣孙、王图俊，增生。王升俊、王铎、王槐符、王祚启、王元杰、王家，增生。王敬身，王发身，乡饮介宾。王若暄、王鹏程、王宗烨、王人龙、王人杰、王煜、王威，武生。史学左，增生。王宓、王卿、王廷、王广生、王惟宁、王宗煊、王煜、王大受、王昭，王世封，奉祀生。史学曾、王修身、王风仪、王祚永、王广居、王宗焜、王惠彰、王炯、王世埰、王邦，奉祀生。王标，增生。马化麟。

儒士：

王公举鸿胪寺序班。王渤、王公荐、王公选，布政司知印。王湛，王玉胤，王淑典，王谷。

杂职：

王聪赀郎，王淑乔候门教读，王淑吉大常寺绎字生，王元桂怀庆道守备，王鼎恩赐寿官，王淑景恩赐寿官，王遴俊候选县丞，王重光七品散官，王鹤鸣恩赐寿官，王位时遵化守备。

大清康熙四十年

邑生王堤沐手书

（此碑现存上庄村炉峰院，记载了上庄村清康熙四十年之前本村所考取的进士、举人、贡监生员等共计129人。）

## 重修南庵碑记

南庵不知创始于何代，无碑记可考，无父老传说，至今不知经几岁月矣，而水路壅塞，墙垣塌毁，柱梁朽烂，檐瓦星飞，金身坐风雨之中，圣像居土泥之内，焰光损坏，彩色迷离，若不重加修理其塌毁，殆有不可胜言者矣。幸吾家有鸣玉者，乃曾祖天官宫保公六世孙肯斯之子也，目睹凋残，奋然慨任，于九月经始十二月告终，将水路之塞者通之，墙垣之颓者培之，梁柱之朽者撑之，檐瓦之破者换之。一切大事无不中矩，然而力难独理，有族孙禹臣者乃侄丁酉科副傍贡生亟一之子也，辅助鸣玉而左右之。是以庄严圣像，补塑金身，光辉朗耀，彩色鲜明；油画殿宇，糊裱窗棂，阶台重砌，墀院复平，欣然改观，焕然一新。游览者喜添眉目，瞻拜者肃起虔诚。余因羡慕玉之才气勇敢，识见精通，乃作数言一以表扬鸣玉重修之功，一以鼓舞后人继起之勋，故乐为之记而镌诸鼎钟。

卧云庄子沐手题于南庵炉峰之次时年八十一岁

后学王堤谨书

康熙四十六年十二月初六日立石

## 增修炉峰庵碑记

吾村炉峰庵为春祈秋报之所，而地宇狭隘，犹古制也。社众公议出资数百金广修。于是拓西偏地址，重修关帝殿、白衣殿、舞楼、山门、庙坡，增修五瘟殿、两配殿、香亭、两看楼、鼓棚、戏房院窑四眼、马棚四所。是役也，经营两年余，不敢没其功也，爰勒石以志。

道光十一年辛卯之吉

以上碑刻均存于上庄炉峰庵。

## 祚启公自撰之墓志铭和陈廷敬为岳父祚启公补撰并书之墓志铭
## 岕长志铭

佛书以人身为不易得，仙言以人生为最易失，孔训以人品为最难修。常读三门经录，不觉差池。所语万物在天地，草木昆虫皆有终始逆顺，然而不视其境，则觉我彼云泥。佛老以人身为难，安知飞走者不咲夭乔者之蠢蠢也！草木卒时，兽止齿落，人之夭殇寿考未不同之。吾儒曰："夭寿不二，修身立命。"大哉言乎！余为孔门弟子，朝夕斯学，羞言庄生《齐物论》。若以此躯为万物尊，冀与天地同久，我无是也。慨余王氏，四公为可考本源。至曾祖公国光，官三公，继一品。夫人曾祖妣卫，生孝廉祖公兆河，为嫡次子，配大参张公升女，生长子庠生考公于尹，配沁水韩银台公范女，生祚启，名祖命也。外伯南司农张公慎言字之开美，后自号岕长。祚启孩提多病，父善歧轩，赖以有生。垂髫父背，母子为命。祖年榆景，抚我孤呱之子，尽见含酸之曲。辛亥岁及壬戌，犹念儿抚孙，回孙致母。是冬，祖仙矣。祚子了一身，出而应人间事，入而伴孀母啼。冰炭未作，世上风波屡到门中，左支右吾，偷生且晚。丁卯，与晚叔于瞻分羡而调时，叔已为故太宰长子官生兆渠祖公嗣。无何，大祖母裴氏缢绝中堂，一时言者，后渐移责于余。余甫二十有奇，不谙时宜。初以两叶转寻柯斧，事少定，余纤得太宰遗润，竟成见晚之冰也。始银台公以曾参不杀人挺身昭雪，公无何逝。沁水仓场孙公居相出而代不平鸣，公无何戍。启之二天既坠，志以必死自期。幸大司农张公慎言赐环归里，难为排纷与解。时覃怀王公所用兵巡冀南而定其案，始蒙解网，方得全生。此后体庇仍在之庐家食仅存之亩。己巳，为博士弟子。壬申应考，几同庶姓。秋月，西兵入境。萱亲荆室预携两子走县避之，余临期逃奔王村西山，几被锋磔，仓遑中忽闻招语，有如亲熟，追声而往，得山窟藏之。越日，走县见母，含悲强喜以慰慈颜。癸酉天行，余中毒，梦只身嬉游至一鸿宇，金碧辉煌，灯青众侍，坐王者俯几捡毕而谓余曰："汝当死。"复阅册云："若有一事，尚得若干活。"寤而少瘳，榻初下，母疾作，遂号沉屙，以至长往。我以赤身之至病起之甫当此大事，勉竭心力，克襄子道。终天余恨，自揣良多，因念顷神生还余者，以父母未同穴耳。后此奇荒迭至。庚辰，家不给食矣。甲申，西兵再渡，破晋入燕，濩泽勒输扑比之惨，今古以来未见载籍。巧谋余者，几为同穿。祖功宗德之厚，幸保无伤，从斯寒灰枯木将终身焉。我谓佛以有身为大，启思，身在何乐？仙以长生曰贵，启以生不如速朽为慰，以永年快快，我所不作此痴痴想。吁！启王氏华胄耳。他人不胜不可得，启复不可一朝脱，或本寒而冒暄，若冰虫不可语夏乎？抑质羊而不奈皮之虎也？愚而自用，不喜听不平，名绅高士爱如嗜痂，余则不胜喙喙。年方长而白日数舞象，沉酒不敢骂座，傺傺态时一见之。既苦酒，复事茶，每龙雀团舌，余三百片而止久焉，婢亦解煎，一吸数碗。哂以水灾噬人者，不知味也。所在所居，乱摊图史，有闲展卷，以毕斯世，非欲傲邺侯敌二酉。由圣贤修道之教将取夫天命之性，不能身入室，亦可管窥豹。心手俱困，小集三四常朋郊游，可口谈，可后之止地，故难逆卜。四十无闻，不足畏矣，念古达观多自志者。我生万历壬寅年二月二十一日，兹四十有四，谢世离群，不可预期。娶本县廪生杨公宝女。生长子大任，娶杨公宝仲子廪生杨道光女；次大受，娶本里庠生杨于廷女。女一，许泽州庠生陈昌期之长子。孙登能，大任出。天虽禁富与贵，烟云水石鱼鸟花香我尽奢取，待我之厚，我自幸

附录

243

之。清狂内鄙，较量间，可以志，亦可以铭。铭曰：

一介王生，为冢宰孙。处非其世，生亦未辰。少不力学，长无成名。毁者固众，誉亦有人。他难我易，众喜独嗔。廪生之性，丛垢之门。方壮如老，念老知兢。书真载实，自撰志铭。留遗孙子，掩土镌珉。

明崇祯甲申春仲王祚启自记

## 陈廷敬为岳父祚启公补撰并书之墓志铭

按公志自撰于崇祯甲申岁，余于顺治甲辰给假归里，踰岁公病，余就省焉。公援志于余，托之校阅刊石，文中自记详悉。盖公天性颖悟，少习举子业，未获成名。而持家立身大有古君子风。至于取予之间，一毫不苟，尤为当世罕传。其制行可风，难以备述。余何能赘一词？止就其未及载者补之：公卒于大清康熙四年正月初六日午时，享年六十有四。自卜葬地于本村窑则沟。公之两子、长女、长孙自志已著矣。次女适润城庠生石补天，殇亡。长孙堂，即登能也，娶润城庠生杨施仁女；仲孙方，娶本里庠生李天维女，大受出。长孙女许沁水庠生孙云锦子，殇亡；次孙女未字，俱大任出。季孙女尚幼，大受出。曾孙一，训富；曾孙女一，俱堂出。以公之德，宜福寿绵永，胡为遽然长逝也。噫嘻！

大清康熙戊申春仲穀旦

赐进士出身钦授翰林秘书院检讨奉敕纂修明史辱婿陈廷敬顿首拜续志并书

该碑刻存于上庄村塑钢门窗厂。

## 重修药王庙碑记

白巷上庄有药王庙。庙之东沟有六角石井，水常盈溢。井南石壁书吾老祖名二十子文与乡间数人浚凿焉者。名圣水井，乃成化二十年四月初一日也。每年四月八日，县之远迩男妇群然焚香于庙，复在此井拜水求神药，多有验。神之庇民又可感想。今废塞几六十年，崖下清泉散漫旁出，见者乐而修焉。因叹吾祖之不终在念也。遐思其事不可泯灭。侄尧山修庙有为命可□□侄笃相协之。仆旦夕视事，改为丈余石池。池上火星庙三间，画伏羲、神农、轩辕圣像于中，历代良医于两壁。盖神农尝百草兴医教，明伏羲阴阳之道，开轩辕道食之功，而医道阐于天下，后世好生之德如圣水之不竭。庙食万世，师表无穷。乡民往来视此工作，虽愚夫愚妇亦喜跃焉。故此以不忘吾祖之德，以遂乡民保育之怀。

赐进士第光禄大夫太子太保吏部尚书孙王国光撰

万历二十二年四月初八日

此碑存放于上庄村委会大院。

## 金妆太清诸神圣像并修补诸王阁碑记

吾邑崇仙庵代不可溯，元道士夷然子实重建之，迄今上丁未几三百祀。王圮、王复迩来相续，底绩庙貌焕然，洵邑中一无上法界云。殿中太清，而关帝、真官两环峙焉。夫太清道德变化，真官鉴察，贞谣其功德。□关帝鼎立，以禅于世日者，太清真官犹属土偶□。王圣感召，有两灵夹耶，特神之□为孔赫，人知而畏。嘿为麻庇人食而不觉耳，何异乎金土殊观也，甚非所以妥神灵□祺祉也。家君训非海抵里，目击而心恫曰，神为一方主宰□灾捍患祈福降祥□嘉赖之故人不□选胜地，损重资拓规模而大焉者，意可知也。兹仅仅作如是相，则新其宇而□毛其神孰与尊其神，而朴陋其宇者犹可达，答灵□于万一也。用是日，图藻彩，苦无绘工，竟不果。适河东马均王君两年丈以绘工，其走余家。君跃然曰，太清游西土，令工自西来傥，亦神之意旨也耶。遂募缘金妆，

已而玉皇三官如马君一切为就绪。岁次第，举之不□。月余而北左右王映金辉，趋□其中者犹乎在无上法□矣。今而后庸肆其功德，以保□我邑人。我邑人世世奉祀，勿敢坠止于事神康民，岂不两无负哉。

晋进士邑人笔洞居士王徵俊谨记

明万历四十二年十二月吉旦

此碑存放于上庄崇仙庵。

## 二、中庄碑文

### 创建拜亭碑记

亭者，停也，止其所也。谓人所安定而依厥止也，必有名焉以称之，所以昭来兹也。考诸古亭，不胜纪名，不尽留要，皆燕闲游乐之所也。居恒读其文，未尝不感慨留连，想见其人，虽然兰亭已矣，梓泽丘墟，名胜易坠，自昔已然，后可知矣。吾中社之新亭，则有异于是者。庙既当阳，亭亦爽垲。其先大殿五楹，惟汤祷雨则正祀焉。而配以月蟾，从以玉龙。里人以报功而崇德也，亦以御灾而捍患也，其制可谓备矣！独是春祈秋享之时，露台之上以布为幄，不蔽风雨，亭实为缺典焉。起贞卿伯于九原，当其有事于庙，拮据惟勤，二十馀年宁力不逮，此即前之父老，或亦有商焉而未就者，时未至而事不起也。岁在辛卯，社宰曹君讳学信号敬台者，始谋诸同社筑基焉，结构焉，未几而亭成焉。收松峦之耸翠，映塔峰之参天，背三台而面笔山，一社之观瞻，千古之胜概也！且创壁于西，与东壁并峙，完矣，美矣！虽捐金者诸君有可书之绩，管理者李渐有赞勤之劳，而经营于朝夕者，曹君独瘁之力也。

昔明崇祯癸酉，寇扰三晋，士女流离。曹君任劳任怨，总理修筑，创石寨于南山之巅，迄今恃干城焉，岂独一亭之建为足多耶？然亭成而不颜以名者，何斯亭也？父老饮射读法之地，异于骚人燕闲游乐之所也，故无名也，因从社而以拜亭纪焉。孔子曰："拜下，礼也。"礼失而求诸野，意在斯乎？社不易而亭不移，即他日风雨摧剥，吾意后之君子，又有思创始之艰，补而葺之者，当不与兰亭共已，梓泽同墟也。其功乌可泯耶？予喜而纪，又从而为之铭曰："亭亭者亭，屹屹者壁。人与亭存，功同壁立。於戏！不忘镌于磐石。"

清顺治十年五月端阳日

恩贡进士、吏部候选知县、邑人李一桂谨撰

## 拜亭赋

巍然者其亭兮，自无而有亦谁为为之兮？爰有厥叟，依台址而成榭，待风雨于可久。人庇大厦，神享明堂，祝豚蹄于设礿，载歌舞于陈尝。虽曰拜亭，无乎不宜，今不可仿古犹可齐。耆长解纷，政事堂也；湛乐饮酒，醉翁亭也；缙绅归谒，昼锦堂也；大旱甘霖，喜雨亭也；四山飞玉，瑞雪堂也；乃庆秋成，礼乐亭也。使劳人憩此，暂谓"三休"，倘环以名花，攸同四照。非丘享天，非泽礼地。时乎祈禳，兰亭修禊，摹之不尽，载欣载欢。听四时之鸟奏，阅万里之屏山。尔乃徘徊亭畔，且行且住，感苔藓之侵阶，怜孤松之尚稚。其在经也，东临珏石，西接屋山，瞻两峰之吞月，慕一帝之传丹；其在纬也，南望渊深，北控林密，惊石涧之栖龙，喜松涛之戛玉。若有二、三君子，公是公非，瘅恶彰善。岂嗣宗之雌黄，真汝南之月旦。即至一日之蜡，一国若狂，致观者之不乐，莫不有其义之可详。巍乎大哉！仙台前峙，文峦后张，石陈不铸之鼎，塔树无烟之香，见前之景色，诚可挹也。此日取新，他年饬蛊。思柳庄之见山，念舆园之老圃。后世之丕承，盖亦远

247

矣。凡我同社，永结同心，依殷汤之庙貌，维周道之亲亲。月吉拜朔，月盈拜望。谒帝参王，莫拜乎上。历年愈久，阅世弥深。伤观心之址废，慨萃芳之名存。吾不知览山河之风景，谁其同宴集于新亭？

邑庠生李友白漫言

王沾谨书

## 金妆高禖祠记

高禖非淫祀也。月令曰："仲春之月，祷于高禖。"史称：简狄祷高禖，吞玄卵，生契。故其《诗》曰："天命玄鸟，降而生商。"夫吞卵事属不经，高禖之祠，固自古为昭，第古祠高禖于东郊，配于社，非古也。然近世乡社业已作庙貌，神无复封土，则凡功德当报崇者配于社，亦礼从宜也，实不戾于古也。吾乡之社之庙之有高禖，盖历有年所矣。齐宇曹君，宰社修葺庙貌，而高禖之祠，力不暇及。家侄庠生蓝田君，恻然奋兴，乃纠拱汉曹君募于乡之人，各捐资新之。一旦神威焕采，与正殿金碧辉映，后观不坠前模，实侈乡之人奉粢牵牲乐观厥成。佥曰：吾侪聚族而长子孙于此也，几世几年，迄今麟趾凤毛，发祥未艾。虽芝兰玉树种德由人，而默佑荫庇高禖之功德，亦安可忘也哉！夫高禖之功德不可忘，则新高禖祠之功德，又安可忘也哉？请勒贞珉与社无极。

大清康熙十四年岁次乙卯孟冬吉旦

大学生九十叟齐贤李一杜撰

邑庠生曹辰垣书

会首：庠生李琏、曹凤起 仝立

## 油画舞庭记

兹舞庭者，合社重修较昔更为壮丽，然大功虽成，而丹采尚未加也。我俊、鈨二人蒙社妄举为本年社首，情愿油画，稍申敬神之意。于是施银六两七钱，以成厥事。因年岁凶荒，不敢滥扳社人，而匠工饮馔，则合社之力也，予曷敢隐其德？第碑石有限，未能花开谨志。

清康熙三十一年九月初三日

社首：卫俊、曹鈨 立

## 王公保全磐石寨城垣窑楼永禁拆毁墙碑

王公保全磐石寨城垣窑楼，永禁拆毁，今将批准呈示开后。

呈为保全寨堡，恩准勒石以垂永久，以杜效尤事。生等呈杨允绩等拆毁寨堡一案，蒙天亲验，信为公共之物，生等谢恩一词，蒙批：高山建寨，原为防患之计，杨允绩持有分单，以为己业，敢于拆毁城楼，固属冒昧，但城楼乃众姓公共之楼等语。近又复蒙给封锁禁，乡地已将寨门涂塞矣。此寨委系合村公建之物，告成后，有力者在寨中自修房屋，无力者在城窑借以存身，因年深日久所以周围窑座四壁楼墙半属于村民，或典或买者，倘有踵而效之，藉口杨允绩持有分书，竟将西城楼拆毁，予独无文券分关可据乎？则此寨倾颓立见也。因思近日之举，犹是扬汤止沸于一时，终非久安长治于百世，不得已再叩天台，恩准勒石。使觊觎之人无复妄想为典为卖，止许守为己业，不得擅自拆毁，庶几此寨永固不蔽矣。况今上宪每念修葺城垣墩堡，要皆仰体圣天子安不忘危，治不忘乱之至意。里中奸险循利之徒，借此寨为肥己之具，愚夫俗子之类，视此寨为无用之图，殊不知昔日流寇蹂躏村庄，非寨堡，此村无遗类焉。曷不思前人创造之劳，竟等为羽毛之无关。生等非敢过渎天台，实欲保寨堡于无虞，上以荷皇恩子惠元元之雅爱，下以防私家流散纷纷之凄惨。伏乞仁天老父台大宗师，恩准勒石，出示永禁，则合村人

249

民辈辈感恩，世世载德矣。

为此上呈

批：保寨好事，准勒石永禁

阳城县正堂王

为禁约事，照得高山旧寨原为尔民一方保障，前人遗有陈迹，理宜互相修葺，以为有备无患之计，岂容奸民拆毁肥己。今据白巷里绅士曹恒吉等呈请保全寨堡，恩准勒石事等情到县。据此拟合出示严禁为此示，仰该村乡地里甲人等知悉：所有寨内墙垣房舍什物，嗣后务须各守己业，合力修葺，不许任意拆毁变价。该乡地人等不时严加巡查，一体看守。如遇前项不法之徒，擅行拆毁者，许尔等即刻扭禀赴县，以凭惩治，决不姑纵。遵之禀之毋违，须至示者。

阳城　右仰通知

雍正十三年七月二十六日

县印

告示

押

庚戌科进士曹恒吉，州同知曹韶美、李金镛，县丞李维城，监生李宏，乡饮介宾李安侯、李若垱，耆宾李赵，经历司吏李若栝、曹以蕃。

庠生：张士瞻、孔正颐、曹王佐、李式铨、曹如节、王清、卫尔身、李师孟、曹良弼。

两社里民：李皎、曹锁、李筏、吉俊士、李启佑、李若荣、曹溥、曹如漳、曹玺、李启庚、李会瀛、曹克绍、曹如夔、李在、李世交人等全立。

里长曹如连，乡约王维亨，地方李灯

## 重妆高禖殿神像记

馆庙自丁酉岁，正三殿金妆神像，油画拜殿至东西偏殿，殿外一时俱新矣。但高禖神像自康熙十四年金妆，历年既久，黣昧已甚。今岁戊戌仲秋，辑瑞兄悦然好施，又重妆焉。工既告竣，爰勒石以为同志者劝。

邑庠生曹沕撰，王征兆书

大清乾隆四十三年八月吉旦

邑人、议叙主簿曹端甫 立

丹艧王义宽、玉工□（程）九燦

## 金妆正殿油画各拜亭记

*碑阳*

尝思天下事有相因而成者，有相感而兴者，何则？盖创于前者有其基，继于后者非无效，且一人倡之众人勱之，而谓事之难于奏绩也，吾不信矣！如馆庙汤帝殿于乾隆癸未岁，阖社重修，则破折者易而新之，缺略者增而益之，其规模式廊，庶几告备。然神既有以妥其灵，而仪像蒙翳，栋梁暗淡，岂足以肃人心之敬而壮观瞻之丽哉？今岁丁酉春，余等入庙荐享，咸有重新之举，第社中之积金有限，恐于事乎无济。斯时在庙诸君子共相议曰："神之所以庇民也以福，民之所以报神也以敬，苟受其福而不思所以报之，□□其黣昧如是乎！"因而推辑瑞曹君统理大事，应中曹君掌簿书记，二君慨然从事，又请佐理者几人，亦无不翕然响应。于是劝众生之□财假绘工之丹艧，一旦庄严其神象，黝垩其檐廊，金碧辉煌，神威焕彩，于斯为盛。乃其经营计划虽未尝度越前徽，

而因其功而润色之，感其德而赞勤之，则有始全终，后先同揆也。以此，入斯庙者明乎立庙制祀之意，群相劝勉，庶乎人心向善，俗厚风淳而共保常新于不替。是吾之愿也夫，是吾之望也夫！

恩贡生李广业撰

邑庠生卫尔身书

总理：曹端甫、曹时午

佐理：卫尔身、曹壮魁、曹良弼、

督工：曹口、曹敦化、李广业、曹良口、曹谦牧、曹景旦、王廷俊

玉工霍生炎

梓匠：王择义

丹青：畅保口、王义宽

庙祝：田口

住持：果圆

大清乾隆四十六年闰五月吉时阖社仝立

碑阴

输财管饭芳名：

元发号，施钱一千文。复泰号，施钱六百文。田维正、延九心，各捐钱二百五十文。星裕号、兴顺号、寿世堂，各捐钱二百文。口架，捐钱一百五十文。延顺太、曹口（魁）、口口典、口行、刘锭、李慕渊、王择义、徐自久、王可福、李太鹏、李存口、李有祥，以上各捐钱一百文。

徐自强、曹旺，代化神帐钱三千文。曹仓美，捐银八十文。庠生卫尔身，捐钱一千文，管饭三十一口。曹壮魁，捐钱一千文，管饭十四口。曹克昌，捐钱一千文，管饭二十一口。庠生曹良弼，捐钱一千文，管饭七口。曹敦口，捐钱一千文，管饭十四口。曹玠，捐钱五百文，管饭八口。口口曹敦化、曹敦严，捐钱一千文，管饭十一口。张文王，捐

银十两，钱一千文，管饭十九口。李式□，捐银一千文，管饭十七口。曹□，捐银五百文，管饭七口。王九锡，捐银一千文，管饭四十口。王□锡，捐钱一千文，管饭四十口。曹法，捐钱五百文，管饭八口。曹□，捐钱□□文，管饭十三口。□（延）钧，捐钱五百文，管饭六口。□□□，捐钱□□文，管饭十七口。曹子勤，捐钱五百文，管饭十二口。恩贡李库业，捐钱一千文，管饭八十六口。李有德、李有□（信），捐银十两，钱一千文，管饭十六口。曹景且，捐钱一千文，管饭九口。□□（庠生）曹国馨、曹谦□，捐钱一千文，管饭十七口。曹力□，捐钱一千文，管饭十一口。曹燦，捐钱一千文，管饭八口。王□俊，捐钱三千□□□文，管饭二十八口。李有□，捐钱一千文，管饭十六口。李有执，捐钱一千文，管饭□口。李□□，捐钱一千文，管饭□口。曹□□，捐钱一千文，管饭八口。□□（承）宗，捐钱一千文，管饭二十四口。曹文兴，捐钱一千文，管饭十三口。曹文□，捐钱□□文，管饭□口。曹良□，捐钱□□文，管饭□口。曹□□，捐钱□□文，管饭□口。□□□□□□。曹□谊，管饭十□（八）口。庠生张□□，管饭十二口。曹王书，管饭十一口。庠生曹□卫，管饭七口。曹法贵，管饭十六口。张珍，管饭十四口。曹荣、张祯、曹文进，各管饭八口。刘贵，管饭七口。赵□中、曹□、常能宽、常能让，各管饭六口。曹□、□体□、王元祥，各管饭三口。曹□□、□□□□□、□□□聚元、王来□、李慕安、田□□、李三□、□□、曹□□，各管饭□口。曹□文、李□□、曹□□、□□□、李德天、李德禄、曹化□、曹开泰、王溶、刘祥、吉照、赵元金、延文彬、霍□□（密）、徐自强、李有祥、张福贵、郭中林、霍□□、郭永法、梁□义、裴宏义、王□楚、□□□、段□□、□□□、□（倪）天禄、李□□、王□□、宋□□……曹□□、李式贵、李德育、郑起龙、曹□、曹经、曹治、□□□、曹文金、曹□端、于朋、王立伦、曹举、张永仓、□有仁、曹守基、孔□□、王□□、张□□、李□□、李□□、李□□、李继志、张□□、□□□、□□□、□□□、李□□、曹□□、白□□、王□□、张□□、张正心、李如凤、李福科、张□基、刘□（锭）、赵□坤、曹有德、天仲典、陈之孝、张顺、李王林、□□□、张□、杨惠之、曹旺、李□根、□（徐）□元、李有宝、□□（元）、李□□、成永仓、李成年、李□义，各管饭二口。曹楹、司怀琰、曹□（濬）、曹□（德）基、李□昌、李德□、李式金、□□朴、曹□□、李□□、曹太□、曹□本、丁生全、李永成、王同、□来喜、王全贵、曹对车，各□□□□。（低一行）段纪，管饭三口。段□管饭一口。

## 白巷里黄丝碑记

白巷里黄丝旧例每年纳官丝六斤，两孔、王村、蒿峪、三里帮贴，白巷赔累难支，积年久矣。五十九年头甲里长李培楚、李立松、李成蹊同合里绅耆王纪德、曹端甫、曹时午、李法孔、杨卫恒、李从祖与三里兴词，蒙县慈钧断，四里公办，每里办丝一斤半，各具遵依在案。后因两孔叠词不休，又断三里各办丝一斤，白巷办丝三斤。钧断虽严遵依未具意，办丝时，再为词禀，奈六十年二甲里长差逼办丝，遽认丝三斤，遂著为例。但白巷养蚕之家，村社甚少，多半在五处乡社。向因黄丝赔累，里长滥抽茧用，以致各乡社所出之茧私卖他里，积弊愈多，殊非久全之计。兹白巷三社，会同披甲坨、大安头、沟西、小张沟、史家庄五社，在乡约所公议，嗣后办丝照八社分办。三庄三社、五庄五社，过办丝时，每社各办丝六两，六八四十八两，以足三斤之数，办就经里长交纳。自后里长止收三庄之茧，照茧酌用，足偿三庄丝费，不得滥抽茧用。五乡社各照所出之茧任卖，摊费止备六两丝数，不致私卖，干咎彼此各便，永无弊害。合里绅耆，李法孔、曹湛恩、曹泰甫、李谷成、王理清、杨中魁、王引伸等公呈恳官勒石垂久，永著为例。

呈为存案勒石，垂久不朽永戴鸿恩事。生等白巷里黄丝，每年封办三斤，曾蒙我慈断明立案，阖里戴德，罔不悦服。但生白巷一里八社，向来总催办丝，抽取八社茧用，钱粮正旺于茧季，不无分身错误之累。今生等公同调议，将丝照八社分办，一社办丝六两，六八四十八两，正合三斤之数，八社仍交总催，经手封纳。如此则众人共济办公，事有专责，黄丝钱粮两无违误。计恐年远莫稽，恳恩批准存案勒石垂久，阖里人民永感鸿慈于无既矣。上禀叩祈太老爷批示存案勒石施行。

批准  据禀存案勒石

计开八社：中社、上社、下社三庄之茧经里长收，计茧多寡，同三社定价，取用止足黄丝之费，每斤外除祭孤钱二文。披甲坨社、大安头社、沟西社、小张沟社（杨松龄施碑石一座）、史家庄社，五社在本里卖茧，不许抽用，止除祭孤之钱。

阳城

大清嘉庆元年十一月十五日阖里仝立

注：此块碑文的题目为作者根据内容添加。


## 重记阳城县白巷里免修城役碑记


白巷里免修城役，自有明王冢宰始。公有功于邑城，详载府县志。

国朝都慈同阖邑绅士优免白巷城役，文庙及本里并陈文贞公文立有碑刻。向因里中当事糊涂，几湮冢宰之功。兹因补修邑城，合里公呈碑志，复祈优免里役。蒙恩批准，勒石垂久。至于营房敦堡，各随里长独办，不许滥摊里下。谨将原词批示刻石，以传示后之当时者为。

恩准勒石，以垂示久。事缘阳城城垣，始系土墉，嗣经本里故宦冢宰王公，以赐修私第之金，捐修为砖城，蒙免生里城役，载在县志。

迨至国朝康熙十九年补修城垣，县主援照前例豁免生里，文庙又竖碑刻。奈县志非家家能有之物，文庙亦乡民不能常到之地，是虽有碑志而人不周知，以致本里总催，适遇修城派及里下。生等具词禀明，口恩口明断，照碑志豁免生里城役，士民无不顶戴。诚恐再有利徒复蹈前辙，恭请朱批勒石于城隍庙，使阖邑共知庶王公捐修之功，不没仁慈令德仁风，并垂不朽矣。

批：该里城役，前任既经优免，本县不过查照办理，除非别有善政可传递王公旧泽，恐致湮没矣。闻准勒石，以垂永久。润城五里具有遵依在案。

为恳恩查案电裁事缘，生等为本里城役具禀蒙准优免。润城五里张依仁等投词，蒙批遇有城役仍同伊公修理宜禀遵。但伊称乾隆十六年奉旨按粮分派城垣，如阳邑城垣果派系定制，生等何敢口渎？乃细查彼卷，其所办分城事宜，并未详宪咨部载在则例，以为一定莫移之案。且白巷免役，康熙十九年有卷，存房文庙碑碣、府县志书，昭昭可据，原非如他里之素系摊认者可比。如果亦在分城之列，当时自应传谕，取具认状，而何以案内公禀并无白巷一人？明是润城乡地朦胧代认，而该房亦未将免役原委指禀，以致将就糊涂耳。即云四十六年王允慎修城督工，查系王冢宰之疎族，昏瞶糊涂，其与侯正谟等诰告互控，里人尚思公禀，至今悬案，何竟援以为例乎？今即据张依仁等之意，岂敢欲掩王冢宰之功，而以志书碑刻为具文，只谓阖邑沾王宦之泽，不应止五里代役耳，此言极事。恳恩查阅旧案，仍照前批，永免白巷着落七十七里，则碑志永传王冢宰之功不至湮没，而我慈公侯万代同垂不朽矣。上禀。

批：该里优免城役，确有县志碑记可考，而张依仁等呈称各里分认城工，亦有咨部案卷为据，均非平空捏饰。所有该里本年城役，业经本县查照优免在案，此后遇有城工临期酌夺可也。

大清嘉庆元年十一月十五日

## 重修东西客房看楼钟鼓楼山门门外市房补葺一切碑记

碑阳

窃思凡事出于一人之私愿则难成，出于众人所共愿则易举。如吾村管庙之兴筑，固众人所共愿者也。馆庙自创始以来，各殿以及拜亭、舞楼，屡经重修补葺，极为壮丽。但东西客房、看楼、钟鼓楼、山门旧制与殿亭、舞楼殊不相称，且兼历年既久，风雨摧残，几至倾颓。里中人尝曰：是曷弗捐金而重修之乎！十二年春，社中余族叔惠文公与余门人王元功、卫交泰、李儒林、族弟殊恩、泰甫、成文，意欲总理其事。因各出己财，做缘簿数函，募诸远方，然功大费繁，未便遽举也。至十九年秋，在社诸君复议其事，意犹未决。越数日，余表弟张学礼、张学易特邀诸君重为议之，慨然乐施。一时诸君咸称羡之曰："张君兄弟诚乐善之君子也，馆庙之工其由此而可成乎。"余于是亦深喜之，遂与诸君持缘簿，复募诸村中，并本里各社，一时莫不乐施焉。又出庙内松树一株，共得金若干。资用虽备，犹需总理有人。诸君佥曰："是非老成经事者，恐不足以胜其任。"因共举三人焉。得人以领其总，余等亦各分其所司，鸠工选材，革故更新。两客房、看楼，旧制五间，基址殊狭。今则改为六间，上为客房、看楼，下为禅室，展其基址而扩大之。钟鼓楼旧制近于照壁，今则移置东南、西南隅，雕其檐牙而高起之。两山门旧制卑且暗，今则门前筑台数尺，阔其形势，而使卑者高、暗者明。又庙门外市房旧址平房两间，今亦彻底营修，上建楼三间，如此亦庶与山门相称矣。其他各殿以及拜亭、舞楼并马房，破坏者皆为之补葺焉。朴斫既勤，丹雘以继，由是庙之内外焕然一新，局势弥觉恢宏，规模益见整饬，前后配合，左右相宜，较前无不称之憾矣。夫兴筑难事也，有始者每鲜克有终，而兹则工程浩大一举而成，非出于众人所共愿而能之

乎？兹记其工，肇始于甲戌秋季，落成于乙亥冬季。工竣后，诸君请余为文，余不善于文，特实序其事之始末，以垂永远云。

庠生 曹泖撰

庠生 曹成文书

总理：监生曹泰甫、李儒林、庠生曹成文

分理：曹跟魁、庠生曹泖、王师旦、曹惠文、李作舟、监生张学礼、曹广基、曹友俊、曹兆龄、李谷林

匠工：李发润

玉工：卢鼎

匠工：梁万宝

玉工：程全

画工：乔植

工头：刘清发

主持僧：行远

大清嘉庆二十一年岁次丙子季春吉旦 阖社仝立

碑阴

□□□□于后：

崔丽川，十两。德信厂，十两。明顺号，十两。景兴号，二两。大兴号，一两五钱。德兴典，一两。仁兴号，一两。丰泰号，一两。孙玉麟，一两。杨容，一两。六聚会，一两。永丰慎记，一两。天成花店，一两。致中和记，五钱。东益兴号，五钱。以上施银系曹惠文郓城县募化。

鹿邑万全号，三两四钱。刘朋，二两五钱。苑景佩，二两。杨元兴，二两。德茂号，二两。协成号，二两。淮邑胡玉，二两。凤邑芦建业，二两。□□□学易，二两。大生号，一两五钱。晋源号，一两五钱。永兴魁记，一两五钱。下佛马伊，一两五钱。淮邑许邦用，一两。王立德，一两。□世□，一两。永茂□，一两。扶邑李景明，一两。下

佛马徐鼎，一两。以上施银系李谷兴淮宁县募化。

窦庄窦美堂，二两。嘉丰李五美，二两。洪洞县□学诗，一两。邢伯翔，一两。张燦，一两。屯城赵启先，一两。郭峪张其瑶，一两。润城杨希皋，一两。山东□鹏举，一两。曲堤霍鼎臣，一两。嘉丰李万程，一两。窦庄窦绳绪，一两。张心广，一两。窦向日，一两。郭壁韩朝翼，一两。刘庄刘宗积，一两。沃泉郑观泾，一两。洪洞师石麟，五钱。窦庄窦夔龙，五钱。郭壁韩逢源，五钱。江西吉郡刘熺，五钱。洪洞韩伸，五钱。屯城张□淳，五钱。嘉丰何廷樑，五钱。曲堤霍青选，五钱。嘉丰吕锡瑛，五钱。□□常鹤鸣，五钱。以上施银系□（监）生曹泰甫曹县募化。

□□当行，十二两。□邑盐店，六两。新镇盐店，一两。公源号，二两。复源号，二两。以上施银系从九□王师通募化。

吉继宗圮舞渡募化银三十两。北荫延九鼎，三两五钱。延三多，钱一千文。上庄大社，钱三十千整。下庄大社，钱二十五千整。小张沟大社，钱四千文。沟西大社，钱四千文。披甲坨大社，钱三千七百文。史家庄大社，钱三千文。大安头大社，钱三千文。沟西刘正辅，二两。小张沟杨茂林，施碑璞一座。

本村曹良善，十六两。监生曹泰甫，十二两。王师旦，十两。曹永福，十两。曹日麟，十两。刘学孟，十两。曹广基，八两。刘学曾，八两。曹时中，六两。王元□（宰），五两。监生王元功，五两五钱。曹惠文、李儒林、曹友俊、曹兆龄、李□林，以上各五两。□自□，□□。张调元，四□□□□。□□□、李怡德、曹宏□、赵正邦，以上各四两。曹跟魁、李作舟、曹□基、李孟辅、李谷兴、李进祥，以上各三两。曹兆麟，二两二钱。李有执、庠生曹沕、曹永朴、永昌号、吉绍宗、曹端、曹敬兴、徐□茂、李继祖、吉继宗、李思孔、李□、王□、刘青□，以上各二两。李培森，一两六钱。曹民生、卫交泰、曹焕采、曹成良、王正泰、李有立、李荣祖、曹玉振、段锡□、郭兴□、张□文、原声达，以上一两五钱。司庭训，一两一钱。李怡兰，一两一钱。

延梁房、延漆铺、李慕宽、监生李遵孔、曹文中、曹敬祯、李谷燦、曹兴福、曹棠、曹正纶、曹培楚、曹培英、李绪孔、李孔□（锋）、邢聚连、孔行顺、王藩、孔兴洙、杨应魁、王克勤（又施西南鼓楼底地基一角）、张培善、张成□、田维受、赵聚禄、常自明、王立稳，以上各一两。马酉、刘公朴、武金全、张炳文、李正旺、梁守良、王玉、郭喜、延九鸣、段斌文、陈复泰、赵怀，以上各一两。王法□（尧），八钱。段得□，七钱五分。曹民占，七钱。□太雷，七钱。霍九禄，六钱。柴学孔、曹小燦、钱二成，以上各五钱五分。李孟浩、曹兴豫、曹□、曹培基、赵昌泰、曹永万、曹殿英、曹殿爵、李茂枝、高承先、曹正元、李孔善、曹玉麟、曹茂林，以上各五钱。曹羊拴、李永连、曹跟喜、田有义、武金斗、陈宏、裴积山、霍永成、王立泰、王小林、张小广、杨遇春、裴大京、裴义、曹庆云，以上各五钱。□一朝，四钱五分。曹本端，四钱。田宗义，四钱。郭自纯，三钱五分。段交道，三钱五分。□孝亲，二钱二分。延小仓、李双全、曹有年、周三喜，以上各二钱。（低两行）段兑，五钱。段接，五钱。段□（顺）果，一两。段双喜，二钱五分。

出入银钱开列于后：

收，布施白银，一千两整；收，布施□银，四百四十两整；收，卖本庙松树□银，卅两整；收，布施钱，七十三千七百文；收，社旧存钱，五千零五十二文；收，二十年秋报地亩钱，四十八钱五百文；收，廿一年春祈地亩钱，六十一千六百五十五文。共收□银，四百七十两零二钱七分。换出白银一千两整，□合得钱九百九十四千五百文；换出□银，□□□，合得钱四百三十二千六百四十八文。以上总共入钱一千六百一十六千零五十五文。

做缘簿，使钱八千二百八十文。树株木料，使钱三百七十七千六百四十七文。砖瓦圯等，使钱一百五十二千六百廿文。□□夹板顶石乱石等，使钱八十八千三百四十一文。石灰□□□斤，使钱廿五千六百廿七文。做脊兽，使钱七十千零二百七十四文。铁器，使钱四十三千八百一十六文。埽，使钱三千八百九十一文。荆笆，使钱二千一百四十二文。麻神，使钱九千四百九十三文。木匠□千工，使钱三百一十四千零六十五文。石匠□百工，使钱七十一千四百八十文。小工□千工，使钱一百九十七千零一十五文。采画，使钱八十八千一百七十一文。杂费并犒工谢匠，使钱一百廿一千六百八十一文。立碑，使钱卅一千六百卅二文。敬神，使钱十五千文。以上共使钱一千六百二十一千一百七十五文。除□净少钱，五钱一百廿文社中添补。

### 大学生张学礼施银碑

大清嘉庆十九年岁次甲戌本庙兴工，大学生张学礼白银一千两整。

二十一年季春吉旦

阖社仝立

### 采买黄丝归社办理并裁里长记

白巷里长一役，有奉县派定采买黄丝之例，历经权书舞弊，截吞丝价，折钱包办，岁岁加增，害无底止。曾于道光元、二等年，经五甲武生杨凤鸣县府历控，方奉堂断追出嘉庆二十三年本名充膺里长应领丝价。谕以白巷以前办丝三斤，后又工房簿注加增之丝，每年共采办丝平秤六斤十三两，每斤发价银五钱六分，每年缴丝领价，杨凤鸣具领。遵

断结案，卷存县工房可查。兹本里六甲同三社公议，以蚕桑出自地亩，将此项黄丝归三社办买完缴，所费钱文除附里之小张沟、沟西、大安头、披甲坨、史家庄五处各照旧帮贴外，下少若干，三社赔补，各摊入本社地亩。归款收茧，并归三社，随每年南庙执事，仍在乡约所经办，行用充公。又查里长一役，久经县中裁汰，今将里长应办黄丝大差既归三社办理，其余应办公务无多，悉归地方经办，里中亦将里长裁去，各甲每次只充膺地方一年，乡约一年，仍照旧按六甲轮流周转。均永以为例。此记。

道光四年六月吉日六甲同三社公勒石。

## 重修馆庙各神殿暨拜亭、舞楼、钟楼施财芳名碑

重修馆庙各神殿暨拜亭舞楼钟楼，施财芳名开列于后。

延天节周口募：临丰谦、益泰恒，各三两。延天节，各三元。义成源、广泰昌各二元。彭述人、吉和祥，各一元。两益昌、口（乾）泰口，各二元。万顺生、天奎店、罗永顺、义顺复、瑞昌祥、王昌顺、天德成、复兴群、茂生祥、永盛生、庆昌号、益泰恒、泰来恒、聂景星、永隆镕，各一两。

徐象巽临清募：于懋昭、珍义和、复懋店、益成店、恒泰号、天元堂、裕泰昌、德聚店、李松堂、张登口（堽）、张云口（堽）、宋恒和、尼炳魁、尼珠、广泰店、吉星成，各一千文。金兴泰、募义元，各一千文。治泰恭，二千伍百文。徐象巽，五百文。

王天庆周口募：同升吉、郑修田、保泰恒、从九杨诗俊，各二千文。万顺利、三盛坊、顺成坊，各一千文。王天庆，四千文。

王占荣颖州募：王占先、王占荣、王占中，各三千文。王锡龄、呈材堂，各一千文。

曹德诗周口募：庆隆德，五千文。聚隆泰、六河公司，各二千五百文。

曹玉驹亳州募：西天眷、祥顺公、复泰益、恒足典、天义恒、同兴合、协泉长、协泰升，各一千文。天中堂，一千五百文。王恒义、隆盛德、张世德、兴华楼、化成口（齐）、垒生行、庆隆号、广口堂、万和行，各五百文。

曹发枝泗州募：义泰恒，十元。周盛余，三元。永记、祥和、慎大，各二元。徐泰丰，一元。王口殿，十千文。谦益豫、陈进夫，各三千文。恒丰有、裕昌永、张泰顺、永兴泰、万均记、长兴泰、许德隆、协泰泉、李福亭、焦荣贵、聚泉永、李佩芳、长发庄、傅积逢，各二千文。赵丙生、胡玉衡、焦云燦、荣聚泰、薛必强、崔孝文、珠荫南、孙保和、姚恒源、裕泗庄、晋元长、于金吉、于德吉、于怡波、裕通恒、乐善堂、仁寿堂、泰来永、刘义和、刘廷美，各一千文。曹发枝，廿六千文。

李经文（长门长支二十一世）周口募：林荣兴、丰顺恒、钱聚兴、徐协泰、永义和、恒泰贞、锦丰恒、永兴公、章聚昌、恒泰胜、杨万盛、李经文，银各一两。

李家山清化募：泰顺彩，二千二百文。晁合盛，一千五百文。顺香店，一千文。同兴典，八百文。李家山，四千文。

李谷钺周口募：口（鉴）远长、义盛恒、顺兴恒、温祥盛、郭天合、太兴和、同心成、荣泰祥、协泰昌、复新恒、同聚源、任万长、源道永、鸣盛昌、邱大兴、曹文祥、义盛隆、积善堂、泰顺公、信泰昌，各一千文。

白滩恒茂公，二千文。大安头社，二千文。史家庄社，二千文。小漳沟社，一千三百文。涧西社，一千文。披甲坨社，一千文。

上庄：樊玉麟，三千五百文。同知衔杨萃堂，三千文。王维勤，二千文。李春荣、王维温，各一千五百文。李培都，一千文。徐象履，一千三百文。徐象益，八百文。张同盛，六百文。耆□王丰年、王其崇、翟润生，各五百文。监生樊振家，四百文。张天成，三百文。

　　下庄：杨诗俊，五千五百文。监生李经文、耆□杨诗雅、曹有和、杨诗泰，各二千文。李谷镕，四千五百文。李谷钺，三千文。贾义和、李贻淑、耆□曹振基、石堆如，各一千五百文。李成馨，三千文。张临五，二千四百文。监生刘金铎，二千四百文。李谷旺，一千三百文。杨敬先、庠生刘学仁、张元、张凤池，各一千文。王德合、李贻瑾、杨卿云、杨荣书、李谷铭、马时、李谷锐、卫南方、石兴魁，各八百文。张同泽，八百文。杨守先、李经济、李谷连、李贻名，各四百文。张花牛，二百。延久德、延北祥，施毕姓房契一张。□生曹德益，十八千五百文。典籍张其信，十千文。庠生曹□□，七千五百文。曹国香，五千文。曹有年，四千文。典□曹正心，三千文。王东科，二千八百文。曹思忠、曹思安、曹福良、常庆泰、常绪马，各一千一百文。常三马、曹懋行、常大马、曹太享，各一千二百文。曹德诗，三千文。曹茂林，三千文。李尔朋，一千七百三十文。吉长春，一千四百文。曹士英，一千文。贾法，一千一百五十文。李金牛，一千文。曹润田、曹喜全、张松林、曹复仁，各九百文。曹经垚、曹双全、曹天全、曹计全，各八百文。常庆□、卫天禄、曹慕彬、曹梦，各七百文。曹敏香、曹有亨、常庆珠、常花毛、李如梓、曹芝兰、李郁善、曹福来、刘保树，各六百文。李桓字，大槐一株。庠生李安仁，一千文。曹有智、王金禄、李谷宝、张圪瓶、刘东羊、曹发生、曹甲甲，各五百文。延敦礼、牛冠五、杨林书，各四百文。曹玉驹，三百五十文。曹中和、曹恩永、张奎、段贞会，各三百文。常怀智，二百六十文。曹太顺，二百文。曹银标，一百文。延大□，□□□。曹三戒，二百文。刘如意，一百文。段拴会，一千六百八十文，大绳一条。段德川（低一行），二千口八十文。

出入银钱列后：

入，外募银，八十七两八钱三分，换钱一百卅千零零九十八文；入，外募银元，三十一元，换钱三十三千四百八十文；入，外募钱，九十三千五百文；入，本里募钱，一百七十六千五百七十文；入，柏板钱，三十一千三百八十五文。总共入钱，五百一十千零零三十三文。

出，石灰矾膠钱，六十二千九百文；出，砖瓦石头钱，八十千零四百七十五文；出，木料铁器钱，四十九千九百九十二文；出，麻绳头发钱，十四千七百七十文；出，立碑材料花费钱，九千五百廿文。

入，社谷口钱，十五千文；入，地价钱，三十千文；出，口钱，二百一十千零七百廿文；出，小工钱，三十一千五百文；出，祀神口钱，三十二千二百九十文；出，塑张仙神像钱，五千八百廿二文；出，石工钱，一十六千文。总共出钱，五百一十三千九百八十九文。

下口钱，三千九百五十六文社塾。

总理：监生张其信、典籍曹正心、五品顶戴庚戌贡生李衡、庠生曹镛

分理：监生曹德益、七品衔曹建章、耆宾李贻德、典籍卫天禄、曹发生、李尔鹏

督工：曹辅承、曹思忠、耆宾曹履亨

木工：韩文周

玉工：李迁福

中华民国三年岁次甲寅闰五月谷旦全立

注：此块碑文的题目为作者根据内容添加。

以上碑文均存于中庄汤帝庙。

265

### 张仙祠新置田产暨修巽峰塔碑记

吾里有张仙祠，其来久矣，创建莫考。癸巳崴，家大人总理更新，克绍前功，庙西培植松柏，山领建巽峰塔，修葺菩萨殿，庄严五大士像，金碧辉煌，璨然可观。庙缺社田，僧人乏其养膳，因出己资，并化王君，共新增耕田九亩二分五厘，永为张仙祠住持养赡，勒诸尊珉，永垂久远。

□康熙四十八年十一月二十二日，用永远死价买到孔文锦原买李师允圪埌坡中地九段，南北畛东至李清之坟并曹实甫地，西至李漳久并李信子地，南至曹铸仁地，北至李谦之又石窝地伍段；东西畛东至古路，西至曹步章，南至李漳久，北至曹尔王石窝并王半千地，共计地七亩四分，用价银一十六两六钱整。除过李启均、张腾吾同李师允卖过茔地六分五厘，庙现耕地六亩七分五厘。此地于雍正三年六月初三日，经本县正堂彭老父台审明，原地归庙，永为张仙祠住持焚修社田，禁止永不许村人作茔。众人候词口饭钱又使银三两五钱七分。

契一：康熙五十七年五月十五日，永远死契卖到李挥寨岭中地一亩五分，计地一段半。其地东至李潜子，西至李岐之并社田，南至李师孟，北至张仙祠地。用死价银八两四钱，外李笈、李拔画字银六钱整。

契一：康熙五十六年十二月初一日，募化王玕，舍到张仙祠庙西中地一段，计地一亩。其地南北畛东至本庙地，西至杨五宅地，南至堰齐，北至堰跟齐，同原业李谦三。

以上共现耕田九亩二分五厘，粮户口在本里一甲□云峰名下，每年住持交纳此□□□□。

庙西古迹社田三段，内有栽松柏二十五株，补镇风水。家大人种二十株，张□□施种五株。

一、岭上修塔地系本庙古迹社田，现耕种地四段，又堰下石窝地二块，恐其日久遗忘，并附志焉。

大清雍正三年六月十三日吉旦

邑人：乡饮宾李寓、男候选县丞维城仝勒石

募化僧：觉弘　徒：果金　果建

此碑刻存于中庄村丁字巷之南口菩萨阁下。


## 曹氏宗祠置产栽树碑记


前九甲世居白巷里中庄管西，不知昉於何代，相传自洪洞县之曹公村迁焉。始祖茔在村东之玉皇沟，代远年埋遐哉莫考，后又卜牛眠于村之南岭，为九甲长门之始祖茔，迄今十有世矣。且建祠堂以妥先灵，又置田地以供祭品，于是每岁三祀，子姓只弟昭穆咸在，煌煌盛举，诚非一朝一夕之故，兹不具论，谨将置产修理栽树等费开列于左，庶后有取据云。

大清道光四年岁次甲申五月吉日

宗会公志

此碑刻存于中庄村曹氏祠堂。


## 三、下庄碑文


## 白巷里下庄金妆三元大帝像碑记


白巷里下庄古建五帝庙西南空殿一座，新塑三元大帝三像，□上元、中元合□，甫金妆毕。今有会首李四读等议将皆金妆。下元一尊、香花菩萨一像，使大金□百二十张，共使银一两。其工完矣，合会人等

开列于后。

　　杨□□、李时兴、李玉精、李佃、□□□、□□□、□□□、李四强、左自强、李大仁、□□□、□□□、□□林、□□□、杨大全、李玉林、左□心、左崇喜、赵国兴、连世迹。

　　□匠：郑林、郑其

　　石工：马国安

　　□□□□□书

　　时万历二十四年□月吉日立石

　　注：此块碑文的题目为作者根据内容添加。

## 崇祯四年菊月吉旦重修五帝殿记

### 碑阳

　　都察院右都御使李春茂施银五两，举人李蕃施银一两五钱，李春萱□删子孙殿，杨时萃施银五两、外树四根，李一□（桂）施银五两，李泰庆施银三两，李淮施银三两，李崇□施银三两，李四友施银二两，李九奎施银一两六钱，李星烱、李养□、李荣春、李星灯、李可畏、李安居、李安常、杨浤、李植、李四宇、李可桂、李起元、李藻、王天赐、王凤□，以上十五家各一两，共银十五两。李争茂施银八钱，李争有施银八钱，杨渠施银八钱，李泉施银七钱，李调元施银六钱五分、外树两根，杨田施银六钱，杨志让施银六钱。李春素、李春盛、李乐居、杨泖、杨洵、李四弼、李□楼、李纪、杨京元、李辇、李朝见、杨志强，以上十二家各五钱，共银六两。杨秉中、李兆德施银二两，王肇基施银四钱，杨体元施银四钱，李四畏施银三钱五分。杨沬、杨时顺、杨如□、李□、李定臣、李三□、李四义、李汝银、杨注、赵洪、李如金，以上十一家各三钱，共银三两三钱。李庄、李亨、李进、李作新、李执居、杨澜、李养梓、李法、窦一全、杨法、李时新、常国、冯应善、李淑、李□、李日新、李春纮、李福升、李□、金有余（外做工三日）、李楼凤、李腾凤、李来凤（三人外柱二根）、杨□明，以上二十四家各二钱，共银四两八钱。李四秋施银一钱四分，外做工十二日。李成禹、李□□、李德新、杨可正、李本、杨自、李可受、李可望、杨□、杨渭、李时胤、陈□□、徐文忠、杨时解、左徙祥、左徙权、杨时升、左王、左庆、杨志庄、李四内、李汝德、李□财、曹玉新、左法望、陈汝明、张志高、杨时□、左国、苗仕龙、李四让、杨志望、杨志雨、李□新、李朝山、李养加、杨时中、邰安、李居尚、李三友、李三望、赵自刚、李□、张应真、李进□、杨□云、李可法、李兆□、李本□、王加福、李有望、杨□正、□□中、李大安、李□□、杨□□、□□□、李□光、李知信、李□□、杨□、李□新、李□、赵水，以上六十四家各一钱，共银六两四钱。李□□施银六分四□，李□□施银五分，李□□施银三分，李□□施银□分，□□□□□□□□。以上共□银七十四两六钱一分四□。□□，□□□□□□□□□，□□□，□□□□□□□□□□□□，□□，□□，□□，□□□，□□，李□□，张□□，李□□，李知□，陈□□，以上□做工三日作银□□。

社首　李盛时立

碑阴

重修五帝殿创建舞棚三间，并一切什物开列于后：金妆神八顶、金□架十二对、金龙牌二扇、金龙扇二柄、大绫伞一柄、大□绸伞一柄，使银五两一钱。小绫伞六柄，绸绫袍八件，使银十一两一钱。绸绫旗十四对，使银三两四钱。缎□□一对，使银二钱五分，五色布伞廿柄，使银三两四钱。大布旗一对，使银四分。做大伞搽二柄，做小新伞搽十二柄，使银九钱六分。补小伞搽十八柄，□□使银二两二钱。做伞工价，使银二两二钱。买铜瓦四千，使银二两四钱。买□瓦六千，使银二两一钱。买砖五千，使银三钱五分。滴水二百，使银八分。□□头二百，使银二钱。砖瓦等□价，使银二两一分。灰四百千驮，使银四两。灰□价使银二两。金使银一两四钱五分。金妆神等并画大旗工价银六钱。补休擎则并画工价银四钱。布鼓裙二十四条，使银五钱。买橡使银一两二钱。买新锣并换旧锣共四面，使银九钱七分。染旧袍并黄布，使银七钱二分。钉八十斤，使银七钱二分。牛毛□胫，使银七两七钱二分。□小□，使银二两四分。绳使银□钱二分。泥包两个，使银一分。染黄手帕，使银一分。化灰卅二人，使银九钱六分。鼓裙袋使银六分。木匠工梁赏钱并酒，使银六分。请各□催钱粮人，使银三钱。铁灰匙四张，使银六分。油匠使银四分。做碑抬碑磨碑使银一两二分。做石鼓并做舞棚石基，使银四钱。做袍旗工价银并伞线，使银七钱六分。画墙并□牛毛，使银三钱五分。木匠工四百卅人，使工价银十两七钱五分。□工四百八十人，使工价银五两二钱八分。开工并谢土买羊油烛等项，使银九钱□分。刻字使银一两五钱。以上共使银七□□□□□□□□余□□□□□□。

创做小□八扇。李盛时骡□土四百余驮价未除。

## 整饬金妆五帝殿碑记

社中什物自丙午整饬后，不及十载而凋敝者过半。丙辰初夏，予谬应首事，与李君逢时、振声侄、启胤甫入庙，佥议更新。因谋于社众，各随心捐施。凡社中难移者移之，易创者创之，少者增，黮者黱，仅两月，与金妆。五帝殿工同日告竣。虽聊为改观，然于祈报大典未必无小补云尔。

贡生杨健志

金妆白龙神殿，移钟楼，修理什物，输财物芳名于左。

庚辰进士杨鹏翼施银六两，丙戌进士杨荣序蟒袍二件，孔守德大伞一柄，李凤翮、李凤翎大伞一柄，杨笃胤、李士凯大伞一柄，贡生王恽小伞一对，李琮、杨于畿、李本元、李缵绪、杨蕃生、李之蕙、杨宗、李席珍、李士懿、李维洪、李埙、杨千钟，以上各小伞一柄，李恩荣、李恩耀小伞一对，李恩锡、李友韩、杨庄胤、李凤矗、李永亨、曹秉先、李子，以上各旗一对，杨步甲外银一钱，杨祺、卫宗桢、张崇兴、李萃芳，以上各大旗一面，李振声银二两五钱，李逢时、杨启胤，以上各银一两，李继前银七钱，李荣昌、李腾蛟，以上各银六钱，李和贵银五钱五分，李象彩、苏继昌，以上各银五钱，李象新银四钱三分，李桂芳、李寿胤、郭尚仁，以上各银四钱，苏小宴、薛士兴，以上各银三钱五分，杨镰、杨兆民、杨炳胤、李发苗、燕加聘、张默，以上各银三钱，李四宇、李芳亨、杨远祉、李贡新，以上各银二钱五分，李聚室、李世亨、杨羽民、杨憻、李弼昌、李篦、陈世民、路耀斗、杨良、杨端胤、李如桐、刘应周，以上各银二钱。杨献锦、杨任重、杨自诚、赵福隆、马朝祥、陕进忠，以上各银一钱五分。杨昌明、杨化民，以上各银一钱四分，杨士昌银一钱一分。李友白、杨时幸、李煇新、杨振甲、杨献法、李甲寅、李嗣景、李凤冲、李时明、杨诚明、李文元、李维洪、杨嗣旋、杨祚胤、李聚讲、李作霖、杨千顷、李文、李伯胤、李竺、田云、李祥德、李朝阳、郭王畿、秦统同、王章、李文俊、曹养知、杜如通，以上各银一钱。原顺香银八分，李连元银七分。李天赐、李时禄、李之松、李重金、李进才、裴春荣、栗成兴、李福旺、张维宁、王文臣、宋国太、李其盛、冯道隆、王加槐、王继槐、于昂、张文胜、王自发、陈士贞、张衍祚、张有甲、杨进宝、杨晋、王明三、杨默、成道昌，以上各银五分。李可举银四分。李明照银三分。杨柳银四分，郭口

271

银二分，许养第银五分，栗彦贵银五分，王大量银四分。

以上通共收银二十六两五钱，通共使出银二十七两九钱三分。

本年社首李逢时、杨健、杨启胤、李振声，玉工张旺，看庙郭满仓勒石。

皇清康熙拾陆年肆月吉旦

### 五帝庙增建廊庑记

白巷里旧有五帝庙，庙貌甚宏而廊庑缺焉。僧元印始发愿与里老李奇珍、杨郁应、杨昭应、李子复、李爽、李素馨、杨维新、杨忻、李蕊、李□、杨惕、李缉、李端、李振声、李赳、杨世守、杨僎共为增修之举，工竣而请记于余。余惟是春祈秋报之典遍阳邑，里各有社，社各有神，而五帝则惟白巷焉。乃入庙者咸以轩辕、颛顼、喾、尧、舜五帝祝之，无乃非里社义欤？夫里社所以祈谷，则当以五方帝为近是。余尝读《周礼》，太宰职祀五帝，掌百官之誓戒与其具修。掌次祀五帝，则大次、小次，重蟹重案，奉牛牲羞肆。而重蟹重案之说亦未著其详，唐《礼乐志》具载之矣。盖立春祀青帝，以太皞氏配岁星。三辰在坛之下，东北七宿在西北，勾芒在东南。立夏祀赤帝，以神农氏配荧惑。三辰、七宿、祝融之位如青帝。土王之日祀黄帝以轩辕氏配镇星。后土之位如赤帝。立秋祀白帝，以少昊氏配太白。三辰、七宿、□□之位如赤帝。立冬祀黑帝，以颛顼氏配辰星。三辰、七宿、泫真氏之位如白帝。盖五帝者，五行之精，百谷之宗也。所以有唐之制，冬至祀昊天上帝于圜丘，而以五帝配之。其庙立于渭阳，则复舍重屋备极华丽，其敬天时重民事之意昭昭可见矣！里之创斯庙者，无亦见夫后世之祈报与上古之祈报，其制大不相侔，而意欲以复古示劝乎？夫天地之气在五行，而生人之养在百谷。五行和则阴阳顺，阴阳顺则百谷成，岁登丰穰，物阜民安，礼乐具修。五帝之祀，诚重本重源之隆制也。今日者以旧制缺陷，毅然举之，鸠工庀材，增前廊五楹、两庑各三楹、东楼三楹、钟楼一座，视夙昔庙貌宽敞有加。岁时伏腊入庙对越者，罔不肃然而起敬，岂待夫陈牲盥荐之时也！夫神何在？在于人之一心。人心诚敬，则灵爽之，陟降默相鉴□□□感召神庥。环四境之内，雨旸时若，家室盈宁，宁但一方之人受其福赐耶！诸里老其功诚伟矣！计开工于康熙五十年春二月，告成于康熙五十二年秋八月。余特记之，垂诸不朽。

赐进士出身、通议大夫、兵部右侍郎兼光禄寺事前、都察院协理院事、左副都御史田从典撰

赐进士第、奉直大夫、礼部仪制、清吏司员外郎加四级前翰林院庶吉士陈豫朋书

使用开后：大小树三十六株，银五十四两六钱；檁椽三百三根，银二十两三钱一分；板三丈六尺，银一两八钱五分；破房三间，银拾两，社又找业主银一两；砖瓦□，银三十三两一分；琉璃脊兽，银十五两七钱一分；铁瓦十三个，银三两三分；石六十九丈八尺，银十两七钱四分；石灰八百四十一驮，银八两四钱一分；铁钉五百一十五斤半，银七两九钱二分五厘；木匠一千一百八十五工，银五十九两二钱五分；石匠四百二十九工，银二十二两五分；塑神工匠，银二两四钱五分；土工长工一千四百九十五工，银五十三两三钱五分；木石砖瓦等脚银二十八两七钱八分；犒劳匠工，银六两五钱二分；地基二块，银十三两；立碑工匠，银八两七钱九分；一切杂费，银九两五钱一分五厘。以上共使出银叁百陆拾陆两贰钱玖分。

社首：李奇珍、杨世蔚、李瑞、杨僎

康熙五十年岁次辛卯仲春之吉

## 下庄大庙重修碑记

**碑阳**

吾社自康熙辛卯创建拜殿以来，自是再未举兴大工。岁值甲申，蒙众谬举予与凤扬李君、宁斋李君为总理。予等念庙宇残缺，无以妥神，因而请分理者十位，协力赞勋，均出募化。移建西房上下十间，重建东房上下十间，新建钟鼓楼二座。因山神土地位置不宜，复新修福德祠一院。又念西三院檐头尽坏，东院配殿亦几摧残，今若不整，后费弥多。于是公议将西院柏桧四株、东院柏树二株，共变价银二十五两，除补修外，馀亦入为大工之资。一时村中人皆向上，慷慨喜施，共捐二百馀金。匠饭照地亩门头轮派。奈工费浩繁，入不胜出，不得已而起将伯之呼，募化远方，聊全是举。工始于乙酉之春，成于丙戌之夏。时予年老龙钟，不能胜任，幸赖催输派饭分理鸠工者，皆诸君董治之力，而注记一切者，有宁斋李君焉。至昼夜经营勘劳不倦者，凤扬李君为最。兹工程告竣，俾予识之。原非为彰一时之功，正不敢以没遐迩之善。实叙贞珉，以为后之乐善者劝。

邑庠生杨维新谨识

使用开后：大小树十九株，银十八两七钱。新旧木五百九十八件，银七十六两六钱九分。寸板九丈七尺五寸，银七两八钱。砂石□丈，银一两四钱二分。砖瓦□驮，银四十八两三钱九分。石灰四百九十九驮，银六两四钱七分。脚价银二十三两一钱一分。驮钉二百七十二斤，银七两五钱三分。扯□小钉□□，银一两三钱三分。绳鳔水土，银三两一分。木工八百六十八工，银四十三两四钱。包修福德祠并西三院，银十三两五钱。□□□□□□，银五十五两五钱六分。□□□□，银三两五钱。油工，银二两三钱。塑工，银三两五钱。犒劳谢礼零工食，银六两二钱六分十两一九厘。杂费，银八两二钱五分一厘。立碑工，银十两一钱八分。以上共使银三百四十两零七钱七分。

十方捐资。城里：钦命军功议叙、候补县正堂燕倬，银一两。河北：卞恒丰、卞恒泰、冯元兴、白履信、史基远、卫兴泰，各一两。崔宣盛、崔复盛、李瑞长、乔长盛、卫升泰、卫有恒、卫永泰，各五钱。以上（河北）共银九两五钱。

庠生李式纪募。浚县：监生李亨□、监生胡永德、广裕号、永升号、协字号、永盛号、西兴号；润城：监生张昌□；中庄：吴县主簿曹力、庠生王清；各一两。新镇：聚德号、恒升号、宏顺号、汉字号、印诚号、同兴号、王在天、牛福海、于国富、胡蕴琳、胡蕴珍。榆次：□生常辉；润城：延泩；上佛：赵铭，各五钱，以上共银十七两。

李璠、王廷俊公募。

考城：永泰号、广盛店各二钱，李正兴、李同□、李茂林、门嘉旺、任广聚、赵统盛、李法，各一钱，以上共银一两一钱。

李慕文慕（外捐银一两）。潘沟：监生潘乘瑞，银五钱。石淙头：庠生潘世伟，银二钱五分。恺宗僧，银二钱。监生潘世敬、潘世宽、潘德、樊尔铎、樊秀法、樊尔全，各一钱。北留：吴伦正，银二钱。仁德堂，银一钱。贾庄：祀生程型；石院：庠生常□经；小沟：庠生李姿灼，各二钱。李遐龄、李长纶各一钱。怀庆：杨御龙，银二钱。史五全，银一钱二分。高□：王淇、杨鸿图；刘家腰：刘文相、刘文□、刘天锡、刘□德，各二钱。刘文典、刘广年、刘天保、刘天叙、刘广义，各一钱。上庄：庠生王瑛，银三钱。庠生翟自勤，银一钱。侯村：马德盛，银二钱。潘一柱，银一钱。王字街：樊天佑、樊曜，各二钱。樊天□、樊生，各一钱。樊景，五分。北阴：李毓秀，银三两。谭福祥、延士琚，各五钱。延玉奇，银二钱四分。王子仁，银一钱一分。

小张沟：杨宗智，银三钱。杨宗仁、王文元、李盛世，各二钱。北留：陈九燦、郭宇明，银五钱。木工：史镒。塑工：乔瑾，施香炉三座。漆工：延□□。土工：李统官。

碑阴

本社捐资：李□，银□□□。杨佑，银八□。杨□玉，银五两。李式□，银四两三钱。庠生李□□，银四两，外募九田银一两八钱。□振□，银十一两八钱。□□□，银十八两三钱。史□、李恒正、李恒有，各五两。李恒祥，银五两三分。李桓，银二两七钱二分。李元泰，银二两六钱。李式浚，银二两五钱。李培业、李荣国、杨建西、杨荣春、李有则、延三泰、张福、李自本、曹春元，各二两。□。杨世升，银二两。张玉亭，银一两八钱六分。李扩声、田容，各一两八钱。李明诚、李式颜，银一两二钱。张玉柱，银一两六钱。李式洵，银一两六钱。李培楚、李恒岭、杨弘基、王永昌、杨金相、刘义，各一两五钱。李若荣，银一两二钱。杨中权、杨中魁，银二两二钱。杨世洪、杨琇，银一两。杨世信、李师荣、庠生曹永年、庠生杨联春、李慕全、李慕魁、李师执、李恒足、李□泰、李□吉、杨建芝、杨全仁、延顺泰、延文斌、王泰、李培楹、陈佐时、贾忠、李自发、李□叙、李晋和，各一两。□□美、□□美，银一两。杨琔偕弟珠，银一两。李慕午，九钱。延文道，银八钱。李吉泰，七钱。石永庆，七钱二分。石宗桂，六钱五分。李荣成，银六钱。杨瓶、李若懋、李炳祥、杨晔、杨□庆、李慕宗、李统德、李慕尧、李式学、庠生李耀祖、李维惠、李官、李大鹏、李来吉、高慕晋、陈佑时、李培容、李自安、李自昌、张玉秀、李万祥、张贵良、毕世兴、王维成、□□拴、□□和、李永昌、霍正□、李有义、马□，各五钱。毕应奎、毕应爵，银五钱。杨□，银四钱五分。李自朋、石根，各四钱二分。杨建宇、李恒□、陈起伦、陈□、刘才，各三钱六分。杨兆吉、李培稳、李德正、李德泰、杨有恒、李自恭、李慕启、李随祥、杨宁、杨成禄、李可梓、陈兴、郭惠元、薛满玉、陈福旺、延九容、李开山、李金有、霍贵□、李进宝、曹立基、李柱兴、卫君彩，各三钱。史汉晋，银二钱六分。王存仁、马茂林、杨得山、杨永恒、李全泰，各二钱四分。李保祥，银二钱二分。李培义、李同吉、李世法、李师典、曹建美、李慕官、曹成凤、王天顺、李福得、韩祥、李有□、李有祥、孔衍泽、史汉□，各二钱。裴得宝、杨敬业、王立邦、苗心地、卫君海、张王良、李福兴，各一文。陈大儒、李福财、张□柱，各□□□□。李□、李慕成、李慕□、李得功，各一钱□分。李□、李得□、□□义、杨得□、武进□、张□□，各一钱。张□正、□和的、李有□，各六□。妓女：殷月桂，银二两；殷葵，银一两五钱。

都理捐资：杨晏同侄□业，银六两三钱。李金秀，银一两。李金鉴，银十两五钱。李师骞、李师让同侄庠生有年，银二两，外施地基二尺。杨永庆，银二两。李承宗，银三两二钱。李慕礼募银载本社捐资内。杨亘，银二十七两。李璠，银十两三钱。庠生杨贺春，银一两，外募六两，载十方捐资之内。河口主持果法，银四两五分。李志诚同弟贤诚、意诚，银五两二钱。李式泰，银十二两一钱。庠生杨维新，银一两。看庙李慕本，银一两。

以上捐资并桧柏变价，共收银三百四十两零七钱七分，外有庙前槐树一株，修工使讫。

大清乾隆三拾壹年岁次丙戌嘉平之吉

阖社仝立

## 重修社庙记

碑阳

吾村社庙正殿肖五帝像，而以诸神配之。康熙、乾隆等年重修，田文端公曾为序，而以五方帝为近是，于以正祀典。嘉庆四年，社中复有募金重修者，止舞楼成，而人已古，以致各殿宇尚待修葺。余向游四方，有募存馀金，垂暮归来欲继修，每以积少用宏难之。谋之诸君子，适予叔南轩公有出谱而存募金者毕集，村中更乐输者众，分猷效力者各踊跃争先，年馀而事成，焕然一新焉。若为文以继文端公，诚有难焉者。然五帝之名，始于《周礼·小宗伯》："兆五帝于四郊。"汉郑康成解经，乃据纬书为之，名字有灵威仰、赤熛怒等称。王子雍等排之，而谓五帝者，太皞以下五人帝也。先儒杨信斋则谓，果以五人帝为五帝，则五人帝以前其无司四时者也？然谓五帝为天之别名，亦未为得。《家语》孔子谓季康子曰："昔者闻诸老聃曰'天有五行，水火金木土，分时化育，以成万物。其神谓之五帝。'古之王者易代而改号，取法五行。五行更生，终始相生，亦象其义。故生为明王者死而配五行，是以太皞配木，炎帝配火，黄帝配土，少皞配金，颛顼配水。称曰帝者，五行佐成。上帝称五帝，太皞之属配焉，亦云帝从其号也。"此辩甚明，第《家语》北魏时出，康成辈未之见耳。《小宗伯》兆于四郊，祀五帝之位也。《月令》四立之际，祀五帝之时也。大宗伯以青圭礼东方之类大司徒，奉牛牲之类大司乐，奏黄钟、歌大吕、舞云门以祀天神。郑生云天神谓五帝，及日月星辰，祀五帝之礼乐也。我国家圜丘大祀，为坛三成，第一成祀皇天上帝，第二成祀木火土金水之神，而与大明七星、二十八宿、周天星辰之位，俱西向用笾豆牲币，各有差为民请命也。伊古以来，天子与庶人皆得祭社，尊父亲母之义也。故里巷概曰社庙，《诗》曰"以社以方"，又"方社田祖"之诗不一而足，则其祀五帝于社也固宜。余为是记，庶足辅翼文端公文，且以见天下事为而已矣，不可以有待也！若二十年来，随所积而频修焉，工早竣矣，并以劝将来之继起者。

庠生李谷城谨撰

祀生杨桂芳敬书

总理：庠生李谷城、庠生李从祖、庠生杨维宁、监生延九卿

分理：庠生杨凤鸣、祀生杨在汲、杨卫恒、杨曾业、从九杨可九、李孔著、祀生杨桂芳、从九李有梓、牛维新、李传孔、李谷秀、延太安

住持：山源闻、慧源闻、院源闻

大清道光六年岁次丙戌夏六月阖社仝立

## 碑阴

外募布施列后。

李谷城归德两次募：公裕盐行银二十两，商丘当行银十八两，丰泰盐行银十二两，恒聚典银六两，集腋盐行、裕泰钱店、庠生刘明良，各银四两，义盛典、全盛钱店、宏昌钱店、从九李瑛，各银三两，大昌盐行、循源盐行、义顺缎店、同义钱店、聚昌钱店、天锡钱店、广庆钱店、介宾张令文，各银二两，元隆钱店、元生钱店、合义钱店、正泰茶店、从九刘正身、监生王举章，各银一两，共募银一百零二两，内有代龙兴庵化银卅二两，经手生息银二十八两，总共色银一百三十两。除嘉庆四年本庙修舞楼用银卅两，净存色银一百两换钱一百一十千文，内龙兴庵本利银换钱五十五千文归本庙用。

李孔芝周口募：张兴盛，钱五千文，永兴和、裕隆局、雷信基，各钱三千文，永泰典、裕丰典、三合典、渊泉典、升顺典、恒泰典、裕隆典、同裕典、裕祥典、王同典、康大成、张全兴、闾裕局、升顺局、交

泰号、德盛绪、福盛号、三合局、恒泰局、雷庆成、韩永恒、辉盛号、盛隆行、谦盛店、广泰号、恒益号、永义号、广生号、王相、杨俣，各钱二千文。陈合顺、于盛义、兴盛泰、义泰兆、兴盛永、延蓝盛、公正号、裕泰号、闰益恒、和顺正、康三和、杨二合、赵增盛、杨广泰、广源馆、裕源馆、宝源馆、吉泰号、杨大伦、李梦麟、李广居、王斌、贾光临、张存财、康天位、孟继孔，各钱一千文。共募钱一百零二千文。

杨卫恒邳州募：永顺号、际昌号、义昌号、杨大成、王秀生，各钱二千文，马三顺，钱一千五百文，王公兴、冯辉所、冯介亭、冯裕偁、丁景阳、同心永、新泰号，各钱一千文。冯祥宾、冯朝干、许天申，各钱五百文。共募钱二十千文。

李有梓周口募：三元号，纹银五两。西口（九）兴、贾天来、新盛口（统），各银二两。会义号，钱一千一百文。东统顺、西统顺，各钱二千文。共募银稍家换钱十七千五百一十二文。

李口秀吕家滩募：成一位、杨凌云、吉瑞麟，各钱二千文。李存礼、王文照、赵心德、裴燦斗，各钱一千文。共募钱十千文。

李谷祥三河尖募：薛信成、霍泰和、杨景福、杨廷栻，共募钱四千文，除口赔，净钱三千五百一十九文。

本村布施列后：延九卿，钱十六千五百文。李谷城，钱十一千五百文，并街东墙后荒地一条。延太安，钱十二千文。李从祖、李傅孔、牛维新，各钱六千五百文。杨洪昌，钱六千文。杨卫恒、杨可久、杨维宁、延秉如、李有梓、李谷秀，各钱五千五百文。杨在汲、李孔著、杨曾业、杨桂芳，各钱四千五百文。杨敏慎堂，钱四千文。曹鹏汉、庠生延骏发，各钱三千文。杨凤鸣、李孔德，各钱二千文。李顺、张希政，各钱一千五百文。薛岐山，钱一千二百文。李口口、杨口林、杨明昌、李统友、李有玉、李有基、石永安、李有君、李孔旭、杨维瑾、杨维口、李欣祖、杨宗赐、刘武、毕子鹏、李谷丰、张希卜、李维祥、李谷培、李谷祥、曹升荣、张太和、程九荣、史禄、杨志宽、杨宗智，各钱一千文。曹缉典，钱九百文。张大昌、延都魁，各钱六百文。李师敏、杨崇业、李大库、李有才、庠生李在田、史浴沂、杨慎业、李恪祖、王九霄、李述祖、庠生常一德、李步孔、李谷政、李谷立、李谷瑞、段兴山、张希全、杨可文、延中元、杨文恒、张大发、石明怀、于道久、郭建宗、刘敬、赵永顺、裴兴顺、裴兴盛、焦元武、李有湛、王成业、裴兴荣、王进全、马聚、王敦化、田禄、田中聚、刘广富、苏□、樊骡、张成虎、王兴，各钱五百文。薛天顺，钱四百六十文。张希由、裴玉林，各钱四百文。刘锡勇，钱三百五十文。杨久昌、李有瑞、李习祖、延秉仁、李绪孔、刘必太、李谷昌、霍建功、李谷嘉、李瑄、李谷青、李景堂、杨耀武、裴积玉、杨喜、张喜兆、杨凤图、宋金官，各钱三百文。常大宁、陈年、李藩，各钱二百七十文。张凤鸣，钱二百六十文。王顺，钱二百五十文。李三让、陈梅、李光祖、李孔法、李谷岐、李万库、毕子瑞、李价、陈学孝、吉宗满、张□（管）、武小礼、李小法，各钱二百文。李孔时、赵守朴，各钱一百八十文。李谷芳、杨成才，各钱一百文。□□居、段四（这两个低一行），各钱五百文。

收使列后。

收，外募布施钱，二百六十三千零三十一文；收，本村布施钱，一百九十七千三百九十文；收，四五六，三年本社秋报等余钱，一百七十五千二百四十三文。共收钱六百卅五千六百六十四文。

买木料椽板，钱九十一千六百七十一文。买琉璃脊兽甬瓦等钱，十五千六百七十四。买砖瓦等钱，二十九千二百文。驮砖瓦等脚钱，二十二千五百卅三文。买石灰钱，十七千三百零四文。买土埚水并和工钱，六千三百二十六文。买铁器钱，二十六千九百五十七文。木匠工钱，一百卅二千四百二十文。石匠工钱，十七千五百八十文。小工钱，一百卅三千七白零七义。杂□钱，三十九千零九十七文。会票出息钱，

六千四百二十文。彩画匠工钱，七十八千七百七十五文。立碑石并匠工、抬工杂费钱，十六千文。共使钱六百三十五千六百六十四文。

□工张进英□

补葺正殿前檐小记

闻之孔子曰"德之流行，速于置邮而传命"，吾谓善之感人，亦然。即如吾村五帝神庙，代远年湮，而正殿之前檐几坠，每欲修补而终属空言。谁知斯言一出，竟有好善如延君者。君名中权，字子衡，素所称豪爽士也。遂闻言而直应曰："是不难，余向有募就太康县布施一册，本为善护庵而举，而工又不兴，前已修闸用去钱念千文，曷弗将善护之殿宇补修，馀则尽充是役。庶两美皆全，岂非快事！"因而鸠工庀材，不日而工斯成焉。嘻，甚矣！善之感人，何其神速如是耶？而延君之德又胡可没耶？爰勒瑱珉，以为后世之好善者劝。

邑庠生釜山杨庆云志

书丹李维英

经理：杨可立、杨宗宪、李法成

工费计开：一补修善护关帝殿钱，三千文。一补修正殿前檐钱，十二千文。一油匠工钱，五百文。一石匠工钱，八百文。一酬谢布施并工匠等化消钱，一千二百文。以上共使钱拾七千五百文，布施使讫。

外施铁□一回重五十□

道光三十年岁次庚戌七月立秋日

## 重修葺社庙碑记

**碑阳**

窃惟筑室道谋必无成功之日，绸缪未雨方为作事之基。即吾村修葺社庙之举，有可嘉者焉。吾村社庙首崇五帝尊神，肖像庄严，声灵赫濯，殿宇秀起，鸟革翚飞，实吾乡之胜地也。但自道光六年经乡先辈李南轩诸公重修之后，迄今又六十余年矣。不惟漶漫无光，渐形坍塌，抑且栋宇摧折，墙壁倾颓，有岌岌乎不容久待之势。于是同治十三年，因春祈之祭，凡我同社瞻拜之下，目睹心伤。众谓："及今不修，后将难以措手。"乃公举杨宗宪、李贻瑾、刘广祥诸公等共任厥事。正在鸠工庀材之际，迨光绪三年，忽岁值大祲。小米每斗价值大钱三千六百文，饿殍相望，有令人不忍言者。且树皮草根其稍可入口者，莫不资以度命。禹粮石髓，即意想难到者，无不借以充饥。人相食矣，甚有母食其子者。粮既绝矣，甚有守馀粮而亦毙者。盖大荒之际又兼大疫，诚数百年未有之奇灾也。即以吾阳一邑论之，除辗转沟壑、流亡四方，所余人口不过十之三四，因而工暂停止。幸吾村贸易于青豫者众，挽粟移粮，藉资补救，所伤人数较他处为差。微及至光绪五六年间，麦禾收成、流亡渐复，且有各处募化陆续寄至，于是葺其未备，补其缺略，乃无功亏一篑之憾焉。是举也，赖诸公乐善不倦，时廑未雨之思，见义勇为，克免道谋之诮。惜大祲之后诸事惟艰，丹艧未涂，殊为减色，立石迟迟，正为此耳。惟后之君子施以丹青，加以润泽，尤余之所厚望也夫！是为序。

庠生杨叔雅撰文

拔贡杨念先书丹

总理：杨宗宪、李遇韩、刘广祥、李贻瑾、杨伯鹏

大清光绪十六年岁在庚寅仲秋之月上旬谷旦阖社公立

碑阴

外募布施列后。

杨宗元周口募化：振德恒、舒盛合、魁源行、蔚盛长，各银二两。馨聚茂、侯全盛、协丰泰、李铨、双合行、义顺店、义合店，各钱三千文。祥泰店、梁惟金、李春荣、广兴号、永昌义、裕盛魁、敬泰

行，各钱两千文。

李谷年周口募化：桂芳斋、恒茂合，各钱三千文，新聚坊、全兴昌、丁鸣盛、范凤举、隆顺店、王来祥，各钱二千文。广顺祥、李肇芳、同兴协、同顺福、永顺恒、义顺店、玉泰号、陈东源、万顺坊、源盛合、同□利、德典玉、三顺德、复兴和、丰盛泰、徐永寿，各钱一千文。馨聚茂又捐钱一千文。

杨诗品滑县募化：滑县当行捐钱十千文，毛益畾、东统兴，各钱三千文，恒兴典、大泰典、文和号，各钱二千文。三泰云捐钱两千五百文。万兴和、永盛岐、际盛号，各钱一千五百文。张朋泰捐钱一千文。

李畬周口募化：兴隆泰、复兴通、复兴义、义兴公、积义魁、锦义隆、天福麟、李锦、梁朝栋、协盛通、义盛成、聚兴店，各钱二千文。德成英、敬兴隆、同兴泰，各钱一千文。

曹逢琨陈州府募化：李清蘭捐钱四千文。公昌福、德元公、刘树锦，各钱三千文。张永顺、张文忠、启泰公、刘兴盛、丰盛德，各钱二千文。

李有文周口募化：万兴隆捐钱二千文，众客帮捐钱十三千文。

共银八两换钱十四千六百八十八文，共钱一百六十六千文，二共钱一百八十千零六百八十八文。

本村布施列后。

李贻瑾、杨宗惠、刘广祥、曹逢璟，各钱五千文。杨宗宪捐钱三千文。杨三□堂捐钱一千五百文。杨楷捐钱二千二百文。杨树德、李贻纲、李贻楷，各钱二千文。杨诗品捐钱一千五百文。北领李长惠、杨诗源、曹逢琨、刘春、李谦之、李谷英、杨诗俊、李畬，各钱一千文。李陶成捐钱五百八十五文。杨培基、李贻孝、张太惠、刘□、李谷旺、延树德、延亨谦、延大宾，各钱五百文。张同仁捐钱三百六十文。杨崔年、杨诗铭、杨大全，各钱三百文。李连珠、杨棉之，各钱二百文。曹金荣捐钱一百五十文。李有文施椿树一株，杨其槐施地基一块。张同仁、石兴荣、石连，各二十工。张九成三十八工。原培功十二工。石东方、李寅，各十一工半。李春云、董久仁，各十四工。李孟有、张大山、张大成、尹得功、李兴孔、田顺，各十工。王得山、张同莫、秦连枝、贾德盛、刘女，各八工。李淮成、李满昌各七工。马时、李连秋、张东成、李羊、梁旦、陈黑羊、田秉海，各六工。王豺狼、张秤、杨世芳，各五工。冯长五工。张毛、冯福旺、杨卿云、李贵成、李青山、李孔仁，各四工。李立敬、李贻法、王全、李贻標、李接义、李贻智、杨河、石元、石兴顺、陈引林，各三工。李谷润、于玉山、张引弟、李松、李贻山、张堆、李六喜、薛跟驴，各二工。段不理十工。共收钱四十九千五百九十五文，共工四百一十七工。

收使列后。收缘簿布施钱一百八十零六百八十八文。收本村布施钱四十九千五百九十五文。收三年积谷卖钱一百五十七千七百四十一文。收社佃钱十八千一百七十六文。四共收钱四百千零六千二百文。砖瓦等共使钱五十三千九百七十三文。木料共使钱五十二千二百四十九文。石灰埻使钱十七千零一十文。铁器使钱二十五千七百四十文。石头使钱四千二百五十文。做缘簿使钱四千文。抬木石工使钱八千六百四十六文。木匠工使钱一百三十五千五百文。小工使钱五十九千三百文。犒赏匠工使钱八千三百二十三文。请客竝香帛使钱七千六百八十二文。立碑共使钱二十九千五百廿七文。以上共使钱四百零六千二百文。

玉工赵如江


## 下庄大庙重修碑记


*碑阳*

天下事有姑待者，终至于无成。凡畏难者必不能有济，是皆庸懦之

辈而非有志之士也。吾村旧有五帝庙，春祈秋报于此致享祀焉，白叟黄童于此展诚敬焉。所以妥神灵以集公议者，诚重且要也。但星移物换，修理宜勤。自同治十三年经乡先辈重修，迄今又三十馀年，栋宇渐形陵夷。近来瞻拜之馀，多诿为公事而漫不经心，及已至倾颓又任其蹉跎而徒滋慨叹。兹而求有志任事之君子，十百中恒无一二焉。前年余士彦族叔适膺宰社，于人所不能任者乃预任之，于人所不敢任者乃力任之，无畏难之心，无姑待之气，毅然招集社众筹议。以吾村商于豫者颇多，乃浼戬口李君、修府李君、士彦与开三族叔各携缘簿至周家口，共募化银百数十两。又伐社中柏树廿八株，共售银九十馀两。然工费颇巨，入不偿出，诚恐废于半途不获已！又会村众商酌，三年暂不演戏，以无益之资作急需之款。村中巨户无不踊跃乐施，共施钱三百千文之谱。夫而后鸠工庀财，开工于宣统元年十一月，告成于二年十月。除修理五帝殿拜亭十二槛外，并修葺东西序前后及西三院、土地庙各神祠二十六间。其余舞台、钟鼓楼、僧寮、杂舍，莫不焕然一新。是役也，值工料同昂之日，当社中空乏之时，赖予士彦族叔任劳任怨，且莙年之久，朝夕从公不遑暇食，其志诚足嘉矣！而辅翼匡襄者，韵金刘君之力居多焉。是不可以不志。

候选直隶州分州乙酉拔贡杨念先谨撰

候选儒学训导庚戌岁贡生李衡敬书

总理：分州杨念先、从九杨诗儁、耆宾李尔成、监生刘金铎

分理：杨卿云、典簿杨宗铣、耆宾曹振基、典簿李家山、李谷旺、四品衔李谷镕、从九杨诗泰、杨诗讽、俋生杨守先、杨荣书、监生李尔聪、监生李经文

主持：广兴

大清宣统三年岁在辛亥季秋之月上旬谷旦

碑阴

施财题名

外募布施列后。

杨诗俦周口募：陆陈李，银四两整。万泰顺、兴盛德、同□□、□德成、隆茂昶、庆盛祥、世泰恒、恒升和、友和恒、日升昌、蔚盛长、存义公、大德通、同源号、□□顾九山、天成店、州同李国泓、天津成益号、庆典号、聚源号、公记号、西记号，各银二两。义盛承、广泰昌、□源恒、恒兴祥，各银一两。共化银五十二两。□□五□马□募：□万顺、□昌号、汉口三益恒、河南豫丰厚、广东□记。□□□□□文。李谷镕、牛□山周口募：□□和、方万兴、隆泰信、德泰□、泰和号、同和□、鲁山广盛德、永义大、兰兴永、正阳□马玉盛、赵□裕、蔡复隆、□州王福元、王福泰、□县凤昌号、山东祯□义、固始祝义和、槐店钰来恒，各钱一千文。共募钱二十千文。李谷镕又化并自施钱□□□文。李□铁周口募，诸字号，共银□□□□。杨诗泰周口募，诸字号，共银□□两整。

外村布施于后。润城：栗万全，钱八百文。张同和，钱一百文。□时□，钱七百文。延记，钱一百文。王村：卫成，钱一千文。王铁，钱九百文。王□，钱五百文。上庄：王志仁，钱三百文。中庄：曹发生、曹懋林、张圪□、曹辅承，各钱八百文。□□，施钱两千文。从九常庆泰，钱七百五十文。王东羊、监生曹有年，各钱四百文。常庆珠、曹圪创、贾宜仁，各钱二百文。共钱十一千七百五十文。

本村布施列后。杨□堂，钱五千文。杨诗俦，钱□千文。李谷镕，钱十五千文。张同□，□□□□文。李经文，□□钱八千文。杨□光、李家山，各钱七千文。张同泽，钱六千□百文。杨卿云同侄、□兴群同侄、曹振恭、李□钺、张池、刘金标、刘学□、杨□□，各钱□□□□。李尔明、杨□□同弟□□□□、杨□荣同弟□□，李贻名同弟，以上各钱五千文。张元，钱四千五百文。杨诗讽同弟诗□诗□，曹有和同弟监生有道，杨诗泰同弟诗逸，王□合同弟，以上各钱两千文。杨奉先同弟□□，钱□千文。刘金铎、李贻□、李谷成、李谷珍、石圪□、李尔聪、李尔恭、赵锦林、张计、石双□、石堆□，各钱两千□百文。张□发，钱二千三百文。杨景先、李谷嘉、马不惑、李尔箴、□四□、李□□、李衡、马大中、李术、李贻祥，各钱二千文。张□□，银一千六百文。李尔成、李贻孝、杨宗鉴、石东方、李尔善、杨慎□、曹侯马、贾宜和、杨学昌、曹振先、杨霞书、李成□，各钱□千六百文。李贻□、祀生杨敦先、耆宾□大昱、石云□、李新山、延瑞麟、李经济、祀生李敬先、李谷旺、杨鉴书、石芝瑶同侄、杨宗淮、李孟□、张□□同侄、刘□鉴、李成□同弟、延□厚、李尔□、杨启□同弟、李经济、延敦□、李尔丑、贾亭台、李尔霖、曹秉文、李谷铭、卫熙□、曹太礼、李贻勋，各钱一千。李永成，钱九百文。原尔山、裴成，各钱□百文。常世贤，钱四百文。李孔□、卫照国、杨大保，各钱七百文。张□□、刘□榜、李效清、赵文珠、李效孔、曹振英、张光琮、延永茂、王连羊、杨□、李孔庆、李经魁、曹序□、张黑、□□海、卫照基，各钱五百文。曹士彬、李尔节、杨□方、毕礼、田新年、□和尚，各钱三百文。李泫、贾宜安，各钱二百文。段□川（名字比别人低一个字），钱八千文。共钱二百八十八千二百文。

原安兴（施油柱两根）

工：郭金贵、□□周、王□宝、韩启贵、郭万□、郭连成。

收使列后。入，外募缘簿，银□□□□，合□一百八十千零九百文；入，外化缘簿，钱六十四千文；入，外村布施，钱十一千七百五十文；入，本村布施，钱二百八十八千二百文；入，售柏树银□□□，合□一百四十二千一百□十文；入，售苫席等，钱三千八百三十五文；入，宣统三年社首□牌，□三千五百文。共入银六百九十四千三百□

十五文。

出，砖瓦圳猫头兽□□□，合□五十一千九百□十三文；出，梁檩小椽□□根，□二十七千五百□十文；出，椿槐柳树□□棵，□□□□□□□□；出，头发松烟皮胶桐油□□□□□□；出，石灰□□□□□□□□□；出，铁□□□□□□□□□□□□□□□；出，铁□□□□□□□千零二十六文；出，煤炭十驮，合□□□□□□□文；出，麻绳□席，□□□□□□七百零五文；出，木□匠□□□□八十二千六百二十文；出，修补四千□□□□□□□□十九文；出，□□□匠工□□□□□□九千四百零二文；出，□□□□□□文；出，□□□□□□□□四百文；出，□□□□□□□□□□□□□□□八百文；出，□□□□□□□□□□□□文；出，□□□□□□□□□□□□文；出，□□□犒劳酒□□□□□□□文；出，□□□犒劳酒□□□□□□二十千文。共，□□□□□□□□□□四千三百廿□文。

以上碑刻均存于下庄五帝庙。

## 杨氏祖茔禁窑碑记

杨氏祖茔坐落大坪山水坪，康熙十五年，武安邦等在此开凿炭窑，大碍余茔。余先人具禀在案，蒙都慈枷责示众。伊立有信印拦约为证。泊乾隆十年卫映谦等复行开凿，余族偕坟邻孙郭诸君，赴县禀控。蒙谢慈勘明封禁，且许设立禁碑，赐以朱批云："禁止大坪山水坪前后左右，永远不许开凿炭窑石窝。"其碑立于窑顶，其详志于庙壁，数十年来晏如也。嘉庆十五年二月，突有武生张上林及裴锦中等，竟在封禁处仆碑开窑，借沟前旧有圈羊之窑，即将两坪中沟捏名羊窑沟。与之理

附录

289

较难明，构词在案。三月十三日，蒙秦太老爷堂讯，断云："违禁开窑，损坏禁碑，均属不法。将张上林移学戒饬，押令封窑，其余裴锦中等概从宽宥。"诚恐岁时久远，复有意外之虞，因呈请告示勒石垂禁，与前禁碑并立于窑顶上。但碑竖野外易遭损伤，石志庙中可垂不朽。故祥其巅末于右，而复列告示于左焉。

　　白巷从九品杨国良识

　　特授阳城县正堂加五级纪录十次秦，为严禁事。据白巷里杨国良等禀张上林等在伊祖茔大坪山前开凿炭窑等情到县。据此查讯得：王村里大坪山水坪系杨姓等祖茔，曾经前县讯明，饬令勒石禁止，永远不许开凿炭窑。在案。今张上林等又在封禁之处开凿炭窑，殊属违禁。除将张上林移学戒饬，并将窑口堵塞外，合行出示永远严禁。为此示仰白巷、王村两里乡地居民人等知悉。此示之后，如有不法之徒再在大坪山水坪之处开凿窑口者，许杨姓等赴县禀报，以凭大法究治，绝不宽恕。各宜禀遵毋违。特示。

　　具禀士民：杨国良（从九品）、杨庭萱、杨宗□（庠生）、□瑄、杨书林、杨昌业、杨景业、杨□（庠生）

　　同王村里王涛、原差王林

　　王村里乡地：刘万仓、郭兆林

　　白巷里乡地：王时

　　时大清嘉庆十五年四月初六日公勒石

## 县公刘太老爷再禁大坪山水坪开窑告示碑

　　特授阳城县正堂加六级纪录八次刘，为再行严禁事。照得：大坪山水坪地方坟冢累累。前因有人在彼开凿炭窑，屡经前县询明，饬令勒石，永远禁止。在案。兹据杨德福等具控郭福有于此山开凿炭窑，与伊等祖茔有碍等情。当经本县传集训明，查得郭福有又将封禁山场又行租出开凿炭窑，殊属违禁，除断令退还租约、永禁不许开凿取结附卷外，合再行出示严禁。为此，示仰县属白巷、王村两庄乡地居民人等知悉。自示之后，倘有不法之徒，再在大坪山水坪等处开凿窑口者，许杨姓等赴县禀报，以凭按法究治，绝不宽贷！各宜禀遵毋违。特示，遵右仰通知。

印

道光二十八年十二月初五日

告示

原呈人：乡耆德福、庠生青云、庠生庆云、宗泽、诗和、纯业

大清道光二十九年三月二十日公立

以上碑刻均存于下庄杨家大院。

## 创建慈泉庵碑记

慈泉庵者，庵以泉而得名也。泉以慈名者何？儒曰慈仁，道曰慈宝，佛曰慈悲。三教圣人，无不尚慈，慈之义大矣哉！观世音菩萨大慈大悲，以杨柳枝洒甘露水，救一切苦难，应时解脱，慈力所被，溥博无边。水，观世音耶？海会龙泉之下流，有泉一泓，吐霜喷珠，涌地而出，既甘且冽，与龙泉等。右建大士阁一龛。数椽茅茨虽口绀园，满目溪山却是薰修净域。显灵著异，自昔已然。解厄消炎，于斯为灵。庚子岁（1660），亢阳布口（炎），疫疠流行，有饮兹一勺水而愈者，于是挈瓶抱瓮，络绎如云，病者辄饮，饮者辄愈。以至河东、上党之区，百里间咸以菩萨为大医王，泉流为回生饮。拜祷焚求，殆无虚日。仿佛竹林中救苦真身欲现。依稀白鹦声里无畏印触物为施。庄严供养，人怀旃檀波若之心。喜拾便从，昔矢梵积天龙之愿。所依护法，谁作宗盟？余

家□□诰封中宪大夫德符公与众谋曰：菩萨悯众生沉溺苦海，假泉水为济渡慈航，因水起便，□导引以无方；见相生心，应感鬼于有奇。欲广慈□之化，暨恢瞻仰之门。乃乘良缘，首辟善地。爰协群力，缔造鸿基。清凉殿特建五楹，禅悦□（堂）踵修二座。巍乎！兽脊楼霞高浮碧瓦；灿矣！星簪飞翠遍烂黄金。塑大士像，以表皈依。颜慈泉庵，而识事始。香花散绕，法王□圣如临；铃铎悠扬，鬼母愁怨不哭。精崇佛事，永报慈恩。或曰，观音就难，赴感□声，赞叹称慈，良不易矣。彼文殊智满，普贤行深，统以慈名，得无□（漏）钦？余曰，亿万化身，慈心无二，智者知此，行者行此，即今慈泉感应亦□于现云尔。以慈归泉，其泉必居。执泉为慈，无有是非。慈哉！慈哉！可思议哉！须知三转四谛，真宗只一。

殚指鸟鸣谷应都为南海潮音，眼前□白山青尽是西来祖意。觉海门深，性天郎彻，同登慧岵，共出迷津，於佛菩萨□□一片，庶为不负焉耳。其斯以为慈泉庵乎！若夫捐资多寡，□力深浅，巨涯微滴，总属耘波。茂林纤粒，皆云善□，功德俱垂不朽，姓名详载碑阴。

王屋山人杨鹏翼撰

宽忍居士杨时萃书

督工：李三傑、李本、李天纮、杨谐

康熙癸卯孟春之吉

## 补修慈泉庵记

斯庵建于白巷之河口，正当孔道，为风水关闸，允称一方之保障也。奈日久渐圮，如庵内之东西禅房、庵外之观音阁、□棚亭，几不蔽风雨，庙坡几不能登临。戏台被河水之冲□，根基表露，尤为可□。统政□目击心伤，欲起而补修之。幸督理本年社务，存有余项数千。固同社众公议，移作斯庵兴之所需，并募捐信善，各出资共成善举。兹工已告竣，谨□施财姓氏及一应使费逐□列左，以为后之好善乐施者助。□一方之保障可永久弗替云，是为记。

总理：李统政、杨明昌、延九卿、李谷城

分理：李维□（祖）、杨卫恒、李秉吉

主持僧：□（广）山

大清嘉庆十九年十一月立

## 补修菩萨阁并庙内后门栅记

吾村河口有菩萨阁由来久矣，神之灵应，碑有明证。日久年远，不无风雨摧残。每于朔望之期，庙中主持焚香，见其墙倾像覆，目击心伤。缘本社大工未竣，常于阁下铺中登和延君商议。伊慨然以募化邻村为任，共得钱数千。恐不符工费，谋诸相延君，更有向上之念。适豫章李君旋里，亦久有是心。各捐已财数千，于像之覆者扶之，墙之倾者筑之。檐头屋脊均为补葺齐全，共襄共事，复行黝垩粉饰，不盈月而焕然一新。固二公之善念勃发亦何？莫非神之灵应有以感之也哉。兹将捐资使费详列于后，以垂不朽云。

邑庠生李发荣撰，李在田书

大清道光六年中秋吉立

以上碑刻均存于下庄慈泉庵。

# 后　记

　　白巷里是明清时期山西省阳城县润城镇上庄、中庄、下庄"三庄"的总称。我生在这里，长在这里，熟悉这里的一草一木，一砖一瓦，一街一巷。白巷里产生了16名进士，15名举人。这些进士、举人主要来自于上庄王家、中庄曹家、下庄杨家和李家。挖掘和研究这四大望族的历史是我的夙愿。

　　在山西省社会科学院工作期间，我到山西大学攻读博士学位。在向导师胡英泽教授请教博士论文选题时，老师鼓励我从白巷里入手，来研究明清时期的大姓望族。在导师的悉心指导下，我的博士论文顺利完成。本书就是在此论文的基础上修改而成的，在此对导师的辛苦付出表示衷心感谢。在三庄调研期间，我得到了老乡们的热情帮助，其中阳城知名学者王小圣和润城镇文化站站长王晋强给我的帮助最大。2023年山西省社会科学院（省政府发展研究中心）张峻院长提出，对院（中心）科研人员的科研成果进行评选后，择选予以出版资助，本书有幸入选。感谢张峻院长的支持。

　　在本书的修改过程中，2024年1月，我调到山西省委统战部下属单位山西省民族宗教研究中心工作，开始重新研究民族和宗教（我硕士就读于西北大学中东研究所，原名伊斯兰教研究所）。新环境、新单位，事情很多，这本书的修改与出版也一拖再拖。在部领导的关心和支持下，我逐渐适应了新工作，也在2025年5月完成了书稿的修改。尽管我付出了很多努力，但由于水平所限，本书难免有欠妥和谬误之处，恳请专家学者及广大读者提出批评意见。

2025年5月于太原